CLEMENS WAGNER

monogam, polygam?

novum pro

www.novumverlag.com

Bibliografische Information
der Deutschen Nationalbibliothek:

Die Deutsche Nationalbibliothek
verzeichnet diese Publikation in
der Deutschen Nationalbibliografie.
Detaillierte bibliografische Daten
sind im Internet über
http://www.d-nb.de abrufbar.

Gedruckt in der Europäischen Union
auf umweltfreundlichem, chlor- und
säurefrei gebleichtem Papier.

© 2024 novum Verlag

ISBN 978-3-99146-705-2
Lektorat: Alexandra Eryiğit-Klos
Umschlagfotos: Yael Weiss, Danlindop,
Roman Samokhin | Dreamstime.com
Umschlaggestaltung, Layout & Satz:
novum Verlag
Autorenfoto: Brigitte Wagner

www.novumverlag.com

Druckprodukt mit finanziellem
Klimabeitrag
ClimatePartner.com/16547-2311-1001

Inhaltsverzeichnis

Über Sinn und Schwierigkeiten der Fortpflanzung. Klärung der Frage: Ist der Mensch ein monogames oder polygames Wesen im göttlichen Gehege?

Über Sex in Liebe nach fünfzehn Ehejahren, monogam gelebt. Mutig durch Wandlung. Freudvolle Alternativen finden.

Über den latenten Wunsch der Natur nach polygamem Sex-Vergnügen zur körperlichen Freude und geistigen Erfrischung

Sind wir Menschen monogame oder polygame Geschöpfe Gottes? Wichtigeres, als sich fortzupflanzen, gibt es nicht für die Menschheit!

Geschichten zur Arterhaltung des Homo sapiens und anderer Tiere.

Was jeder schon weiß:

Monogamie = Einehe ohne Fremdgehen, wird vom Staat gefördert
Bigamie = Mehrfachehe ist verboten!
Polygamie = Einehe mit Fremdgehen, auch Sex mit mehreren Personen ist erlaubt!

Mutter Natur = metaphorische Person, steuert so unbegreifliche Vorgänge wie Liebe und sexuelle Lust

Prolog

*Die Welt in ihrer Tiefe verstehen heißt
den Widerspruch verstehen.*

Friedrich Nietzsche (1844–1900),
deutscher Philosoph und Dichter

Narrativ

Kassia, die tüchtige, gut aussehende Finanzjuristin, liebt ihren neuen Freund mehr als ihre früheren Freunde! Frank ist hochintelligent, groß und stark. Ein romantischer Jurist. Sie mag seinen Geruch. Seine Berührungen erregen sie. Auch er liebt sie über alle Maßen. Sie begehren sich täglich und bekommen stets gleichzeitig ihren Orgasmus, was nicht jedem Paar vergönnt ist! Dazu hat die Natur seine Männlichkeit großartig ausgestattet. Beide geschieden, ohne Kinder. Aus Bayern kommen sie, um die vierzig. Frank und Kassia möchten bald heiraten!

Für das Heiraten wie für das Fremdgehen gibt es hierzulande ganz ordentliche Regeln: Monogamie, die Einehe wird vom Staat gefordert und gefördert. Bigamie, die Mehrfachehe, ist verboten, sie wird sogar bestraft! Polygamie, Sex mit mehreren Partnern, ist erlaubt.

Ein Mann darf also nicht gleichzeitig mit zwei Frauen verheiratet sein! Die gleiche Pflicht zur Einehe hat natürlich auch seine Ehefrau – logisch!

Andererseits darf ein verheirateter Mann neben seiner Ehefrau so viele Geliebte haben, wie er mag. Das gleiche Recht auf beliebig viele Liebhaber neben ihrem Ehemann hat selbstverständlich auch seine Ehefrau! Dieser polygame Ehebruch ist seit über fünfzig Jahren in Deutschland nicht mehr strafbar. Juristisch auch kein Scheidungsgrund mehr. Immer ist Volljährigkeit vorausgesetzt. Ein Schritt in die richtige Richtung, möchte man sagen.

Polygamer Ehebruch ist weltweit sehr verbreitet und überaus beliebt!

Polygame Liebe, in Form von Fremdgehen, ist also auch in Deutschland nicht mehr verboten. Jeder darf jeden lieben! Auch gleichgeschlechtlich! „Und das ist gut so!", wie ein regierender OB einmal erklärte. Für Heiratswillige kein unwichtiges Wissen!

Von dieser polygamen Liebe, die häufig neben der Ehe ihren geheimen Platz findet, handelt ein Großteil der Weltliteratur.

Sogar Kriege entstanden durch sie im Altertum! Der Trojanische Krieg um die schöne Helena ist dafür ein dramatisches Beispiel.

Viele Theaterstücke, meist begleitet von „Hauen und Stechen", kommen ohne die polygame Liebe, also ohne das Fremdgehen, gar nicht aus!

Auch dieses Büchlein handelt davon, aber ohne Hauen und Stechen! Dafür werden gute Gründe sichtbar für das Fremdgehen, für die polygame Liebe!

Sinnliche Vergnügen, erotische Freuden, sogar neues Wissen sind hier zu finden! Übrigens, dies ist kein unsittlicher Roman, auch wenn er sich gelegentlich mit der Fortpflanzung beschäftigt! Er spiegelt das reale Leben! Wo andere nur vage Andeutungen machen, schafft er Klarheit in Erotik, Liebe und Arterhaltung!

Dieser Roman ist, satirisch verfeinert, ein kleines Sachbuch für das Schöne und Problemhafte bei der Fortpflanzung. Natürlich in jugendverträglicher Sprache!

Die Geschichte beginnt nicht dort, wo der BH zu Boden segelt und der Knopf ihrer Jeans Probleme macht oder die Kamera wieder einmal schamvoll zur Seite schwenkt! Nein, sie beginnt nach fünfzehn Jahren monogamer Ehe von zwei Paaren, die sich fragen: „War das schon alles in unserer Ehe? In unserem Schlafzimmer? Wo sind die Schmetterlinge geblieben?" Fragen, die wahrscheinlich jedes Paar kennt. Ausnahmen soll es geben!

Der rote Faden dieses Büchleins zeigt deutlich die Diskrepanz zwischen den schönen, uralten, polygamen Sex-Wünschen, die uns Mutter Natur gegeben hat, und den heutigen monogamen Restwünschen, die Religion und Staat festgelegt haben.

Außerdem zählt unser Staat den Menschen zu den monogamen Wesen, wie Rotfuchs und Seeadler, obwohl sich Menschen ganz offensichtlich polygam verhalten … – und wie polygam!! Das kann jeder in seinem Umfeld deutlich sehen. Auch der Staat!

Doch Gesetze macht er nur für Monogame, die es möglicherweise gar nicht gibt!

Warum hat er sich also diese falsche Zweckmeinung „Der Mensch ist ein monogames Wesen" zugelegt? Ist es einfacher, monogame Menschen mit permanent schlechtem Gewissen zu regieren als Polygame mit freiem Geist? Oder war, wie so oft, die Religion die treibende Kraft zum Verschweigen der Wahrheit? Auch heute wieder eine große Frage!

Dennoch, ein kaltes Getränk bereitzuhalten, wäre vielleicht nicht falsch. Denn bei aller Sachlichkeit in der Darstellung dieses anspruchsvollen Stoffes kann es beim Lesen durchaus zu Spontanerregungen kommen! Sogar eine gelegentliche Schnappatmung ist nicht auszuschließen!

Aus Sicherheitsgründen wird daher empfohlen, das Buch gemeinsam mit Frau, Mann oder Geliebter/Geliebtem zu lesen! Die gewiss auftretenden Fragen können dann, nach gründlicher Diskussion und eventuell notwendiger sexueller Interaktion, sachgerecht formuliert werden!

Bevor wir uns gemeinsam in die erregenden Höhen der Erotik begeben mit all ihren lustvollen Erscheinungsformen, mit verwirrenden Regeln und Schwierigkeiten, scheint es sinnvoll, Erotik, Sex und Liebe von heute etwas genauer zu beleuchten.

Liebe Leserinnen und Leser, zu Fragen oder Antworten, die Sie bestimmt haben werden, können Sie dem Autor gerne eine Mail (Buch-Mail) schicken.

Schreiben Sie einfach: „Zu Seite xx:" und dann Ihren Text. Antwort kommt garantiert!

Ziel ist es, einen nützlichen Gedankenaustausch, eine seriöse, geistige Interaktion zwischen Leserin/Leser und Autor herzustellen!

Für Kritik ist der Autor gelegentlich auch dankbar. Doch bedenken Sie bitte, er hat seine Lebenserfahrungen nicht als Mediziner, sondern als Naturwissenschaftler gesammelt!

Also bitte nicht hadern, wenn der feine Unterschied zwischen Vagina und Vulva nicht exakt erklärt ist.

Erotik heute

Allein „Mutter Natur" ist die Verantwortliche im Hintergrund, die alle natürlichen Liebes- und Erotikfunktionen steuert, die uns von der Natur gegeben wurden und auf die wir keinen oder nur geringen Einfluss haben, die aber nolens volens in uns ablaufen und uns beeinflussen. Also können wir uns nur bei Mutter Natur beklagen oder bedanken, wenn es um unsere Sexualität geht, nicht aber bei unserer Familienministerin! Sie darf durchaus für vieles verantwortlich gemacht werden, aber nicht für unsere Fortpflanzung!

Oder vielleicht doch? Zum Sex benötigt man in unserer Klimazone meist ein Zimmer, also eine Wohnung. Aber genau davon fehlen zurzeit in Deutschland eineinhalb Millionen!

Also kein Sex? Keine Fortpflanzung? Keine Kinder?

Ganz so schlimm ist es noch nicht! Der natürliche Drang zum Sex sucht und findet stets ein verschwiegenes Plätzchen für die minimal notwendigen zwölf Minuten zur Arterhaltung!

Diese zwölf Minuten sind kein Fantasiewert, sondern ein statistisch erfasster Wert.

Liebe erfahrene Leserschaft, kommen Ihnen diese kargen zwölf Minuten auch ein wenig zu knapp vor? So ganz das Gegenteil Ihrer eigenen Erinnerungen? Wo – wie Sie sich freudvoll erinnern – solch ein Lustspiel durchaus Stunden dauern konnte?

Also nur ein Versehen in der Statistik? Oder ist etwas dran, an den zwölf Minuten?

Ohne dass wir es so richtig wahrnehmen, übt unser Bedürfnis nach Fortpflanzung, also unser Sextrieb, in allen Lebenslagen einen großen Druck auf unsere Entscheidungen aus. Hauptsächlich in jungen Jahren. So ab sechzehn, in denen alle wichtigen Grundsteine gelegt und die Weichen fürs Leben gestellt werden! Hier ist der Einfluss durch Sex riesengroß.

Aber auch um die vierzig plus wird das Thema „Erotik" oft wieder hochspannend. Wenn sich in den allermeisten Ehen die unvermeidliche Frage stellt: „War das schon alles in unserem Liebesleben?" Oder: „Was müssen wir ändern, damit wir wieder zufriedener sind?" Beim Antworten meldet sich wieder unser Sexbedürfnis ganz stark und es entscheidet mit!

Bis ins hohe Alter fordert der Sextrieb alle gesunden Männer und Frauen auf, Kinder zu zeugen. Am Ende gelingt das nur noch mit großer Mühe und mit Hilfsmittelchen. Und zuallerletzt, wenn das Fleisch total versagt, dann nur noch mental!

Das wird bis in alle Ewigkeit auch so bleiben. Dafür sorgt eben auch Mutter Natur, unter anderem mit der immer langsamer werdenden Zellteilung im Alter. Das Fleisch wird schwach! Der Geist bleibt willig! Die Synapsen im Gehirn schalten unverändert schnell auf Sex-Reize.

Beruhigend zu wissen: Alle Versuche durch Staat, Religion oder Sekten, unseren Sex nach deren Vorstellung zu verändern, waren auf Dauer erfolglos. Mutter Natur war stärker!

Pubertät

In der Pubertät, am Anfang unseres Sexlebens, ist plötzlich das andere Geschlecht zu erkunden. Das ist wahrlich schwer genug, unterlaufen uns dabei doch die ersten Fehleinschätzungen mit langwierigen Folgen. Vorurteile zum anderen Geschlecht werden gebildet: „Der ist ja so was von doof, der kann ja nicht mal richtig küssen!" Oder: „Der weiß ja gar nicht, wie er mit einer Frau umgehen muss!", erklärt die Sechzehnjährige. Das spricht sich bei den Freundinnen herum. Folge für den jungen Mann: Der arme Teufel kann auch bei ihren Freundinnen nicht mehr landen. Dennoch: Alle warten mit Spannung auf die Liebe.

Je nach Mobilität erweitert sich nun das Suchen nach der „richtigen Frau", dem „richtigen Mann"! Oft sogar mit Erfolg! Die Natur zwingt alle zur ersten, zweiten, dritten … Liebe: also zur Auswahl, mit welcher Frau, mit welchem Mann wir uns sexuell verbinden wollen, um Erbgut auszutauschen. Um ein Kind zu zeugen. Letztlich, um die Menschheit zu erhalten!

Die Auswahlkriterien werden beim Manne ausschließlich im Unterbewusstsein von Mutter Natur diktiert: Sie lässt ihn begeistert nach großen Brüsten schauen und auch greifen. Warum? Sie versprechen ausreichende Nahrung für seine Kinder, deren Zeugung ihm von der Natur auferlegt wurde. Begeistert will er sich nun dieser Aufgabe stellen.

Dem jungen Mann von fünfzehn Jahren gehen schon kostbare Tropfen seines Erbgutes in die Wäsche, wenn er nur den schönen, prallen Hintern seiner Mitschülerin in den Jeans sieht oder sich ihre üppigen Brüste vorstellt. Noch wärmer, romantischer, auch geheimnisvoller werden seine Gefühle für sie, wenn er sich vorstellt, ihr wundervolles, rundes Becken mit schmaler Taille und Venushügel als Nisthöhle für gemeinsame Kinder haben zu können. Davor kommt natürlich der überaus begehrte Zeugungsakt, auf den er mit Spannung wartet.

Diese Überlegungen finden alle im Unterbewusstsein statt. Ein junger Mann könnte sie nicht formulieren! Dazu fehlt ihm noch viel Wissen und praktische Erfahrung!

„Er fühlt nur, was ihm die Natur diktiert." Das macht er dann auch, im Rahmen seiner Erziehung und seiner Möglichkeiten!

Die wunderschönen Rundungen einer jungen Frau in Gesicht, Brust, Po, Bauch, Schenkel lösen bei ihm besondere Reize aus: wohligste Gefühle mit Neugier, Spannung, positive Erregung und Herzklopfen. Er hat den heißen Wunsch, sie möge nur ihm allein gehören – er würde auch um sie kämpfen! Ja, das alles fühlt er deutlich, ohne zu wissen, was das ist. Was ihn oft am Einschlafen hindert! Und wenn ihm jemand sagt, das sei die Liebe, dann ahnt er vielleicht den Zusammenhang zwischen seiner sexuellen Lust mit erigiertem Glied – das er ständig mit sich herumschleppt und das ihn in kurzen Hosen oft am Radfahren hindert – und seinem Herzklopfen, wenn er an ein bestimmtes Mädchen denkt.

„Sex und Liebe gehören offenbar zusammen!", vermutet er. „Aber Moment mal", sagt sich der unerfahrene Bursche, „Männer, die ins Freudenhaus gehen, haben doch offenbar auch große Freude am Sex! Und das ohne jegliche Liebe?! Ohne jede Romantik?!" Hm ... Irgendwas stimmt da nicht, was die Alten ihm erzählt haben! Genügt also wirklich die Lust allein, um mit einer x-beliebigen Frau zu schlafen? Sich also lediglich zu befriedigen? Das kann er nicht so recht glauben! Verängstigt denkt er auch an die Verantwortung, wenn dabei ein Kind entsteht!

Na ja, denkt er weiter, wenn er onaniert hat, ist er ja auch befriedigt, so ganz ohne Liebe und ohne Romantik. In seiner Erziehung erklärte man ihm immer: „Nur in Liebe dürfen Mann und Frau ein Fleisch sein!" So fordert es die Bibel. Also: Samen austauschen darf man nur, wenn beide einander lieben?

Dieser Bibelanspruch scheint ihm überzogen: Wenn er eine Elefantenherde sieht, in der alle aufeinander aufpassen, sich helfen, sich also lieben, und es völlig wurscht ist, wer die Leitkuh besamt, dann wird dem Beischlaf vielleicht doch etwas zu viel Bedeutung beigemessen.

„Wer ist im Recht?", fragt sich der Bursche. „Der, der ohne Liebe ins Freudenhaus geht, um sich für Geld befriedigen zu lassen, egal von welcher Frau? Oder hat der recht, der mit viel Liebe im trauten Heim mit seiner Frau gemeinsame Befriedigung beim Sex sucht?" – Sehr kompliziert, diese Sache mit dem Sex und dem Samentransfer! Und was ist mit den Benachteiligten, die keinen Partner für ihre Liebe und ihren Sex finden?

Haben vielleicht beide recht? „Dann müsste aber auch die Frau im Freudenhaus den gleichen gesellschaftlichen Status und denselben Schutz genießen wie die Ehefrau am heimischen Herd", denkt er.

Der junge Mann weiß aber schon: Hier in Deutschland ist das nicht so! Die Frauen im deutschen Freudenhaus werden meist wirtschaftlich ausgebeutet, geschlagen, vergewaltigt, verkauft ... Ekelhaft, für sein Empfinden!

Mutter Natur würde ihm diese schwierige Frage aus ihrer Sicht vielleicht so erklären: „Das Wichtigste beim Sex ist doch, für den Fortbestand der Menschheit zu sorgen, also Kinder zu zeugen! Die Liebe ist lediglich ein stimulierendes Element zur Zeugung!"

„Wenn aber mit Liebe gezeugt wird", würde sie sagen, „dann kommt zu der Freude am Sex auch noch ein Glücksgefühl hinzu: das wohltuende Empfinden, zusammenzugehören. Nicht mehr allein zu sein! Sich geborgen zu fühlen, die Zukunft gemeinsam bewältigen zu können. Dazu kommt eine große Zufriedenheit ob ihres gemeinsamen Glücks."

„Diese Dinge sind eben von weit größerem Wert als ohne Liebe, also nur mit tierischem Trieb zu zeugen – wie ein Rammler!", würde sie wahrscheinlich sagen! Und weiter: „Seltsamerweise rammelt ein Großteil der Menschheit ohne Liebe so vor sich hin! Trotzdem behaupten die meisten, sie seien zufrieden, ja sogar glücklich! Ob mit oder ohne Trauschein! Sie sind offenbar zufrieden, jedoch in ständiger Hoffnung auf eine noch größere Zufriedenheit, auf noch größeres Glück!"

Wie auch immer die Wirklichkeit aussieht, es ist ein weites Feld für Spekulationen über die Qualität von Zufriedenheit und Sex, für die es leider noch keine DIN-Norm mit Qualitätsstufen gibt. Auch Sex-Plattformen hätten gerne so eine Norm für ihre Werbung.

Für den Erhalt der Menschheit gibt es dagegen eine einfache, aber eiserne Regel: Es müssen mindestens so viele Kinder geboren werden, wie alte Menschen sterben! Wenn weniger geboren werden, verschwindet die Menschheit von diesem Planeten nach ganz kurzer Zeit! Schätzungsweise würde das Verschwinden der Menschheit weniger als hundert Jahre dauern! Mutter Natur verhindert das hoffentlich!

So weit die Kausalität! Na ja … ob das Aussterben der Menschheit überhaupt ein Verlust wäre? – Und wenn ja, für wen?

Dieses oder Ähnliches würde ihm Mutter Natur vielleicht sagen. Wahrscheinlich würde ihm das auch einleuchten. Aber so ganz zufrieden wäre der junge Mann mit diesen Erklärungen heute noch nicht. Er hätte doch noch ein paar Fragen, zum Beispiel: „Gibt es denn graduelle Unterschiede in der sexuellen Zufriedenheit? Wenn ja, welche, und wie bemerkt man den Unterschied?" Er kennt keinen beim Onanieren! Wenn seine Ejakulation davongeschossen ist und damit auch das Hochgefühl, dann hat er immer das gleiche schlappe Gefühl einer „gewissen

Befreiung mit etwas Leere – also nichts Tolles, was da in wenigen Sekunden abläuft", sagt sich der junge Mann.

Übrigens: Wenn der Bursche sechzig Jahre später als alter Mann seine Spermaproduktion wieder einstellt, dann werden seine Hoden ca. 50 Liter Erbmasse, also Spermien hergestellt haben. Das sind 50.000 Milliliter. Diese große Menge wird er bei 5 bis 10 Milliliter pro Ejakulation in ca. zweiundzwanzigtausend Tagen und Nächten verjubelt haben! Um seine zwei Kinder in die Welt zu setzen, hat er lediglich 10 Milliliter benötigt. Der restlichen 49.990 Milliliter Erbmasse gingen drauf beim Vergnügungssex, zur puren Freude!

Weiter wüsste der junge Mann gerne, warum Frauen in Freudenhäusern, also diese Sexarbeiterinnen, nicht besser von der Gesellschaft gegen Unrecht geschützt werden. Sie erfüllen doch eine wichtige Funktion zur Gesunderhaltung des männlichen Körpers.

Das sind die wichtigsten Fragen und Erkenntnisse des jungen Mannes an diesem Tag. Damit gibt er sich für heute zufrieden.

Frage an die verehrte Leserschaft: Hat Mutter Natur recht? Ist die Liebe lediglich ein stimulierendes Element für eine größere Bereitschaft zur Zeugung? Also nur ein Kompendium für den Fortbestand der Menschheit? Auch Film und Fernsehen sehen das gelegentlich so.
Die christliche Religion macht übrigens keine klärende Aussage zu dieser wichtigen Frage. Es scheint ihr egal zu sein. Lediglich beim Bestrafen wird sie konkret: Siehe die sieben Plagen!

Liebe – Nacharbeit

Wenn unser testosterongesteuerter junger Mann bisher onanierte, war ihm dabei eine Frau im Hinterkopf vollkommen egal. Er sah im Geiste nur gigantische Brüste, einen aufregenden großen Hintern sowie eine leicht geöffnete, feuchte Vulva, die ihn wahnsinnig anzog. Das Internet lieferte ihm dazu passende Bilder. Das genügte ihm für einen Orgasmus! Doch sofort nach der Ejakulation waren seine Gedanken wieder frei für Tennis und Fußball.

Heute ist das nicht mehr so. Er hat sich in ein Mädchen verliebt. Die Frau ist Realität geworden. Sie hat nun einen Namen, ein Gesicht, einen Körper, eine Seele, eine Vagina. Er denkt ständig an sie! Schickt ihr seine Gedanken, seine Gefühle, seine Wüsche in einem täglichen Strom von SMS, E-Mails und Anrufen.

Ja, Mutter Natur weiß sehr genau, worauf im Vorfeld geachtet werden muss, damit eine spätere Zeugung zustande kommt.

Auch die junge Frau sucht die Liebe. Auch ihr wurden die Wünsche einprogrammiert. Auch sie möchte einmal Mutter sein, möchte Kinder in die Welt setzen. Warum sie diesen Drang hat, weiß sie nicht. Er ist plötzlich da. Sie sucht instinktiv nach dem großen starken Mann, der sie und ihr Kind beschützen und ernähren kann. Auch das wurde in ihre DNA eingehämmert. Damals gab es noch keine Sozialhilfe. Frau war immer auf sich selbst gestellt, oder sie hatte einen treuen, starken Verbündeten, der Hilfe garantierte.

Vielleicht entstand ja so das erste Gefühl für Liebe und Dankbarkeit?

In ihrer Doppelhelix eingeprägt ist auch ihr Suchen nach einem Penis, der sie total ausfüllt. Und das nicht nur wegen der Lustgefühle, von denen sie bisher nur gehört hat. Nein, er soll auch schön groß sein, damit er seinen Samen so tief wie möglich in ihre Vagina einbringen kann. Damit der gefährliche Weg seiner Spermien zur Eizelle und dann zur Gebärmutter nicht zu lange wird! Sie machen sonst schlapp: Dann entsteht kein neues Leben! Dann wird's nix mit Arterhaltung, trotz bester Libido!

Übrigens, Mutter Natur musste deshalb in der Anatomie des Mannes ein wenig nacharbeiten bzw. sie tut das noch: „Der Penis des Mannes wird im erregten Zustand von Generation zu Generation größer!" Das sagt die Wissenschaft. Dazu hat sie Langzeitmessungen durchgeführt.

Der Penis

Neben dem Auto ist er der Männer allerliebstes Spielzeug. In dem fernöstlichen Land Bhutan, aber auch in Indonesien wird er bis zu 2 Meter groß: als bunter Glücksbringer wird er im Vorgarten verehrt. Aber auch in Normalgröße aus Holz für den Hausgebrauch kann man ihn überall kaufen. Verrückteste Ausführungen liegen in den Schaufenstern aus.

Wirtschaftlich gesehen schafft er weltweit Milliardenumsätze mit dem Verkauf von Spielzeug, Videos, Literatur und Dienstleistungen im Sexgewerbe!

Aus Ingenieursicht ist er sehr kompliziert: Er hat ein mehrfach rückgekoppeltes Steuerungssystem mit zwei selbstverriegelnden Betriebszuständen, die er perfekt beherrscht!

1. Aufgabe: Urinabfluss über die Harnröhre ist nur möglich bei willentlich geöffnetem Ventil – sprich Schließmuskel am Ausgang der Blase. Ganz automatisch, meist auch tropffrei, verschließt ein anderer Muskel am Ende des Urinierens wieder die Harnröhre. Erst damit war Hygiene möglich!
2. Aufgabe: verlustfreie Spermien-Überführung, aus Sicherheitsgründen möglichst tief, in eine Vagina! Dafür wird der Harnleiter verschlossen und ein Schwellkörper im Penis wird mit Blut aufgepumpt, bis er etwa die dreifache Länge und doppelte Dicke erreicht hat. Das erzeugt die notwendige Steifigkeit und Härte zum Eindringen in die Vagina – ohne abzuknicken! Die eulersche Knickformel ist damit erfüllt! Alle Nerven, Adern, Sensoren und Zellen müssen das Dehnen und Schrumpfen um ca. 300 Prozent mitmachen, ohne geschädigt zu werden!!! Bei der Ejakulation schießt nun das Sperma aus dem Samenleiter in die auf Spermaleitung umgeschaltete Harnröhre im Penis. Von dort ungebremst in die wartende Vagina oder sonst wohin. Sensoren für Druck, Temperatur, Flüssigkeitsstand und Gefühle stehen dabei interaktiv mit dem steuernden Gehirn in ständiger Verbindung.

3. Neurologische Aufgaben. Die überall am Penis angebrachten Lustsensoren veranlassen über das Gehirn, dass zum Beispiel sofort Blut in den Schwellkörper nachgepumpt wird, wenn dieser schlappzumachen droht! Und das so lange, bis die Ejakulation mit dem angestrebten Orgasmus den Akt für beendet erklärt hat! Der Penis schrumpft dann wieder um 300 Prozent auf seine Normalgröße zurück. Im Gegensatz zu dem aufgepumpten Monster ist er nun wieder im täglichen Gebrauch gut zu handhaben – wie jeder Mann zu schätzen weiß!

Man kann erahnen, welch ein Entwicklungsaufwand in diesem Organ steckt mit seinen bis zu 300 Prozent Volumenveränderung! Auch hier ist Mutter Natur wieder eine biologische Wahnsinnstechnik mit rückgekoppelter Sensorik, extremer Zell-, Nerven- und Hirnleistung gelungen! Chapeau!

Partnersuche

Sie ist der schwierigste Teil beim Erwachsenwerden! Denn alle rationalen Vorsätze sind für die Katz, wenn uns Mutter Natur für einen bestimmten Partner mit großer sexueller Lust und starker Liebe überschüttet. Also ein Druckmittel einsetzt, gegen das sich Mann oder Frau kaum wehren kann – das zudem alle äußeren und inneren Mängel beim fraglichen Partner nebensächlich erscheinen lässt!

Fatale Folge: Es kommt zur Paarung trotz gelegentlichen Zweifels an diesem Kerl, was in der Vorpillenzeit fast zwangsläufig zu einem Kind führte. Einem in Liebe entflammten Menschen im Sexrausch ist eben alles egal! Nur Gefühle zählen noch. Das kennt jeder! Zielstrebig arbeiten doch alle gesunden Menschen darauf hin! Oder?

Sie auch, verehrte Leserin? Wenn Sie mögen, schreiben Sie, wie das bei Ihnen war mit dem Diktat der Sex-Gefühle. Welche Sie zu Ihrem

Glück oder Pech führten. Bei einer Fortsetzung dieses Buches könnte Ihr Fall anonymisiert auftauchen.

Nur noch wenige kennen die unangenehmen Folgen eines „One-Night-Stands", bei dem, trotz Pille, Mutter Natur obsiegte. Also ein Kind entstand, ohne dass die Lustgetriebenen es wollten. Dies ist auch heute noch ein großes Problem!

Ein Trost: Nur Kinder können uns in der Nachwelt unvergesslich machen – sagt man! Oder sogar „unsterblich machen"? – Was wir schließlich alle ein klein wenig hoffen und suchen, wenn wir unsere Erbmasse weitergeben und dabei bei klarem Verstand sind!

Wenn das Produkt einer Besenkammer-Interaktion in der schützenden Bruthöhle der Mutter verbleiben darf, dann sorgt Mutter Natur auch dafür, dass das kleine Wesen letztlich doch wieder das schönste Baby der Welt ist! Zumindest für Mama und Großmama. Der Vater hingegen hat oft beim Betrachten seines „so nebenbei" produzierten Menschleins auch sein Bankkonto im Auge.

Prozesssteuerung

Für den Prozess Fortpflanzung brauchen wir also die Sexualität! Zumindest der Mann braucht sie. Sonst würde ja keine Erektion und keine Ejakulation zustande kommen, also auch kein Kind entstehen, so lustvoll sich die Auserwählte auch darum bemüht haben mag.

Noch weniger Kinder würde allerdings auch unser Rentensystem nicht mehr verkraften! Es muss schon jetzt immer mehr beitragsfreie Nutznießer durchfüttern!

Heute im Zeitalter des Computers könnten wir fordern: „Für genügend Kinder im Lande benötigen wir beim Sex ein gutes Betriebssystem für die richtigen Abläufe sowie eine exzellente Prozesssteuerung aller Drüsen und Gefühle zur Erhaltung des menschlichen Lebens, auch unter besonderer Berücksichtigung der Rentenkasse."

Die Chinesen haben es mit einer Geburtenkontrolle versucht. Sie sind gescheitert!

Die Sexualität mit all ihren schönen Prozessen und lustvollen Auswüchsen wurde von Mutter Natur schon vor vielen Hunderttausend Jahren erarbeitet und uns, dem späteren Homo sapiens, einprogrammiert.

Nicht in digitaler Form, binär codiert, was wir heute für höchste technische Leistung halten, sondern mittels der DNA. In Chromosomen verpackt werden alle Daten zum menschlichen Leben weitergegeben. Wie genau, weiß man nicht! Es wäre für irdische Ingenieure, Biologen und Chemiker eine unlösbare Aufgabe!

Gemischt aus Männern und Frauen entstehen so fortwährend einzigartige neue Menschen! Chapeau, Mutter Natur!

Und wer oder was ist Mutter Natur? Antwort: eine metaphorische Personifizierung unbegreiflicher Vorgänge um das Leben aller Wesen und aller Pflanzen!

Gegen die uralte DNA-Technik der Natur ist unsere heutige Digitaltechnik nur vergleichbar mit den ersten Hieroglyphen der Schrift in der Steinzeit vor viertausend Jahren! Und das Beste an dieser DNA-Erfindung der Natur: Alles, sowohl das physische wie das psychische Leben mit seinen lustvollen Gedanken zum Sex, wird in der Erbmasse von Generation zu Generation immer wieder unverändert weitergegeben. Selbst Gehirnwäschen durch die Religion vermochten dieses Programm nicht zu löschen!

Dagegen wird das heutige, von einer Obrigkeit gebastelte, schlechtere Sexprogramm mit all seinen Verboten immer mehr infrage gestellt: Beischlaf nur mit einem Mann, nur mit einer Frau, schamvoll im Dunkeln, unter der Decke, völlig wortlos, ruck, zuck fertig, etwas, worüber man nicht sprechen darf. Keine Sexspielchen, immer an den letzten Tropfen denken! – Uff! Wer soll sich an so einem faden, lustlosen Sex noch erfreuen?

Man muss wissen: Viele Witwen sahen ihren Mann tatsächlich zum ersten Mal nackt, als er auf dem Totenbett lag. Das war der Gipfel einer falschen Moral!

„Menschliche Sexualität ist heute nichts Natürliches mehr, sondern ein künstliches Kulturprodukt!"

Dieser kraftvolle Satz eines Sexualforschers beschreibt schon 1969 in einer Wochenzeitschrift eine Sex-Problematik, die sich bis heute, ca. fünfzig Jahre später, kaum verändert hat. Sie ist leider immer noch sehr oft der rote Faden, der Leitfaden – und auch der „Leidfaden" – in unserer Sexualität. Um ihn herum hat sich bei vielen Menschen das ursprünglich so lustvolle, natürliche Sexualverhalten mit den größten Glücksmomenten allmählich in ein steriles, verklemmtes Kulturprodukt ohne Orgasmus verwandelt. Hauptsächlich Frauen leiden darunter!

So entstand ein Sexualleben, bei dem selbst das unterdrückteste Keuchen beim Sex vom hellhörigen Nachbarn als unsittliches Verhalten gewertet werden darf.

Der Tropfen

Nicht selten wurde der ganze Liebesakt von religiösen Hardlinern zu einem „Werk des Satans" abgestempelt. Mit verheerenden Folgen: Sex wurde in den geistigen Untergrund verbannt. Die vergewaltigte Frau mit dickem Bauch wurde zur Hexe erklärt und als Sünderin lebend verbrannt! So einfach war das für die Kirche!

Als „schlechte Gedanken" werden auch heute noch unsere Überlegungen abqualifiziert, die sich mit unserer Fortpflanzung befassen. Darüber darf man natürlich auch nicht sprechen!

Ist es nicht fatal, dass jeder Tropfen Sperma, der trotz allergrößter Aufmerksamkeit doch noch ins Laken geht, häufig zu einem Problem wird? So verkorkst sind wir fast alle geworden! Er wird so schnell wie möglich entfernt. Sonst könnte ja, durch einen dummen Zufall, die verbohrte Nachbarin oder der entrückte Religionsanhänger den kleinen Fleck erspähen – den Beweis gewesenen Glücks.

Und dafür muss man sich in unserem Kulturkreis immer noch schämen. Man fühlt sich ertappt, etwas Verbotenes getan zu haben – verrückt!

So wurden die Menschen mit immer neuen Nötigungen, sprich Verordnungen der Obrigkeit in die Abhängigkeit der Kirche getrieben!

Flugs hat heute die gut angepasste Geliebte, noch mehr die Gemahlin rechtzeitig ein Papiertüchlein zur Hand. Sie hat sogar ein Handtuch untergelegt, um den unheilvollen Tropfen sicher aufzufangen! Ihn ja nicht ins Laken gehen lassen! Auch nicht beim Rückfluss, das ist oberstes Gebot!

Das Tüchlein schon in der Hand, auf dem schmalen Handtuch ausharrend und auf den Tropfen wartend, entgeht ihr so eventuell der andächtigste Moment ihres Lebens: die Zeugung ihres Kindes. (Siehe Umschlagbild!)

Liebe Leserin, lieber Leser, wie halten Sie es denn mit dem besagten Tropfen?

Keine zweitausend Jahre brauchten Religion, Geistesfortschritt und Medizin, um aus himmlischer Lust einen Akt des Satans zu machen, über den öffentlich zu reden auch heute noch verboten ist bzw. als unsittlich gilt! Ein Tabuthema ist es in jedem Falle auch heute noch. „Man spricht nicht darüber!"

Versuchen Sie einmal als Mann mit Ihrer Nachbarin in der Straßenbahn über Ihren Sex mit Ihrer Frau von gestern Abend zu sprechen – statt über Ihr Rheuma. Man wird Sie für pervers erklären. Und das, obwohl unsere Zeit doch so wunderbar fortschrittlich ist.

Pädophilie

Einen katastrophalen Nebeneffekt hat diese aufgezwungene Sprachlosigkeit der Erwachsenen auf die Kinder: Wenn Kinder zum Beispiel in die Fänge von pädophilen Priestern oder anderen pädophilen Verbrechern geraten sind und missbraucht werden, dann ist es für diese Verbrecher sehr einfach, sie schweigsam zu halten: Das Kind kann sich nicht artikulieren. Es fehlen ihm die richtigen Worte. Seine Eltern schweigen nämlich auch über solche „ekelhaften Sachen". Das Kind schämt sich, hat ein schlechtes Gewissen und schweigt infolgedessen ebenso.

Der Pädophile muss also lediglich das schlechte Gewissen des Kindes befeuern, ihm drohen mit den furchtbaren Reaktionen seiner Eltern, wenn diese vom ihm – dem untadeligen, gottesfürchtigen Menschen – erfahren würden, ihr Kind, das er missbrauchte, habe nicht geschrien, habe sich nicht gewehrt, habe sich alles gefallen lassen!

Damit ist das Kind für Sex-Verbrechen in Zukunft gefügig gemacht! Und warum ist das so? – Weil Sexualität für die meisten immer noch negativ besetzt ist; etwas, worüber man nicht öffentlich spricht! Schon gar nicht die Kirche! Nötigung und Vergewaltigung in ihren Mauern hält die Kirche offenbar für weniger schlimm, als aufklärend über Sexualität zu reden!

Sexarbeiterinnen

An festgelegten Straßenabschnitten stehen heute „Sexarbeiterinnen"! Das klingt viel besser als „Prostituierte"!

Männern für Geld einen Orgasmus zu besorgen, ist zu einem (ehrbaren?) Beruf geworden! In Freudenhäusern werden gegen Aufpreis „Flatrates" angeboten. Hier kann der omnipotente Freier so viele Sexarbeiterinnen mit seinem Samen beglücken, wie er mag bzw. kann. Erstaunlich potente Exemplare der männlichen Spezies soll es dort geben. „Mann" will es nicht glauben: bis zu fünf Ejakulationen!!

Genaueres bitte im Internet erfragen. Die sozialen Netzwerke helfen in Sachen Sex immer gerne weiter. Sie sind neben löblichen Verdiensten auch zu einem gigantischen Freudenhaus avanciert. Dank der Pille, dank Viagra und vor allem dank der garantierten Anonymität sind sie mit ihren Sex-Plattformen auch für zwielichtige Gestalten das richtige Medium.

Über die menschenverachtenden Verbrechen an den Sexarbeiterinnen, die häufig aus dem Ausland kommen und mit Gewalt in das Milieu gezwungen wurden – eine unfassbare Zumutung! –, muss an anderer Stelle gesprochen werden. Vermutlich sinnen viele der meist schutzlos ausgelieferten Frauen auf Rache, geprägt von Ekel und Demütigung. Mögen sich ihre Rachewünsche erfüllen!

Die Handelsware Sex scheint total tabufrei geworden zu sein. Ganz im Gegensatz zum Sex in der biederen Familie. Hier ist Sex immer noch ein Schmuddelthema. Darüber wird nicht gesprochen! Nicht einmal während man Sex hat! Es ist wohl die Angst, etwas Falsches zu sagen, was zu dieser Verschlossenheit geführt hat! Denn die Obrigkeit hat den Menschen lange Zeit eingebläut: „Sex ist etwas Schlechtes, etwas Teuflisches!" Damit war es nur noch ein kleiner Schritt, Sex auch als Waffe einzusetzen.

Arterhaltung

Wie zu lesen ist, sind alle Regeln und Tricks von Mutter Natur zur Fortpflanzung natürlich, beispiellos vielseitig, bestechend, listenreich und für Mann und Frau meist gleichermaßen angenehm!

Mutter Natur strebt mit allen Mitteln danach, so viele Nachkommen wie nur möglich in die Welt zu setzen – mit welchen Partnern auch immer, unter welchen Bedingungen auch immer. Sie duldet auch keinen Stopp im fließenden Sperma-Erguss, wie es bei allen anderen Stoffen, die unseren Körper verlassen, möglich ist! Wenn es auch dafür einen Schließmuskel gäbe, wäre die Menschheit wahrscheinlich auch daran längst ausgestorben.

Die biologische Ausstattung von Mann und Frau erlaubt ihnen täglich, ihre unbegrenzte Zeugungskapazität zu nutzen. Zumindest theoretisch könnten sie das!

Doch nicht alle Männer sind so omnipotent wie Zuchthengste, wenn sie auch gerne so tun! Auch nicht alle Frauen haben täglich das Verlangen nach einer „vaginalen Interaktion". (Ist das nicht ein tolles, präzises Wort für lieben, vögeln, ficken, bumsen, poppen usw.?)

Tägliche Streicheleinheiten würden ihnen oft genügen – hört man von Frauen. Häufiger scheint jedoch der Wunsch nach mehr Sex vorhanden zu sein. Bei jungen Frauen weniger, bei älteren Frauen mehr?

Bei vielen älteren Männern zeigt sich dann Angst. Angst, dass ihr bestes Stück trotz vorhandener Lust schlappmacht. Hilfsmittelchen braucht er dann, was mit zunehmendem Alter schlimmer wird.

Was denken Sie, liebe Leserinnen und Leser? Müssen Männer wie Frauen vom interaktiven Sex mit ihrer Ehehälfte ganz ablassen, wenn er oder sie es nicht mehr will oder nicht mehr kann?

Selbst Hand anlegen ist eine weitverbreitete Notlösung, aber nicht sehr beliebt.

Eine neue Statistik zeigt jedoch: 90 Prozent aller Männer und 80 Prozent aller Frauen onanieren! Warum tun sie das? Ihre Körper verlangen wohl nach Sex, aber ihr pseudomonogames System verhindert den Beischlaf: „Er oder sie will gerade nicht!" Basta! Die Folgen der Unzufriedenheit sind bekannt.

Bei polygamen Sexpartnern gäbe es diese Probleme wahrscheinlich nicht. Vielleicht andere?

Außerdem hat Mutter Natur bei der Frau Sperrzeiten in ihrer Fruchtbarkeit eingebaut. Beim Manne nicht. „Warum eigentlich nicht?", fragt sich der oder die Betroffene. Soll das eventuell so zu verstehen sein, dass er in der sexfreien Zeit seiner Frau anderen Frauen zum Mutterglück verhelfen soll? Oder sogar muss?

Nachbars Gedanken

Omnipotent, wie er sich selbst sieht, fragt sich das auch der hilfsbereite Nachbar. Beifällig nickt der mit dem Kopf, wenn er die Nachbarin im Sommer tief gebeugt in ihrem Garten arbeiten sieht. Wenn ihre dünne Bluse im Wind flattert. Wenn ihr üppiger Busen sichtbar wird, herauszuspringen droht aus den BH-Körbchen D/E 105. Dann ist er so erregt, dass auch sie es deutlich sehen muss. Ihr gebärfreudiges Becken, ihr makelloser, praller Hintern erregen ihn immer mehr. Er bietet seine Hilfe an, in ihrem Garten zu arbeiten. Sie lehnt dankend ab, strahlt ihn aber an. „Vielleicht war ich ein wenig zu plump", denkt er. Denn er macht in seinem eigenen Garten keinen Handschlag, alles macht seine Frau.

Seine Hintergedanken versteckt er vor der Nachbarin erst gar nicht. Er will ihr und sich selbst sexuell helfen, egal wie – sonst nichts!

Sie beugt sich immer öfter, immer tiefer runter – mehr als notwendig. Zeigt ihm ihre kurzen, schwarzen Shorts, wunderschön rund und stramm gefüllt von ihrem prächtigen Po. Ihre gespreizten Beine geben ihr einen sicheren Stand, lassen aber auch, mit dem Fernglas, deutlich erkennen, dass sich der Stoff tief in Gesäßspalte und Vagina versenkt hat. Er entwickelt aufregende Gedanken – seine Hose wird immer enger.

Alles an der kleinen blonden Nachbarin ist prall, schön und sexy. So scheint es ihm wenigstens seit einiger Zeit. Früher erschien sie ihm eher vulgär.

Also er empfände eine Art „Sex-Aushilfe-Pflicht" für Männer, deren Frauen gerade unpässlich sind, für höchst lobenswert! Diese „Pflicht" könnte anderen Frauen ihren lange gehegten Kinderwunsch endlich erfüllen sowie auch den allseits beklagten Geburtenrückgang stoppen! Somit wäre ihr soziales Handeln also auch ganz im Sinne von Mutter Natur! Solche Gedanken schießen ihm im Testosteronrausch durch den Kopf.

„Schwachsinn", sinniert er weiter: „Wird ja doch nichts draus! Diese wunderschöne, üppige Nachbarin ist sexuell gewiss sehr gut versorgt." Aber warum zeigt sie ihm dann so freizügig ihre

Reize? Ihre Schamlippen sind haargenau abgebildet, die pracht-vollen Brüste samt steifen Brustwarzen sind gut zu sehen – mit dem Fernglas! Das macht sie doch gezielt für ihn, obwohl sie ihn nicht kennt – wie soll er das verstehen?

Okay – wir leben im Zeitalter des Internets, der Fake News, wo die Wahrheit unwichtig geworden ist, weil man angeblich mehrere Wahrheiten zur Auswahl gibt. Aber hier wird doch ihre Lust auf Sex mit ihm optisch bestätigt, das verwirrt ihn doch sehr!

Sie hat natürlich längst bemerkt, dass er sie beobachtet – in seiner dünnen, gebeulten Hose. Und er gefällt ihr. Also signalisiert sie ihm, wohl unbewusst, mit ihrer Körpersprache: „Ich will deinen Samen, ich will ein Kind von dir." Ihre Körpersprache folgt also ihren Wünschen, nicht ihrem Verstand, wenn sie sich ihm sexwillig zeigt. Das Urbedürfnis zur Arterhaltung hat bei beiden das Verhalten gesteuert.

So einfach funktioniert natürlich unsere heutige Gesellschaft nicht mehr. Das weiß sie auch. Dennoch spielt sie ihm diese sexuelle Herausforderung vor, so wie es in der Natur überall zu sehen ist. Die sozialen Plattformen im Internet tun nichts anderes!

Auch unsere Kulturträger in Film und Fernsehen üben sich täglich darin.

Warum machen die das?

„Ist doch klar", würde sein Freund Xaver (32, verheiratet) sagen: „Sie zeigen die uralten Reizbilder: Brüste, Vulva, Gesäß, die schon immer zur Paarung eingeladen haben. Das wiederum löst eine freudige Erregung mit Wünschen nach Paarung in uns Männern aus – basta! Allein die körperliche Berührung ist bei uns, wie in der Tierwelt, etwas unübertroffen Schönes! Dazu zählt auch, sich nackt einem/einer potenziellen Geschlechtspartner(in) zu zeigen. Ihn zur Paarung zu locken! Es ist die Ursprache, es ist der Ursex!", ereifert sich Xaver weiter – er hat darüber gelesen!

Der Nachbar geht über die Terrasse zurück vor sein Fernsehgerät. Die Bayern spielen schließlich gegen den HSV, das will er nicht verpassen.

„Aber wenn sich bei der Nachbarin doch eine Gelegenheit böte? Was würde ich dann machen?", fragt er sich ernsthaft.

Er schaut auf seine Hose: Seine Gedanken haben „sein" Volumen wieder ums Dreifache vergrößert. Sein Penis ist aus dem Slip gesprungen, die Eichel scheuert nun wieder schmerzhaft am rauen Stoff der Jeans!

Der hormongeplagte Nachbar antwortet sich selbst entschlossen: „Ja, ich würde es tun!" Nur ganz kurz denkt er an seine Frau: „Nein, ich würde sie nie verlassen!"

Dies scheint die natürliche Reaktion eines Mannes zu sein, wenn es um Sex geht, was von Frauen gerne schon als geistige Untreue verurteilt wird. Aber warum denkt er so egozentrisch und undifferenziert? Warum glaubt er ein Recht auf Fremdgehen zu haben?

„Weil er ein polygames und kein monogames Wesen ist, deshalb hat er das Recht", würde Xaver sagen. „Es wurde ihm zur Arterhaltung eingeprägt, auch wenn es der Religion und dem Staat nicht passt! Diesen Konflikt gibt es schon seit ewigen Zeiten."

Xaver hat recht, aber er gibt zu bedenken: „Es ist immerhin eine Tatsache, dass der Mann den göttlichen Auftrag hat, sich zu vermehren! Nur er kann eine Vermehrung einleiten. Nur er hat den Samen und das Werkzeug zum Injizieren", glaubt Xaver. „Die Frau hat lediglich das passive, unbefruchtete Ei." – „Na ja", denkt er weiter, „es werden wohl doch beide, Mann und Frau, benötigt!"

Was natürlich stimmt, aber von der männlichen Spezies immer ein wenig infrage gestellt wird. So, als sei der Samen wichtiger als das Ei. Was natürlich nicht stimmt – oder doch?

Etwas unfair ist es von Mutter Natur allerdings schon, beim Manne die Sexbereitschaft so extrem hoch stehend als ein Signal für jede Frau weithin sichtbar zu machen und andererseits bei der Frau so gar kein optisches Signal zur Bereitschaft zu geben! Das muss doch zu Missverständnissen führen! Oder gibt es auch bei ihr optische Signale? Zum Beispiel die vergrößerten, steif stehenden Brustwarzen der Frau? Was aber kein starkes Signal ist! Es ist kaum zu sehen. Von Weitem, ohne Fernglas, schon gar nicht! Und überhaupt nicht vergleichbar mit dem hoch aufgerichteten Bereitschaftssignal des Mannes!

Für den Homo sapiens in prähistorischer Zeit entstand so eventuell der falsche Eindruck: „Frauen sind immer paarungsbereit – folglich auch immer paarungswillig!", was ja auch heute noch gelegentlich zu den bekannten Komplikationen führt!

Von schnöder Untreue zu sprechen, fällt vielen Männern auch heute noch schwer. Glauben sie doch, „in sexueller Not" gehandelt zu haben, als sie den Verlockungen der Frau Nachbarin erlegen waren.

Wie sehen Sie, liebe Leserin, die Situation, wenn Ihr Mann „es" mit der Nachbarin wirklich treiben würde? Wäre er dann in einer Notsituation? Also vom natürlichen Sextrieb zum Fremdgehen genötigt worden? Wäre sein Verhalten damit entschuldbar?

Bevor Sie antworten, sprechen Sie bitte erst mit Ihrem Mann.

Paarung nach Vorschrift

Neben den freudvollen Standards zur Paarung von Mutter Natur hat der Mensch im Verlauf seiner Entwicklung ebenfalls Regeln zur Arterhaltung geschaffen.

Sie folgen jedoch ganz anderen Kriterien. Nicht mehr der ursprünglichen Lust, sondern den Kriterien von Moral, Ethik und Treue. Wertebegriffe also, mit denen Mutter Natur so gar nichts anfangen kann. Denn diese führen zu weniger Zeugung, zu weniger Kindern. Das liegt nicht in ihrem Interesse.

Das Dilemma: Diese neuen Vernunftregeln haben die natürlichen Wege der Sexualität verlassen. Sie wurden zu einem Zwangs- und Kulturprodukt gemacht. Mit ihren vielen Verboten stehen die neuen Regeln im krassen Widerspruch zu den uralten Naturregeln, auf die der Mensch im Stammhirn programmiert wurde.

Diese Urregeln erlauben alles, was dem Menschen zur Arterhaltung wichtig und angenehm ist. Jede Form sexueller Lust, die zur Freude, zu positiver Aufregung und Zufriedenheit führt, ist willkommen und von der Natur auch so gewollt! Sonst wäre der Mensch nicht zur Krone der Schöpfung geworden, sondern wie andere Lebensformen ausgestorben!

Mit der Programmierung entstanden Bedürfnisse. Und als der Homo sapiens endlich sprechen konnte, hat er daraus Sex-Wünsche formuliert.

Schon vor Urzeiten hat der Mann genauso wie die Frau auf Erfüllung ihrer Wünsche bestanden. Beide haben die Wünsche des anderen erfüllt und einander glücklich gemacht!

Dieses Sexprogramm läuft und läuft und läuft bis heute in den Köpfen. Auch die Erfindung der Religionen konnte es nicht stoppen.

Ist es da verwunderlich, dass sich diese alten, natürlichen Wünsche gelegentlich wieder melden und auch durchsetzen, mal mehr, mal weniger drangvoll?

Wie war das noch bei den alten Germanen? Wenn ein Germane des Weges kam und einer Germanin begegnete, die gebeugt auf dem Feld arbeitete, dann war es nichts Ungewöhnliches, wenn sie einvernehmlich mit großer Freude sofort eine sexuelle Interaktion hatten, über die man zu Hause im Kreise der Familie auch sprach.

Selbstverständlich kann man diesen total „verantwortungsfreien Begegnungssex" nicht in die heutige Zeit übertragen: Die Standstreifen und Parkplätze an den Autobahnen würden aus allen Nähten platzen vor lauter wippender Autos, würde man diesen alten Brauch der Germanen wieder einführen. Es könnte gar zu Volksaufständen kommen wegen mangelhafter staatlicher Unterstützung bei der Forderung nach mehr Standplätzen. Die vielen Hunderttausend sexwilligen Männer und Frauen entlang der Autobahnen, Landstraßen und Feldwege würden auf ihrem Recht bestehen!

Also – bitte keinen Antrag auf freien Sex bei Ihrer Gemeinde stellen! Denn genau dieser schöne, aber auch verantwortungsfreie Sex führte zwangsläufig zu den Fragen: Wer ernährt das Kind? Wer ist der Vater? Wer erbt was? – Die Justiz blühte auf!

Höhepunkt der Arterhaltung

Es ist das Programm der Natur, welches äonenlang die schlichte, eigentlich stupide Tätigkeit zur Arterhaltung zu einem Bestseller ausgebaut hat, die im Wesentlichen auf Oszillation, der einfachen Hin-und-her-Bewegung, beruht, die sie aber im Gehirn mit überirdischen Freuden der Lust ausgestattet hat – und das in Verbindung mit einem ausgeklügelten Schwall kreativer Sex-Gedanken und wohliger Gelüste.

Das großflächige Fühlen des nackten Körpers, der nackten Haut des geliebten Menschen, dazu sein Streicheln an intimsten Stellen mit Hand und Zunge sind schon ein großartiger Vorgenuss, wollen aber auch trainiert sein, damit Mann oder Frau die Zonen der trefflichen Stellen bei Bedarf schnell genug findet!

Gierige Küsse an erogenen Stellen steigern weiter die Sehnsucht nach Vereinigung!

Es folgt der erste Schritt zur Übergabe des Erbgutes: „das Ineinandergleiten der Liebenden". Und damit der Penis überhaupt gleiten kann, hat der Schöpfer vorsorglich Gleitmittel in der Vagina vorgesehen! Diese Vorsorge ist wirklich erstaunlich!

Dabei erstmals die große Wärme im Inneren der Geliebten zu fühlen, erstaunt jeden Mann! Höchst sensible Sensoren an Penis und Vagina reiben aneinander, um die Lust weiter zu steigern! Dies alles ist beim ersten Mal noch überwältigender als später. Es führt zu einem Inferno an Lustgefühlen, zu Freude, Erfüllung und Geborgenheit.

Diesen Akt so freudvoll zu gestalten, damit die Art erhalten wird, damit ein Kind entsteht, das ist schon eine Höchstleistung von Mutter Natur. Mit keiner von Menschen noch so ausgeklügelten Prozesssteuerung wäre das erreichbar.

Doch in der Sekunde des Orgasmus, also im Moment der Zeugung, der Übergabe des Erbgutes, die Lustgefühle nochmals weiter zu steigern, die Samenübergabe mit einem rauschenden Gefühlsgipfel von geradezu ehrfürchtiger Größe zu begleiten, ist das Größte überhaupt, das unermesslichste Glücksgefühl, das es für einen liebenden Menschen überhaupt gibt!

Dieses Übermaß an Glück mit rasendem Herzen bei gleichzeitiger Entspannung auf dem Höhepunkt der Zeugung führt, anders als beim Rammler, zu einem befreienden Aufschrei. Der Rammler stürzt danach stumm von der Häsin herunter und macht sich aus dem Staub! Dagegen schlafen zwei Menschen danach meist zärtlich kuschelnd entspannt ein. Bis auf einige, gar nicht so wenige Männer: Sie schrecken kurz nach dem Orgasmus hoch und stammeln: „Oh Gott, wie spät es schon ist, ich muss ganz schnell nach Hause!"

Es ist die Meisterleistung von Mutter Natur! Dankbar sollten wir ihr dafür sein! Danach strebt jeder gesunde Mensch, der es einmal erlebt hat, sein Leben lang! Die Chinesen reden dabei sogar von dem „kleinen Tod".

Wahrlich ist hier ein Prozess von einmaliger Nachhaltigkeit gelungen!

Seit endlosen Zeiten funktioniert der Zeugungsakt des Menschen fast problemlos, soweit man das heute wissen kann.

Allerdings, je schlauer der Mensch wurde, umso mehr „Wenn-und-aber-Probleme" schlichen sich ein. Darf man sagen: „Dumm an Wissen paart sich's einfacher"? Oder hat der Volksmund recht, wenn er schlicht sagt: „Dumm fickt besser"?

Was sagen Sie, liebe Leser – als Praktiker – zu dieser provokativen Frage?

Alle erregenden Sexgedanken stammen aus dem schönen, ursprünglichen Programm des Homo sapiens! Sie sind auch heute noch tief in den Köpfen der Menschen verankert! Nur ist es leider „ungehörig" geworden, öffentlich darüber zu reden.

Der lasche Zeugungsprozess von heute ist das Produkt jener tausend Verbote, der mittels Religion, Not und Willkür durch unterdrückende Machthaber erreicht wurde. Nicht zu vergessen: Auch die Unterdrückung der Frau durch ihren Ehemann trug dazu bei.

Allmählich wurde die natürliche Sexualität gegen das widernatürliche Kulturprodukt Sex ausgetauscht. Und das gegen den Willen der Menschen! Es wurde ihnen von ihrer jeweiligen Obrigkeit aufgezwungen, sogar mit Strafandrohung! Wie zum Beispiel Paragraf 175 oder der Kuppeleiparagraf, auch Teile der Zehn Gebote.

Sex als Machtmittel führt auch heute noch zum Unglück! Oft sogar zum Tod von Frauen!

Seit einigen Jahrhunderten versucht nun der Mensch die neuen Vernunftregeln zu befolgen. Der reale Erfolg scheint nicht sehr groß zu sein. Und in den Hirnen sind sie wahrscheinlich auch nur marginal hängen geblieben. Dort regiert immer noch die robuste Mutter Natur mit ihren Forderungen nach freiem, lustvollem, kraftvollem Sex zur Arterhaltung.

Selbst die Treuesten der Kirche haben gelegentlich große Probleme mit ihren eigenen, viel zu scharfen Vernunftregeln und Verboten. Dieser auferlegte Zwang steht im Widerspruch zu ihrem gesunden Sexualbedürfnis. Er riss schon so manchen Sohn der Kirche ins Verderben, weil dieser eine heimliche Geliebte hatte! Heute drückt die Kirche häufig ein Auge zu. Doch endlich die Regeln zu humanisieren, also den Zölibat aufzuheben, kommt für die Kirche in Rom nicht infrage. Kinder wie Eltern wären dankbar! Dann könnten sie endlich auf weniger Vergewaltigungen in der Kirche hoffen. Sie müssten dann nicht mehr die Nötigungen der Sexualverbrechen an ihren Kindern in der Kirche erdulden! Es bleiben genug andere Peiniger für die Kinder!

Schleichende Revolution

Im Frühling, wenn der Zeugungsdruck zur Arterhaltung überall stärker und stärker wird, kommen die alten Sexregeln der Natur den neuen Vernunftregeln oft so richtig in die Quere.

Wie bei den beiden Pärchen, den Protagonisten dieses Buches, die langsam in Erscheinung treten wollen. Sie sind mutig, sie wollen versuchen, nach beiden Regeln glücklich zu sein. Mit den gültigen Regeln der Vernunft allein ist es ihnen nicht wirklich gelungen! Obwohl sie sich ihr Glück und ihre Treue bis ans Lebensende geschworen hatten, war nach fünfzehn Jahren irgendwie „die Luft raus".

Heute streben sie nach etwas Neuem, was sie hoffentlich glücklicher machen wird. In ihren Köpfen findet eine schleichende Revolution statt.

Auch weil sich in ihrem Umfeld die Eindeutigkeit der Paare langsam verwischt, sind sie freier im Denken geworden: Plötzlich können sie sich einen zusätzlichen Partner / eine zusätzliche Partnerin in ihrer Ehe vorstellen. Diese Person auch zu lieben, ohne ihren derzeitigen Partner zu verlassen. Also beide zu lieben!

„Wow. Wie kann das sein?!", fragt sich der artige Bürger. Der Gedanke ist nicht neu. Dennoch erschreckt er immer wieder Paare, die Probleme in ihrer Ehe haben. Neugierig werden sie dennoch: „Ob so eine ‚Polyamorie' auch die Lösung für uns sein könnte?"

Alle vier um die vierzig, mit fünfzehn ganz normalen, verschleißenden Ehejahren auf dem Buckel, stecken sie in der ebenfalls ganz normalen Sinnkrise und fragen sich: „Soll das wirklich alles gewesen sein? War das nun das Leben? Was kommt jetzt? Was muss sich ändern? Wie können wir unserer Liebe, unserem Sexleben wieder den alten Schwung verleihen? … Denn ansonsten ist unser Leben doch wunderschön! Wir haben alles, es geht uns gut, sogar sehr gut!"

Fast jeder, der verheiratet ist oder war, kennt diese Fragen zur Genüge. Oft bleiben sie unbeantwortet. Unter Umständen mit schwerwiegenden Folgen.

Diese Fragen haben die beiden Paare mutig beantwortet und leben seitdem glücklicher. Na ja, genauer gesagt sind sie erst auf dem Weg dorthin, wie wir noch sehen werden.

Ihre Kinder, die Teenager Tom (16) und Eva (15), haben sich ineinander verliebt. Sie stehen ganz am Anfang ihres Liebeslebens. Aber auch sie spüren schon unangenehm die Einflüsse der beiden unterschiedlichen Regeln auf ihre unschuldige Liebe. Es ist ihre „erste Liebe". Wie jeder weiß, ist diese begleitet von tausend Unsicherheiten und Verwirrungen. Aber auch von einem einmaligen Rausch, der sich nie mehr wiederholen wird.

Der Kampf zwischen den natürlichen Regeln und denen der Vernunft beginnt gerade: in ihre erste, reine Liebe werden die ersten Schuldgefühle und Unsicherheiten eingebracht. Sehr zerbrechlich ist sie, ihre junge Liebe. Sie werden kämpfen müssen!

Wichtiges Wissen

Es gibt wichtiges Wissen in Sachen Liebe, das jeder/jede haben sollte. Spätestens in der Pubertät! Aber keiner bringt es den jungen Leuten so richtig bei. „Man spricht nicht darüber." In ihrer modernen Erziehung haben sie nur gelernt, was man alles nicht darf! Auch dann nicht, wenn man verliebt ist! Erst wenn man verheiratet sei, dürfe man all das tun, wonach man sich jetzt schon sehnt. Alles, was den Sex betrifft, bleibt verschleiert. Weil aber die drängenden Wünsche ihres Körpers den krassen Verboten entgegenstehen, kommt es häufig zu Irritationen, sogar zu Missverständnissen und Streit!

Wie lange werden sie noch dem Paarungsdruck standhalten können?

Einerseits schafft Mutter Natur für jede Art von Lebewesen geeignete Voraussetzungen, damit sie nicht ausstirbt. Andererseits fordert sie aber auch, dass alle ihre Regeln befolgt werden. Dem stehen jedoch oft die von Menschen gemachten Regeln entgegen!

Betrachtet man den mühevollen Fortpflanzungsweg eines Gänseblümchens oder eines Kirschbaumes, dann erkennt man die Probleme: Sie sind am Boden angewachsen, folglich können sie nicht eben mal schnell die zwanzig Zentimeter hinüberwandern zum anderen, dem sehnsüchtig Wartenden, um ihm den gewünschten Samen zu bringen. – Was tun? Mutter Natur wusste Rat: Clever hat sie Wind und Insekten als Vehikel für lange Übertragungsstrecken einbezogen. Allerdings musste zuvor das Erbgut so leicht werden wie Staub, damit es vom Wind oder der Biene auch zwanzig Zentimeter oder zwei Kilometer weit getragen werden konnte.

Und das Gänseblümchen musste auch etwas dafür tun: nämlich einen langen Blütenstängel ausbilden, damit der Wind den mitgebrachten Blütenstaub beim Darüberstreichen auch sicher zur Befruchtung der Blüte abgeben kann. Auch die Biene mit ihren Pollen kann dann besser landen und starten. Ein wichtiges Detail im fantastischen Spiel der Natur klappte: Die Übertragungsstrecke des Erbgutes für ortsfeste Pflanzen funktionierte.

Ob das Gänseblümchen beim Empfangen mittels Wind, so ohne jeden Körperkontakt, wenigstens ein wenig Freude oder auch nur ein Quäntchen Lust dabei verspürt? Es wäre ihm zu gönnen, bedenkt man, wie angenehm kurz und lustvoll die Übertragungsstrecke des Genoms beim Menschen ist, so ganz ohne Vehikel, dafür aber mit vollem Körperkontakt und Wohlgefühl.

Die vielen Fehlversuche bei der Zeugung lassen aber auch die Komplexität dieses Vorganges erahnen. Ob Mutter Natur deshalb den Menschen mit einem nie erlahmenden, lustvollen Antrieb zur täglichen Wiederholung des Zeugungsaktes ausgestattet hat?

Das Diktat

Im Frühling, wenn die Nächte kürzer und wärmer werden, verkehrt sich in den Köpfen der Menschen so manch guter Vorsatz ins Gegenteil. Die noch an Weihnachten und Silvester beschworene ewige Treue und große Liebe werden nun von Mutter Natur massiv auf die Probe gestellt. Sogar völlig ignoriert wird die Treue! Zumindest infrage gestellt wird sie. Denn um diese Zeit fordert sie gnadenlos vor allem anderen nur das eine: den Fortbestand der eigenen Art zu sichern. Fauna wie Flora unterliegen dabei unterschiedslos ihrem strengen Diktat.

Ob Gänseblümchen, Regenwurm oder Mensch – allen ist gleichermaßen der göttliche Zwang zur Fortpflanzung auferlegt. Nicht immer eine bequeme Sache, wie man weiß. Aber was sein muss, muss nun mal sein, zu welchen Komplikationen es bei uns denkenden Menschen dabei gelegentlich auch kommen mag, zum Beispiel, wenn omnipotente Exemplare ihre geforderte heimische Pflichterfüllung in schamlosem Eigennutz mit der Frau Nachbarin übertreiben. Doch wie man überall sehen kann, hat Mutter Natur nichts dagegen. Im Gegenteil, sie freut sich, es fördert ihr Vorhaben, möglichst viele Nachkommen der Spezies Mensch in die Welt zu setzen.

Dem aufmerksamen Beobachter kann nicht entgangen sein, welch gewaltige Anstrengungen so ein kleines Gänseblümchen im Frühjahr unternimmt, um seinen Auftrag zur Arterhaltung zu erfüllen. Schon beim letzten Frost drängt es mit seinen winzigen Blättchen aus dem noch kalten Boden, treibt flugs einen sehr langen Blütenstängel hinaus in die kalte Luft und streckt damit die weit geöffnete, leuchtende, wohlriechende Blüte der erstbesten Biene zur freundlichen Befruchtung entgegen.

„Keine Zeit verlieren!" ist jetzt oberste Devise. Denn das Gras wächst schnell hoch, es wird das Gänseblümchen bald unsichtbar gemacht haben. Oder es wird von einem Rammler aufgefressen werden! Die Bemühungen des Gänseblümchens sind eindeutig, richtig und optimal zielorientiert ausgerichtet, würde man heute sagen. Man muss es loben!

Nicht bei allen Spezies sind die Bemühungen um den Fortbestand so schön zu sehen! Zum Beispiel das Abrackern des Regenwurms bei seiner Pflichterfüllung. Unterirdisch bei nasskalter, absoluter Dunkelheit, in quetschender Enge, wobei er seine Sex-Partnerin nicht einmal sieht. Beide müssen ihre kleinen, ringförmigen Verdickungen auf halber Körperlänge gegeneinanderpressen, um ihr Erbgut zu übergeben! Trotz aller Widrigkeiten dringt kein Laut der Klage nach draußen. Er tut seine Pflicht in dem engen Wurmkanal, selbst wenn der Boden noch etwas gefroren ist. Ehren sollten wir den Tapferen für diese Knochenarbeit, die auch unserem Rasen zugutekommt.

Andere Spezies in Feld und Wald, wie Vögel und Hasen, befolgen täglich mehrmals die gestrengen Vorgaben von Mutter Natur, wobei Männchen offenbar einem höheren Erfüllungsdruck ausgesetzt sind als Weibchen. Denn sie sind es, die immer den flüchtenden Weibern hinterherrennen müssen. Aber unzufrieden sind sie deshalb offenbar allesamt nicht. Im Gegenteil, es muss wohl große Freude machen, sich so abzuhetzen, sonst würden sie doch diese Liebesspiele mit endlosen, kräftezehrenden Hetzjagden schlicht verweigern.

Freund Xaver meint: „Anstelle des Hasenmännchens würde ich nur wenige Runden mithasten, mich müde stellen, hinlegen und im geeigneten Moment mit voller Kraft meine Pflicht erfüllen. Aber hallo – da würde die Häsin ganz schön staunen!"

Natürlich müsste er mit einkalkulieren, dass es diesem sexprotzigen, rammelnden Feldhasen völlig wurscht ist, mit welcher Häsin er sein polygames Pflichtprogramm runterrammelt. Ob ihm die Gefahr bewusst ist, seine Lieblingshäsin könnte ihm vom Panier springen und zum Lustobjekt eines anderen Rammlers werden? Und das, während er sich ausruht! So scheint es Xaver letztlich doch richtig, dem Rammler zu raten, alle diese blöden Runden mitzurennen.

Aber nur, um am Ende, nach dem „Zehn-Sekunden-Akt", der auch noch die allerletzten Kräfte aufgezehrt hat, wie vom Blitz getroffen herunterzustürzen von der Häsin, sogar in eine kurzzeitige Ohnmacht zu fallen? – Viel ist das nicht für all die Anstrengung, sollte man meinen. Aber wer weiß schon, welche wundervollen Lustgefühle durch das Hirn des Rammlers rauschen? Alle viere von sich streckend, wird er dabei auch noch zur leichten Beute des Habichts. Lohnt sich diese Anstrengung wirklich?

„Ja!", meint der junge Freund Xaver voller Enthusiasmus. „Alle diese Risiken bei der Fortpflanzung muss ein solider Hase für seine Lieblingshäsin in Kauf nehmen. Und das, wenn es denn sein muss, auch mehrmals am Tage – ist doch schön für ihn! Oder?"

Na ja, Xaver kennt sich im Sexualleben des Rammlers nicht so gut aus. Sonst wüsste er, dass dieser gar keine Lieblingshäsin hat. Der denkt ganz pragmatisch und nur an das eine: ans Rammeln! Was ihm Mutter Natur ja auch aufgetragen hat. Und er erfüllt seinen Auftrag bis zum allerletzten Tropfen seines Erbgutes! Und das sofort. Nicht wie Xaver, der alles zehnmal abwägt und das Geschehen auch noch von der moralischen Seite betrachten möchte.

Frühlingsrauschen

Auch beim Menschen ist die Zeit der warmen Frühlingsgefühle deutlich wahrnehmbar. Er wird unruhiger. Wünsche besonderer Art werden in ihm geweckt: Die doofe Nachbarin mit dem üppigen Busen ist plötzlich eine intelligente, begehrenswerte Frau.

Der fordernde Anspruch von Mutter Natur zur Arterhaltung, der zwangsläufig beim monogamen Menschen zum Ehebruch führt, wird beim Homo sapiens in dieser Zeit durch grübelndes Nachdenken vielleicht etwas abgeschwächt, aber nur ein klein wenig! Er möchte gerne seinen programmierten Drüsen folgen: den Aufforderungen der Natur nachkommen und so oft ein Kind zeugen – wie sie es will.

Doch die heutigen einschränkenden Regeln für die Paarung stören da sehr. Dennoch, im Geheimen stimmt fast jeder Mann den großzügigeren, lustvollen Paarungsregeln von Mutter Natur freudig zu. Nur mit ihnen kann doch der starke Mann seinem einprogrammierten Verlangen gerecht werden: möglichst viele genitale Interaktionen, breit übers Land verstreut, in kürzester Zeit zu realisieren!

Etwas scheinheilig versteckt er sich dafür hinter Mutter Natur: „Sie will es so, ich kann nicht anders! Sie übt Druck auf mich aus!" Irgendwie hat der Mann sogar recht. Er macht sich ja seine Gefühle nicht selbst! Sie erreichen ihn ganz einfach. Sie sind bei ihm einprogrammiert! Trotzdem verlangt die Welt, wie auch seine Frau, von ihm, dass er sie unterdrückt!

Das Gleiche trifft selbstverständlich auch auf Frauen zu. Sie haben angeblich noch viel häufiger den Wunsch, mit einem anderen Mann zu schlafen, als Männer mit anderen Frauen!

Da es sich bei Frühlingsgefühlen schon immer um eine Art Sex-Notstand handelte, wurden noch im Mittelalter bei Sonnwendfeiern/Fruchtbarkeitsorgien gefeiert – das heißt Sexorgien –, die selbst modernste Swinger von heute vor Neid erblassen lassen! Ostern ist der übrig gebliebene klägliche Rest der damals so beliebten Sonnwendfeiern im Frühling.

Woran liegt es, dass Verheiratete wie Ledige im Frühling besonders gerne den Pfad der Tugend ein wenig verlassen? Man könnte auch entschuldigend sagen, dass sie sich in dieser Zeit den Wünschen von Mutter Natur „bereitwilliger beugen". Gelegentlich sogar gegen ihren eigenen Willen, wie man hört. Was ihr Handeln bei dem „moralisch Gefestigten" nicht mehr ganz so unmoralisch erscheinen lässt, denn es geschieht ja unter erhöhtem Druck! Dennoch verstoßen sie damit gegen christliche Moralregeln und gegen ihr Treuegelübde – was vielleicht noch schwerer wiegt! Zwangsläufig führt ihr Verhalten im heimischen Bett zu Irritationen, weil sie oder er häufig „zu müde" ist. Die „Frühjahrsmüdigkeit" muss dann wieder herhalten!

Vielleicht ist der Mensch ja gar kein monogames Wesen, wie einige glauben machen wollen? Oder der Mangel an Sonnenlicht in den vergangenen Wintermonaten ist schuld: Plötzlich wärmende Sonnenstrahlen auf der Haut zu fühlen, vermittelt doch ein berauschendes Gefühl. So als berühre man einen warmen, weichen Körper. Der Gedanke, dass es ein fremder, selbstverständlich ein weiblicher Körper ist, steigert die Erregung bei maskulinen Zeitgenossen ins Übersinnliche, bis hin zum Verlust tropfenden Erbgutes.

Wie man deutlich sieht, lastet der Paarungsdruck nun schwer auf den Schultern der Heimgesuchten. Abwägungen, ob der Natur oder der Moral zu folgen ist, werden schnell vom Tisch gefegt. Gedanken an das „erste Mal" drängen sich auf.

Ob es wieder so erregend, so einmalig, alles überstrahlend sein wird wie damals? Das sind die alles bestimmenden Gedanken der Heimgesuchten! Die Schritte hin zum Höchsten, was dem Menschen widerfahren kann – sein „Sperma weiterzugeben" –, werden immer erwartungsvoller, schneller, leichtfüßiger. Aber auch die Vorsicht und das schlechte Gewissen mahnen immer lauter – die christliche Erziehung meldet sich!

Doch im Frühling siegt immer Mutter Natur. Nur so kann sie die Gattung Mensch gut gemischt erhalten. Das will sie, daran arbeitet sie Tag und Nacht.

In einer Wochenzeitschrift konnte man unlängst lesen, dass die „vaginale Interaktion" – so kann man das Schönste auf Erden auch nennen – nur zu einem Bruchteil der Zeugung diene. Man höre und staune: Sie diene auch heute noch zum überwiegenden Teil der Kommunikation und stamme aus der Zeit, als der Mensch noch nicht sprechen konnte.

Diese Art von Kommunikation praktizieren die Bonobos, wie man im Zoo sehen kann. Sie „kommunizieren" sogar ununterbrochen. Vor Behagen breit grinsend und auch in der von den Menschen bevorzugten Missionarsstellung geben sie am liebsten ihre Gene weiter. Die Verwandtschaft zum Menschen ist unverkennbar! Und Mutter Natur strahlt.

Das Dilemma bei den Frühlingsgefühlen der Menschen: Vermutlich wollen weder er noch sie ihre Partner zu Hause betrügen. Vor dieser scheinbar unlösbaren Aufgabe stehen die beiden, die sich gerade gefunden haben. „Vielleicht ist das ja auch gar kein Betrügen?", fragen sie sich. Dank ihrer hohen Intelligenz schaffen sie meist auch diesen Spagat. Sie tun alles, um dem Ruf der Natur zu folgen, und ignorieren dafür – natürlich nur für kurze Zeit – ihr Treuegelübde, das sie – nicht ganz ungezwungen – gegeben haben!

Geht doch!, möchte man sagen.

Oft genug geht es allerdings auch schief. Dann folgen Katzenjammer, Reue und schlimmste Auseinandersetzungen, was natürlich das Familienleben sehr stört!

Das wiederum berührt Mutter Natur überhaupt nicht mehr. Ihre Aufgabe ist erfüllt. Sie hat alle Voraussetzungen geschaffen, damit eine Paarung zur Arterhaltung stattfindet – sonst nichts. Ihre Arbeit ist getan!

Der nun folgende Paarungsakt läuft dann auch nicht so ab wie bei rammelnden Hasen, noch dazu in aller Öffentlichkeit! Nein, ganz intim, wie es sich für den denkenden Menschen, dem Homo sapiens mit Schamgefühl gehört: unbemerkt, versteckt im tiefen Wald, im hohen Gras einer romantischen Blumenwiese, in einer verlassenen Hütte oder im längst ausgedienten Partykeller.

Jedoch in den allermeisten Fällen findet der Höhenrausch auf dem harten Rücksitz in einem unbequemen Auto statt. Wo er sich, je nach Automarke, auch noch die Knie wund scheuert.

Aber dann brechen alle Dämme der Zurückhaltung. Der aufgestaute Zeugungsdruck lässt Blusen-, Hemden- und Hosenknöpfe wie Pistolenkugeln davonflitzen. Kompliziertere Verschlüsse gehen in der Eile ganz zu Bruch.

Mit großer Zärtlichkeit – nicht im rauen, hämmernden Takt des Rammlers – erfolgt die ersehnte Verschmelzung. Erwartungsvoll, meist sogar mit Austausch von Zärtlichkeiten, gelegentlich auch in Eile, erfüllen sie sich ihren heißen Wunsch.

Beim ersten eiligen, kräftigen Zustoßen kann es durchaus bei ihr zu einer Atemstockung oder Schnappatmung kommen: wenn nämlich die Dimensionen des neuen Eindringlings ihre gewohnten Abmessungen von zu Hause weit übersteigen!

Sie erleben zum ersten Mal, ob ihr gemeinsamer Sex gut ist. Ob sie überhaupt einen Orgasmus bekommt und, wenn ja, wie stark er ist. Ob sein Streicheln und Küssen die richtigen Stellen erreichen. Das alles sind neue Erfahrungswerte! Und Achtung: Ob das Autopolster auch wirklich keine Flecken bekommen hat, ist von großer Bedeutung!

Was meist folgt, sind Zufriedenheit, Geborgenheit, Schmusen und ein schlechtes Gewissen.

Übrigens, was die Ausdauer betrifft: Auch darin ist der liebende Mensch dem liebestollen Hasen weit überlegen! Rammler: zehn Sekunden, unser Paar zwölf Minuten bis zur Ejakulation!

Ob mit oder ohne Pille, das ist Mutter Natur egal. Hauptsache, sie tun es. Obwohl doch diese Pille ihre harte Arbeit zunichtemacht. Der Akt dient doch nur noch dem Vergnügen! All ihre Bemühungen um zahlreiche Nachkommen werden damit ad absurdum geführt. Deshalb sollte sie sich schleunigst darüber schlaumachen, wie sie die Pille öfter überlisten kann, damit sie die Arterhaltung auch in Zukunft noch garantieren kann. Partiell schrumpft die Menschheit bereits ein wenig! Doch die Weltbevölkerung steigt beängstigend an! Es gibt noch viel zu tun für Mutter Natur!

Wandlung

Die Welt ist seltsamer, als wir wissen.
Ja, sie ist seltsamer, als wir wissen können.

John B. S. Haldane (1892–1964),
britischer Genetiker

Ein Blockhaus am Holzweg

In einem uralten Buchenhain verborgen, weitab von Spazier-
wegen, steht ein geräumiges, altes Blockhaus. Danach hatten
die jungen Leute, Tom und Eva, ganz unabhängig voneinander,
gesucht. Sie freuten sich, sie hatten das Haus von damals wie-
dergefunden. Nach freudigem Wiedererkennen und Begrüßung
riefen sie mit ihren Handys schnell ihre Eltern herbei.

An der massiven Tür aus dicken Brettern und den schweren
Klappläden sind Gebrauchsspuren zu erkennen. Auch das Dach
scheint dicht zu sein. Die hölzernen Regenrinnen sind erkenn-
bar ausgebessert. Von irgendjemandem wird es also noch genutzt – oder auch nur erhalten! Wem gehört es? Wer nutzt es
wie? Als Erstes denkt jeder an Waldarbeiter oder Schäfer. Wahrscheinlich wurde die Hütte irgendwann für sie gebaut, denn sie
liegt am Ende des Holzweges, den es auf der Flurkarte noch gibt.

Holzwege waren schon immer gefürchtet. Denn sie führten
eben nicht zum nächsten Dorf, wie man es erwartete, sie en-
deten abrupt im tiefen Wald. Sie dienten lediglich den Holzfäl-
lern bzw. deren Pferden zum Herausschleifen der Stämme bis
zur nächsten Straße, bis zu ihren Fuhrwerken. Jeder kennt die
Redewendung „Du bist auf dem Holzweg".

Dieser Holzweg hier ist allerdings mit Gebüsch zugewachsen
und nur schwer begehbar. Wenn Waldarbeiter von heute nicht
ihre fahrbaren, komfortablen Aufenthaltsräume hätten, wäre
diese Hütte für sie immer noch hervorragend geeignet.

Unzeiten

Die Gedanken wandern Jahrzehnte zurück in die Zeit, als hier
deutsche Soldaten, gut getarnt, im Wald Stellungen eingerich-
tet hatten für ihre Flak. Sie waren um die Oststadt herum zum
Schutz gegen feindliche Bomber in Stellung gebracht. Genutzt

hat es nichts. Die Stadt wurde trotzdem in Schutt und Asche gebombt.

Später hausten hier amerikanische Soldaten, die nun mit ihren Kanonen die Stadt bedrohten. Und das, obwohl diese schon zu 80 Prozent zerstört war!

Was mag damals, 1945, in der Hütte alles passiert sein? Harte Befehle, Durchhalteparolen? Die Angst bei den jungen Soldaten, selbst erschossen zu werden, war allgegenwärtig! Und weil gerade Frühling war, wurden sie auch noch von Mutter Natur mit Wünschen bedrängt, die sie noch mehr unter der Trennung von Frau und Freundin leiden ließen. Diesem Druck folgend, suchten sie in der nahen Stadt einen liebevollen Ersatz, den sie bei der hungernden Restbevölkerung in den Kellern der Trümmer meist auch fanden.

Männlein wie Weiblein litten damals sehr unter dem kriegsbedingten Liebesentzug. Die deutschen Männer waren alle an der Front. Dafür waren junge, wohlgenährte, amerikanische Soldaten gekommen. Diese fragten die deutschen Frauen höflich, ob sie ihnen ihre Wäsche waschen könnten. Zigaretten, Kaugummi, Schokolade, Kaffeepulver und Kondome hatten sie vorsorglich immer dabei.

So kam es schon gegen Ende des Krieges aus purer Not zu einer weitverbreiteten „Völkerversöhnung der besonderen Art"! Diese jungen Frauen wurden allerdings von den Deutschen als „Aminutten" beschimpft.

Mit sechzig mussten alte Männer nicht mehr in den Krieg. Sie sahen das Treiben der Frauen mit großem Entsetzen. Genauso sahen es auch die zu Krüppeln geschossenen deutschen Soldaten, die gerade auf Genesungsurlaub waren. Sie wurden bei der Besetzung der Stadt durch amerikanische Soldaten zu Kriegsgefangenen und nach Amerika verschifft, wo es ihnen sehr viel besser ging als im deutschen Lazarett!

Viele junge Frauen liefen plötzlich mit kahl geschorenem Schädel herum. Das störte sie jedoch nicht sonderlich, denn sie hatten nicht nur Freude mit den Soldaten, sondern auch „Essen für ihre Kinder beschafft", was der deutsche Staat damals nicht mehr leisten konnte.

Zugewachsen

Wenn das Haus aus dieser Zeit stammt, müsste es über siebzig Jahre alt sein. Damals, als Unterkunft für Soldaten, war es ausreichend. Aber heute, ohne Strom, ohne fließendes Wasser? Wer hier campieren will, muss schon ein besonderer Naturfreund sein, der sogar sein Wasser mitschleppen muss. Oder ist es im Inneren doch komfortabler, als man von außen vermutet: mit Wasser- und Stromanschluss? Bis zum nächsten Waldweg, wo man eventuell im Parkverbot sein Fahrzeug abstellen könnte, sind es hundert Meter durchs Gebüsch! Auch der alte Holzweg, der an der Hütte endet, ist zugewuchert und gesperrt.

Im dichten Buschwerk, das genauso hoch ist wie die Hütte, kann man diese kaum ausmachen. Man muss auch sehr genau hinschauen, um das Holzschild über der Tür zu erkennen. Es hat die gleiche graue Farbe von verwittertem Holz wie die Wände aus gestapelten Baumstämmen.

Auf dem Schild lässt sich mit Mühe „Waldhaus" entziffern, für wen auch immer das einmal Bedeutung hatte. Welche Funktion hatte es früher, und welche hat es heute?

Ein Ofenrohr verrät, dass hier gelegentlich gekocht wurde, oder noch wird. Die massive Tür ist verschlossen, ohne dass ein Riegel oder ein Schlüsselloch zu sehen ist. Ebenso sind die Fenster mit robusten Läden gesichert.

Hoch über allem wölbt sich majestätisch das hellgrüne Dach der mächtigen Buchen. Wie Säulen einer Kathedrale tragen die Stämme ein grünes Kreuzgewölbe aus zartgrünen Blättern, hoch oben, dicht am Himmel. Ein klassischer Hochwald, wie ihn die meisten Menschen lieben.

Das Gelände hat ein leichtes Gefälle nach Osten. Vom Dachsberg herunter kommt ein kleines Bächlein, eigentlich nur ein Rinnsal. Es fließt dicht an der Hütte vorbei. Im Spätsommer erinnern nur noch Farn und Moos an dessen Verlauf. Bis zum nächsten Frühling bleibt es verschwunden. Etwa einen Kilometer unterhalb der Hütte trifft es auf die Lichtwiese, durchquert diese, so gut es kann, wird dabei immer weniger, bis der klägliche Rest schließlich in einen ordentlichen Bach mündet, dem Soderbach.

Waldhaus der Zwerge

Nachforschungen ergaben, dass das Blockhaus in den Achtzigerjahren des vorigen Jahrhunderts für längere Zeit einem sehr schönen Zweck diente: Es gehörte zu einem Waldkindergarten, den auch Tom und Eva besuchten. Aus dieser Zeit stammt auch der Name der Blockhütte: „Waldhaus". Es war die Fluchtburg der Kleinen, die alle wie Zwerge mit Stiefeln aussahen. Wenn ein Unwetter heraufzog, waren sie ruck, zuck in der Hütte. Das Unterholz wurde damals immer niedrig gehalten. So konnten Tante Dodo wie auch Tante Astrid alle im Blick behalten. Außerdem führte der frühere Holzweg noch bis zum Blockhaus.

Die Vier- bis Sechsjährigen liebten ihr geheimnisvolles Haus, weil es da drinnen immer etwas dämmrig war und nach Moder roch. Es erforderte schon etwas Mut, allein dorthinein zu gehen. Das Blockhaus hatte damals zwei Räume: eine Küche und einen großen Spiel- und Ruheraum, mit sehr rustikal gezimmerten Möbeln. Eine schlichte Toilette gab es auch. Das Haus wurde von den Kindern nur sehr wenig benutzt. Der Wald drum herum mit seinen Tieren zog die Kleinen in seinen magischen Bann.

Die zehn Kinder, alle mit Overalls, Stiefeln und wetterfesten Mützen ausgerüstet, waren ständig im Freien, ob Winter oder Sommer, ob Sonne oder Nebel. Sie spielten täglich viele Stunden im Wald und an dem kleinen Bachlauf neben der Hütte.

Die zwei Erzieherinnen hatten alle zehn Zwerge ständig in ihrem Blickfeld. Diese erkundeten und beobachteten alles ganz genau: was sich bewegte, was umherflog. Auch alles, was in dem winzigen Bächlein schwamm, sowie die neuen, zartgrünen Blätter an den Ästen.

Tante Dodo wie die andere Kindergärtnerin – pardon Erzieherin – Astrid mussten tausend Fragen beantworten und halfen natürlich auch beim Brückenbau über den „reißenden Fluss". Mit kleinen Hölzchen gelang es, gemeinsam mit den Tanten, einen sicheren Übergang über den Fluss zu schaffen. Viele Ameisen nutzten ihn sofort. Auch das niedliche rote Marienkäferchen mit den schwarzen Tupfen, das Klein Eva schon eine ganze Weile auf ihren Händen krabbeln ließ.

Es konnte aufatmen! Endlich gab es eine Brücke hinüber zurück zu seiner Mutter, wo es lebte, bevor es von einem dicken Regentropfen in den Fluss geschleudert wurde. Nun hoffte Klein Eva, dass das Marienkäfer-Kind seine Mutter auch tatsächlich wiederfand.

Zwischen zwei fast verwelkten Anemonen, einem Grasbüschel und einem ganz kleinen Farn, der sich gerade aus dem Boden herausrollte, war Platz genug auf beiden Uferseiten, um eine Brücke zu bauen. „Die fast so breit ist wie meine Hand, sie stört überhaupt nicht", sagte Evchen mit ihren fünf Jahren in einem Gespräch mit Tom. „Und für die anderen Tiere ist genug Platz zum Trinken", erklärte sie aufgeregt mit ihren großen braunen Augen und den dicken langen Locken, die ihr kleines Engelsgesicht umrahmten.

Sie war eine ganz Eifrige beim Bau der Brücke. Allerdings waren ihr einige Brückenbalken ins Wasser gestürzt und davongeschwommen. Tom war schuld, sie waren ihm zu kurz geraten. Sie reichten nicht ganz hinüber bis ans andere Ufer, deshalb schwammen sie davon!

Der blonde Tom war mit seinen fast sechs Jahren der Größte und so etwas wie der informelle Anführer der Zwergentruppe. Seine kräftige Gestalt und seine deutliche Sprache befähigten ihn dazu. Er war ein harter Bursche. Wenn er sich den Kopf anstieß oder sich beim Hinfallen eine Schramme zuzog, schaute er etwas erschrocken drein, weinte aber nicht. Es sei denn, seine Mama schaute zu. Dann weinte er gelegentlich doch schon mal. Aber nicht wegen des Schmerzes, sondern wegen der Streicheleinheiten, die er dann fürs Weinen bekam.

Obwohl er ein ausgeprägtes Sozialverhalten zeigte, setzte er sich meist durch bei den Meinungsverschiedenheiten unter den Kleinen. Er gab zwar gerne etwas ab, wenn andere etwas abhaben wollten, aber er gab auch gerne den Ton an. Wenn er jedoch mal „musste", dann bat er um Begleitschutz durch eine Tante. So ganz allein dort hinten im Gebüsch zu stehen oder auf zwei Balken zu sitzen, das war ihm dann doch nicht ganz geheuer.

Andererseits legte er sich nur allzu gerne etwas abseits allein auf ein dickes, warmes Moospolster, das gerade von der Sonne beschienen wurde. Er schaute dann durch ein Fenster im Blätterdach hinauf in den blauen Himmel, hörte den Vögeln zu, sah Schmetterlinge über sich tanzen und roch das Harz einer nahen Tanne. Auch der warme, vertraute Modergeruch des Waldbodens sowie der der Hütte wehten gelegentlich zu ihm herüber. Er träumte zufrieden in seiner Welt. Hier wollte er allein sein. Er ließ offenbar seine Seele baumeln. Bis ihn Tante Dodo, die ihn ständig im Auge hatte, zurückrief. Jedoch solange es ging, blieb er träumend liegen, das brauchte er einfach.

Als drei Buben und ein Mädchen beschlossen, neben dem Bächlein einen Brunnen zu graben, beschaffte Tom sofort die erforderlichen Schippchen. Es entstand aber gar kein Brunnen, sondern eine Flussumleitung mit reißenden Stromschnellen und einem See, so groß wie ein Suppenteller, aber nur drei Zentimeter tief. Fische gab es leider keine.

Jedoch bereits am nächsten Tag tummelten sich Wasserläufer auf dem kleinen spiegelnden See. Wo diese pfeilschnellen Gesellen hergekommen waren, mussten wieder die beiden Tanten irgendwie erklären. Die Frage, warum sie nicht untergingen, sondern einfach auf dem Wasser herumliefen, war auch von Dodo – die eigentlich immer alles wusste – nicht mehr zu erklären. Sie wusste nur noch, dass eine Oberflächenspannung des Wassers daran schuld sein musste. „Was das auch immer sein mag", murmelte sie.

Viele Generationen Kinder besuchten den Waldkindergarten mit seiner einmaligen Erlebnis-Atmosphäre und ihren geliebten Tanten Dodo und Astrid. Ihre Erlebnisse waren sehr nachhaltig. Sie prägten die Kinder mit einer tiefen Empfindung für den Wald. Mit mystischen Eindrücken bei Gewitter oder Nebel.

Mit einmaligen Empfindungen in der Gruppe: Freiheit und zugleich Geborgenheit zu fühlen, was sie so noch nicht gekannt hatten. Diese wertvollen Erinnerungen gruben sich tief in ihr Gedächtnis ein und veranlassten sie, später, als sie größer waren, wieder danach zu suchen.

Zufall mit Folgen

Eva, fast fünfzehn, Tom, sechzehn, waren herangewachsen. Sie besuchten bereits das Gymnasium. Eva eines mit musischem Zweig, Tom ein anderes mit naturwissenschaftlicher Ausrichtung.

Unabhängig voneinander begannen sie ihre Eltern zu löchern, doch wieder einmal zum Waldhaus zu fahren, von dem sie immer noch schwärmten.

Zufällig fuhren beide Familien am gleichen Tag zur selben Zeit im Frühling los. Danach wollte Tom noch ins Vivarium, einen kleinen Tierpark nicht weit vom Waldhaus.

So trafen sich die Kinder nach vielen Jahren mit großem Hallo zufällig am Waldhaus wieder. Sie staunten über ihr verändertes Aussehen. Auch die Eltern, die früher bei Begegnungen im Kindergarten kaum voneinander Notiz genommen haben, sahen sich nun wieder. Doch dieses Mal, zehn Jahre später, schauten sie sich ganz aufmerksam an. Sie freuten sich alle mächtig über dieses unverhoffte Wiedersehen.

Das Haus war verschlossen, auch die Läden, es wurde offenbar nicht mehr genutzt. Alle hätten zu gerne einmal hineingeschaut.

Das Unterholz war in den Jahren hochgeschossen, das hellgrüne Laub des Frühlings war besonders dicht, man konnte nicht einen Meter weit sehen. Und das Bächlein im Buschwerk war kaum wiederzufinden. Doch es war noch da.

Die Kinder legten sofort los: „Weißt du noch damals hier am Bach?" Viele Erlebnisse wurden rekonstruiert und die Bemerkungen von Tante Dodo zum Besten gegeben.

Die beiden zeigten sofort Sympathie füreinander, das war deutlich spürbar

Eva war ein bildschöner Teenager geworden, der auch schon mal verstohlen nach Buben guckte. Ihre großen dunklen Augen hatte sie immer noch, ebenfalls ihre dicken, schwarzen Locken. Sie war das Ebenbild ihrer schönen Mutter.

Tom mit seinen sechzehn Jahren, einen Kopf größer als Eva, zeigte deutliches Interesse an ihr. Er wusste aber selbst noch nicht so recht, welches Interesse ihn da beflügelte, wenn er mit ihr sprach und sich dabei etwas in ihm regte. Er ahnte aber schon, dass da etwas Schönes auf ihn zukam. Sie lachten ständig miteinander.

Bisher hatte er nur abwertend von der Liebe gesprochen. Dies könnte sich nun ändern.

Nach einer guten Stunde fuhren sie alle zusammen hinüber zum Vivarium, dem Tierpark.

Cathrin und Claus Bernauer, die Eltern von Tom, schlenderten gemeinsam mit den Eltern von Eva, Carla und René Homburg, in der samtweichen Frühlingsluft durch das Vivarium. Sie kannten sich schon seit zehn Jahren, aber nur oberflächlich. Wenn sie sich mal zufällig in der Stadt begegnet waren, waren sie mit einem freundlichen Hallo aneinander vorbeigegangen. Heute dagegen hatten sie das Gefühl, als wären sie eng miteinander befreundet, und suchten die Nähe des jeweils anderen Paares. Alle hatten ähnliche schöne Gedanken.

Carla fragte sich beim Spazierengehen: „Warum diese angenehme Wandlung meiner Gefühle gegenüber diesem Paar? Ist das etwa der Frühling?" – „Nein!", sagte sie sich. „Ich habe schon siebenunddreißig Frühlinge erlebt, warum sollte ausgerechnet dieser anders sein?"

Dabei schaute sie sich verstohlen den schlanken, großen Claus, Toms Vater, von der Seite an. Sie nickte leicht und machte ein verschmitztes Gesicht. Ihre Gedanken wanderten in die nicht verbotenen Tagträume. Überraschend meldeten sich bei Carla die lange vermissten Schmetterlinge im Bauch!

„Na, so was!", dachte sie irritiert, aber auch erfreut und etwas erschrocken. Tausend Gedanken schossen ihr durch den Kopf, als sie mit Claus, René und Cathrin auf dem knirschenden Kiesweg zum Gartencafé schlenderten.

Alle vier waren ausgesprochen gut aussehend, um die vierzig, groß gewachsen, gebildet, lässig und teuer gekleidet. Alle liebten sie den Nervenkitzel des Extremsports: Drachenfliegen im Doppelpack, Wellenreiten in der Karibik oder Tauchen im Great Barrier Reef in Australien. Alle zeigten sich heute, an diesem wundervollen Frühlingstag, freudig aufgeschlossen und gesprächig, wie unter vertrauten Bekannten, die sich schon seit Ewigkeiten kennen.

Die Vierziger heute

Mutter Natur freut sich ganz besonders über diese modernen Vierziger von heute. Im Gegensatz zu früher zeigen sie heute eine unglaubliche, agile Befindlichkeit. Ganz in ihrem Sinne sorgen sie immer noch emsig für die notwendige Arterhaltung.

Früher befand man sich mit vierzig in der Midlifekrise, von da an ging es bergab! – Moderne Statistiken zeigen ein ganz anderes Bild der Vierziger von heute: Zufriedenheit und Glücksgefühle nehmen in der zweiten Lebenshälfte nicht ab, sondern zu! Negative Empfindungen wie Stress und Unsicherheit lassen dagegen nach. Die Menschen werden gelassener und selbstbewusster, obwohl sie noch wenige Jahre zuvor tief verstrickt waren in Ehescharmützel, Jugendwahn und Sinnkrise. Mit der heutigen Realität hat dieses Zerrbild nichts mehr zu tun. In Wahrheit geht es den heutigen Menschen über vierzig überwiegend gut. Jedenfalls besser als in ihrer Zeit des Heranwachsens. Das haben Forscher unterschiedlichster Disziplinen wie Medizin, Psychologie und Ökonomie herausgefunden.

Die Generation vierzig plus ist selbstsicher, lebenserfahren und auf dem Zenit ihrer Tatkraft. Die wichtigen privaten und beruflichen Entscheidungen sind in der Regel getroffen. Häuser gebaut, Bäume gepflanzt, Kinder gezeugt und geboren. Die beste Gelegenheit also, zu Beginn der zweiten Lebensetappe noch einmal mit Vollgas durchzustarten.

Es sind die Erfahrungen davor, in denen es mit dem Glücksgefühl abwärtsging, was zur Folge hat, dass die Jugend von heute durch die Erfahrungen der Älteren um Längen geschlagen wird.

Wie sehr gewonnene Souveränität das Wohlbefinden der Älteren stärkt, belegt eine viel beachtete Studie eines Forscherteams um den Psychologen Arthur Shane.

Die Wissenschaftler interviewten mehrere Hunderttausend Amerikaner zwischen achtzehn und fünfundachtzig Jahren über ihre aktuelle Gefühlslage. Mit durchaus überraschendem Ergebnis:

Demnach nimmt das allgemeine Wohlbefinden bis in die Vierziger kontinuierlich ab. Stress und Sorgen bestimmen in dieser Phase den Glückshaushalt.

Spätestens mit fünfzig werden die Befragten deutlich glücklicher, zuversichtlicher und gelassener. Männer und Frauen sind zufriedener, auch wenn die körperliche Verfassung etwas nachlässt. Sie gehen sicherer durchs Leben, werden weiser und fühlen sich besser. Dazu kommen meist stabile soziale und wirtschaftliche Verhältnisse.

Nicht bei allen wächst der Bauchumfang proportional zum Schwund der Sehkraft. Und das Kurzzeitgedächtnis leistet sich noch keine gravierenden Aussetzer. Dafür gewinnen sie, so die Befragten, eine „kristalline Intelligenz". Ein Wissensschatz, der sie befähigt, Aufgaben viel effektiver zu lösen.

Nebenbei bemerkt, sind sie reproduktionstechnisch noch voll auf der Höhe. Nur ganz wenige dopen mit Potenzmittel. Im Gegensatz zu früher sind sie freudvoller und dankbarer für jedes gelungene Werk, bemerkt Mutter Natur mit breitem Grinsen.

Geradezu wunderbar sei die Tatsache, so die Wissenschaftler, dass etliche Menschen im Laufe ihres Lebens attraktiver werden. Wenn aus nichtssagenden Schluffis markante Männer werden und aus unsicheren Trampeln aufregende Frauen, dann hat das weniger mit gesunder Lebensführung zu tun, sondern mehr mit dem, was sonst noch im Leben passiert.

Fast alles, was Forscher über die Vierziger von heute herausgefunden haben, trifft auch für die vier Vierziger im Vivarium zu, die geradewegs das Gartencafé ansteuern. Sie sind auf der Höhe ihrer Schaffenskraft, sie verspüren das Verlangen, ihrer zweiten Lebenshälfte ein i-Tüpfelchen aufzusetzen. Okay, sie sind schon fünfzehn Jahre verheiratet und wollen es auch bleiben! Mit der gewonnenen Weisheit, Gelassenheit und dem nötigen Realitätsbewusstsein aus den ersten Ehejahren wollen sie das i-Tüpfelchen zur totalen Zufriedenheit schaffen.

Im Gartencafé angekommen, wo heute der etwas strenge Geruch der Ziegen vom Streichelzoo den Kaffeeduft überlagert, sprechen die vier gerade über ihre Kinder: Die schulischen Leistungen von Eva seien sehr gut, meint Carlas Mutter. Eva sei ein strebsames Mädchen, die Schule würde ihr sogar Spaß machen. Ein ausgesprochen musischer Typ sei sie! Obwohl sie bereits in der Pubertät stecke, zeige sie bisher nicht die typischen, etwas hysterischen Verhaltensmuster dieses Alters!

Tom sei ja auch ganz gut, so Claus' Vater, aber er könnte besser sein! „Er ist zurzeit ein bisschen faul, hat nur noch Tennis im Kopf. Er hängt uns zu oft mit seinem Freund Julian auf dem Tennisplatz herum, aber seine Leistungen in der Schule sind gut!"

Mittlerweile hat die Bedienung Kaffee und Kuchen gebracht.

Die beiden Kinder resp. die jungen Leute Eva und Tom haben das Gespräch der Eltern nicht mitbekommen. Sie stehen schon eine ganze Weile am Gehege der spuckenden Lamas. Sie lachen und reden lebhaft miteinander.

Tom ist plötzlich heiß geworden, was ihn erstaunt. Aus unerklärlichen Gründen ist eine zarte Röte in seine Wangen gestiegen. Das merkt nicht nur er selbst. Auch seine Mutter und die anderen werden es sehen.

Sie kommen an den Tisch, holen sich zwei Stühle vom Nebentisch und setzen sich zu ihren Eltern. Käsekuchen und Limo wollen beide. Auch Cathrin, Toms Mutter, hat mit einer gewissen Heiterkeit Toms Röte bemerkt und fragt ihren Sohn belustigt, wobei sie ihm leise ins Ohr flüstert: „Warum hast du so rote Backen, mein Kind?" „Habe ich ja gar nicht!", antwortet der mit einer kleinen Zornesfalte auf der Stirn.

Cathrin grübelt. Ob er sich schon in Eva verliebt hat? Na ja, er ist sechzehn. Sie ist ja auch wirklich ein bildschönes Mädchen und voll entwickelt!

Tom wie auch seine Mutter können nicht ahnen, dass er sich bereits ganz im Visier von Mutter Natur befindet. Und dass sich gerade eine wunderbare Veränderung in seinem Leben anbahnt.

Die Eltern der beiden unterhalten sich über ihre Berufe. Ob sein Aufstieg, so wie vor acht Jahren geplant, auch geklappt habe, will Carla von Claus wissen. „Ja – so ziemlich, mein großes Ziel Schuldirektor steht noch aus. Ich bin jetzt Oberstudienrat für Mathe und Physik am Georg-Büchner-Gymnasium und Cathrin arbeitet als Bankerin bei der EZB (Europäische Zentralbank) in Frankfurt. Wir sind rundum zufrieden – haben natürlich auch unsere Wünsche."

„Hoppla", kommt es gleichzeitig von René und Carla, „wenn wir mal eine kleine Finanzlücke haben sollten und eine oder zwei Milliarden benötigen, dann ist das ja kein Problem für dich, liebe Cathrin. Ihr werft doch zurzeit Hunderte von Milliarden aus dem Fenster, Richtung Südeuropa. Da kommt es doch auf so ein paar lausige Euro mehr oder weniger auch nicht mehr an."

„Irgendwie stimmt das ja, was ihr sagt, aber es ist sehr viel komplizierter, lasst uns ein andermal darüber reden", bittet Cathrin.

Nur René hat noch nichts über seinen Beruf gesagt. Damals war er Richter am Oberlandesgericht in Frankfurt und befasste sich meist mit Fällen der Schwerstkriminalität. Folglich musste er stets eine Waffe mit sich führen, das war Vorschrift. Das wussten alle, auch die im Tennisklub, in dem sie zufällig alle waren. Also fragen Cathrin und Claus, ob er auch heute wieder eine Knarre dabeihabe.

René antwortet in seiner flapsigen Art: „Nein, ich brauche keine Knarre mehr, ich schicke keinen mehr in den Knast. In meinem zarten Alter von dreiundvierzig Jahren bin ich, meinen einmaligen Leistungen durchaus angemessen, die Karriereleiter hinaufgestolpert, direkt auf den Stuhl des Gerichtspräsidenten.

Zu meinen schwierigen Aufgaben gehört es heute, viele schöne Kriminalstatistiken für das Fernsehen zu kreieren. Des Weiteren meiner Sekretärin zu danken für den Kaffee, den sie mir regelmäßig auf leisen Sohlen bringt. Dafür muss ich ihr genauso regelmäßig sagen, ob ihr Miniröckchen die richtige Länge hat – hahaha. Auch das ist keine ganz leichte Aufgabe, das kann ich euch versichern. Aber alles, was zu meinem Job gehört, mache ich mit Hingabe. Wäre ich sonst Präsident geworden?

Und wenn ihr einmal eine besser geheizte Zelle mit schnellem Internetanschluss benötigen solltet, dann kann ich euch eventuell behilflich sein! – Waren meine Ausführungen ausreichend?", fragt er lachend, als alle schon grinsen und seine Frau Cathrin dreimal theatralisch in die Hände klatscht.

„René stellt sich gerne als nassforscher Typ dar, als lockerer Draufgänger. Tatsächlich ist er sehr selbstbewusst und für einen Juristen außerordentlich weitsichtig. Sogar praktisch begabt", ergänzt seine Frau lachend. „In seinem Büro hat er einen bedeutsamen Spruch hängen: ‚Wenn der Wind des Wandels weht, beginnen einige Schutzmauern zu bauen, andere bauen Windmühlen!' – Genau das ist seine Weltanschauung: Er baut Windmühlen, der Erfolg gibt ihm recht."

Die Teenies Tom und Eva haben derweil ihre Handynummern und andere Daten ausgetauscht. Wie man mitbekommt, wollen sie sich in der Innenstadt treffen, um gemeinsam etwas zu unternehmen: Eis essen und so. Man könne sich doch auch mal besuchen, man wohne doch gar nicht so weit auseinander", schlägt Tom vor. „Natürlich können wir uns daheim besuchen." – Dem stimmten alle zu.

Beide Familien wohnen in großräumigen, modernen Eigentumswohnungen, in diesen supermodernen Häusern, die dem Turmbau zu Babel immer ähnlicher werden. Wo man nicht mehr mit Sicherheit sagen kann, was die Küche und was das Schlafzimmer ist. Immer mit großen Terrassen, aber ohne ein bisschen eigenes Grün drum herum. Darauf haben beide Familien ganz bewusst verzichtet – zu viel Arbeit!

Mit der Zeit empfanden sie das jedoch als einen Mangel. Der Ausweg: Viele, denen es so wie ihnen geht, haben sich ein Wochenendhaus gesucht. Auch Claus hat schon mit dem Gedanken gespielt – ein bisschen Land zu haben zum Werkeln in der Erde, das wäre doch ganz schön.

Die Grünen waren es, die dieses Bewusstsein wieder geweckt haben. Viele junge Paare suchen deshalb heute wieder einen Schrebergarten.

Die zündende Idee!

Und plötzlich war auch bei den Familien Bernauer und Homburg das Thema „gemeinsame Freizeitgestaltung" von großem Interesse. Alle hatten Ideen und Vorschläge dazu.

Doch René Homburg hatte die zündende Idee, was beide Familien gemeinsam machen könnten. Seine Gedanken folgten dabei auch einem Gefühl, das sich ihm aufdrängte, als er Cathrins Blicke auffing. Blicke, die heiße Gefühle in ihm entfachten. Plötzlich spürte er, dass es nicht nur der Gedanke der gemeinsamen Freizeitgestaltung war, der ihn motivierte, sodass er Folgendes vorschlug:

„Das Waldhaus, wo wir eben waren, wird doch nicht genutzt. Wie wäre es, wenn wir versuchen würden, es gemeinsam zu mieten, um eine Freizeithütte daraus zu machen? Wir sind sechs Personen; wenn jeder mit anpackt, könnte das alte Waldhaus ein ganz schnuckeliges Wochenendhaus werden. Mit einem Bächlein vor der Tür, das wäre doch ganz romantisch, oder? Was meint ihr zu dem Vorschlag?", fragte René. Die Jungen und auch Claus waren sofort Feuer und Flamme. Claus bot an, sich darum zu kümmern, ob es zu mieten war, zu welchen Konditionen usw.

Den Frauen gefiel die Idee zwar auch, sie wollten jedoch erst einmal sehen, wie es da drinnen aussah; ob in den vergangenen Jahren eine Dusche und eine Toilette eingebaut wurden etc. – das waren ganz wichtige Fragen!

Und überhaupt – als sie näher darüber nachdachten, schien den Frauen die zu erwartende Arbeit plötzlich immer komplexer zu werden: Ob die Hütte ausreichend zu beheizen war? Ob man die nötigen Schlafräume mit so vielen Betten überhaupt unterbringen konnte? So groß war das Häuschen doch gar nicht! Zu viele offene Fragen, die erst mal beantwortet werden wollten.

„Nein, heute können wir uns noch nicht entscheiden", meinten die Damen. „Das alles sollten wir erst einmal zu Hause besprechen und überschlafen! Dann telefonieren wir und treffen uns zur Besichtigung – sofern das überhaupt möglich sein wird! Okay? Und wenn es geht, auch schon vorher. Ihr lieben Kleinen könnt es ja kaum abwarten!" Das war die Meinung der Frauen und so wurde es natürlich auch beschlossen.

Damit war das Projekt „Wochenendhaus" dem Arbeitsausschuss Claus Bernauer übertragen worden. Der würde erst einmal die anstehenden Fragen der Kinder klären. Als Lehrer hatte er in der Tat die meiste Zeit, um bei den Behörden die notwendigen Erkundigungen einzuziehen.

Der wunderschöne, warme Frühlingsnachmittag neigte sich dem Ende zu. Man trennte sich mit herzlichen Umarmungen und versprach, sich bald wiederzusehen.

Noch am gleichen Abend telefonierten Eva und Tom mehrfach miteinander. Das Waldhaus wünschten sich beide ganz stark. Sie würden auch jede freie Minute daran arbeiten, versicherten sie. Und morgen wollte Tom Bernauer mit seinen sechzehn Jahren seine erste Freundin Eva Homburg von der Schule abholen, um mit ihr Eis essen zu gehen.

Man sieht: Mutter Natur schläft nicht.

Auf der Suche nach dem Kick

Nein, sie schläft auch nicht, wenn es um das Liebesleben von Claus und Cathrin Bernauer, also um Toms Eltern geht. Auch deren Gefühle weisen deutlich auf eine angenehme Fremdeinwirkung hin.

Als Claus nämlich nach dem Abendbrot anfing, über das Waldhaus zu sprechen, über seine Bemühungen zu recherchieren, hakte Cathrin hastig ein: „Claus, lass dir schnell noch etwas sagen, bevor du loslegst: Ich kann dich gut verstehen, dass dir Carla Homburg gefällt – das unterstelle ich dir jetzt einfach mal – mir gefällt sie auch! Sie ist eine tolle Frau! Und mir gefällt auch René, ihr Mann. Er könnte mir eventuell sogar gefährlich werden, wenn es dich nicht gäbe. Deshalb sollten wir uns versprechen, dass die freundschaftlichen Beziehungen zu den beiden in dem von uns gewünschten Rahmen bleiben. Was auch immer passiert: Unsere Ehe darf nicht in einem Fiasko enden!"

Claus streckte ihr schnell die Hand entgegen und sagte kurz: „Abgemacht, an mir soll es nicht liegen, mein Schatz!" Dann fuhr er schnell fort, was er alles der Reihe nach erledigen müsse.

Er war sich nicht so sicher wie früher, dass „nichts passieren" könne, doch wollte er das Thema jetzt nicht vertiefen, er musste noch über Cathrins Worte nachdenken, dass ihm Carla gefallen würde – deshalb auch seine kurze Antwort. Cathrin hatte, wie immer, recht mit allem, was sie sagte! Er fühlte bereits die Schmetterlinge!

Beide hatten oft über außereheliche Beziehungen gesprochen. Davon gab es genug in ihrem Bekanntenkreis. Mit witzigen Bemerkungen wie: „Wehe, ich merke da etwas!" taten sie das Thema meist ab. Außerdem hätten sie höhere Ansprüche an potenzielle Liebhaber als ihre Bekannten, witzelten sie. Beide waren natürlich auch schon Versuchungen ausgesetzt gewesen. Bis heute waren sie jedoch keiner Verlockung erlegen. Immer wenn es brenzlig wurde, wenn ihre Neugier zu groß wurde, besannen sie sich auf ihre gute Erziehung. Genauer gesagt, auf ihre Angst, die jedes Risiko ausschloss.

Außerdem hielten sie sich an ihre Abmachung, alles, aber auch alles miteinander zu besprechen. Geheimnisse gab es nicht und würde es nicht geben!

Mutter Natur kicherte leise: „Dieser Fall ist zwar etwas schwierig, aber es fehlt nicht mehr viel und ich habe beide an der Angel!"

Ein Chronist würde feststellen: Cathrin hätte zum Schutze ihrer Ehe völlig anders, viel strenger, viel ablehnender auftreten müssen. Und Claus hätte ihrer Vermutung stärker widersprechen müssen. Aber das hätte nur funktioniert, wenn beide ihrem Frühlingsrauschen von vornherein ernstlich eine Absage hätten erteilen wollen. Genau das wollten sie jedoch nicht! Mutter Natur – die metaphorische Person, die das Leben, zum Beispiel Liebe und Sex, manchmal auf unbegreifliche Weise steuert – ihr war es recht!

Auch Carla und René Homburg, die Eltern von Eva, sprachen an diesem Abend über ihre wiedergefundenen Uraltbekannten, Cathrin und Claus Bernauer. Dabei saßen sie bei einem Glas Rotwein auf der Terrasse ihres Penthouse hoch oben im neunten Stockwerk eines anderen Turmbaues. Hohe Glaswände schützten sie vor unangenehmem Wind.

Traumhaft, dieser Blick! Im Westen konnten sie den Rhein erkennen. Jetzt, in der frühen Dämmerung, waren die Weinberge von Rheinhessen nur noch als Schemen zu sehen. Auf einem Hügel bei Oppenheim thronten die gotische Katharinenkirche sowie die Ruinen der Burg Landskron aus dem dreizehnten Jahrhundert. Vor dieser Kulisse floss der Rhein als ein golden schimmerndes Band im Lichte der Abendsonne! Ein Bild wie eine Theaterkulisse! Nach Süden lag die Bergstraße mit dem Melibokus und der Burg Frankenstein, die noch im goldenen Abendlicht schimmerten – wunderschön!

„Ja, der Blick ist teuer, aber auch einmalig schön", pflegte René gerne ihren Besuchern zu sagen. „Wir wohnten vorher in einem geerbten, wunderschönen, klassizistischen Mehrfamilienhaus mit Garten. Der Haken: Die notwendigen Modernisierungskosten fraßen jahrelang unser Einkommen restlos auf.

Mit dem Verkauf konnten wir das neue Penthouse kaufen und auch noch ein Reservepolster anlegen. Es war die richtige Entscheidung, wir sind zufrieden!" Das betonte René immer gerne, wenn es um die Kosten ihrer Wohnung ging.

Von den unzähligen Menschen, die unter ihnen im Haus wohnten, sahen und hörten sie nie etwas. Sie lebten da oben völlig abgeschirmt. Ein Lift nur für sie allein, von der Garage bis vor die Eingangstür des Penthouse, dessen Wände zur Hälfte aus Glas bestanden. Der Lift konnte nur von ihnen und dem Hausmeister benutzt werden.

„Ja, wir leben da oben sehr schön, alleine und ungestört", sagte auch Eva immer. „Aber unseren Garten mit dem alten Kirschbaum vermisse ich doch sehr." Ihre Eltern, Carla und René, vermissten ihn genauso, nur sagten sie es nicht so deutlich.

So wird auch verständlich, dass alle drei Renés Idee gut fanden und sofort als Wunsch verinnerlichten: „Ein romantisches Wochenendhaus im Grünen zu haben, ist ein fantastischer Gedanke!" Zumal vom Waldhaus lange Waldspaziergänge möglich wären, die beide so liebten!

Aber auch bei ihnen scheint das nicht der alleinige Grund zu sein, sich für das Waldhaus zu entscheiden. Es gibt einen viel elementareren Grund, dieses Kleinod besitzen zu wollen: Es ist der Urtrieb des polygamen Menschen zur Arterhaltung, nämlich Nachkommen zu zeugen mit möglichst vielen Artgenossen, die man liebt!

Dieser Urtrieb bricht sich gerade Bahn in den Köpfen und Herzen der vier. Er erzeugt Liebe mit Schwarmverhalten: Alle vier wollen das Gleiche: Liebe mit geistigem Gleichklang und exzellentem Sex! Zielstrebig werden sie dieses hohe Ziel verfolgen. Und das Waldhaus verspricht den größtmöglichen Erfolg dazu.

Die Gespräche an diesem Abend auf den Terrassen folgen deutlich den Wünschen von Mutter Natur.

René war schon einmal Mutter Natur gefolgt. Damals war er noch Richter am Schöffengericht. Er hatte eine Affäre mit seiner Sekretärin. Ihre Ehe hätte beinahe im Nachbarzimmer, im Büro des Scheidungsrichters, geendet.

In der Folge sah auch Carla ihre Ehe nicht mehr ganz so eng. Beide hatten einen Modus gefunden, der ihnen ein paar Freiheiten erlaubte, ohne ihre Ehe in Gefahr zu bringen.

Der One-Night-Stand, zum Beispiel, ist in Teilen der heutigen Gesellschaft als tolerierbares Verhaltensmuster ohne Liebe akzeptiert. Auch sie haben sich diese Freiheit gelegentlich schon mal genommen. Sie empfanden es danach letztlich nur als faden Nervenkitzel. Es fehlten ihnen geistige Übereinstimmung und Einklang!

Sie wollten natürlich gerne glauben, dass Mutter Natur das so wolle. Wie sollte es sonst bei René funktionieren?, sagten sie sich. Was natürlich nicht stimmt. Denn ein Koitus funktioniert ja auch ohne Liebe, wie fast jeder weiß. Aber eine größere Zufriedenheit konnten beide damit auch nicht erreichen.

Vielleicht eine etwas dürftige Rechtfertigung für das Fremdgehen! Aber für den Fortbestand der Spezies Mensch ist nun einmal Mutter Natur ganz allein verantwortlich. Sie allein diktiert, wie der Mensch mit seiner Sexualität umgehen muss. Das gilt auch für Vierzigjährige mit langer Ehebindung, die sich immer noch lieben. Die bis zu ihrem Lebensende zusammenbleiben wollen – was sie sich immer wieder beteuern!

Sie leben in einer fast spannungslosen, flachen Zufriedenheit mit der Natur, nicht gegen die Natur! Das wollen sie ändern: indem sie mehr Spannung, mehr Aufregung reinbringen! So das Credo der vier.

Ist das nur eine ausgeflippte Zweck-Philosophie? Oder ist da etwas dran? Gibt es eine wissenschaftliche Berechtigung? Die Fragen stehen im Raum und warten auf Antworten: Monogam oder polygam leben? Viele Menschen werden von diesen modernen Gedanken erfasst! Literatur und Internet vermitteln Anstöße dazu.

Wie offen sind Sie für eine andere Lebenseinstellung, lieber Leser, liebe Leserin?

Sie saßen immer noch auf ihrer Terrasse. Carla nippte an ihrem Glas und fragte René unvermittelt: „Findest du Cathrin auch so sexy? Sie ist eine kluge, wunderschöne, begehrenswerte Frau. Ich glaube, ich könnte mich auch in sie verlieben, wenn ich ein Mann wäre." René antwortete nicht gleich. Er merkte, jetzt kommt es zur entscheidenden Frage, die sie beide ehrlich beantworten mussten, um für ihre Zukunft die Weichen richtig zu stellen.

Die Worte waren fast die gleichen wie die von Cathrin zu Claus. Die Gedanken der beiden Paare waren also schon von gleichen Überlegungen und Erwartungen geprägt. Das bedeutet: „Sie werden mich nicht enttäuschen, sie werden meinen Wünschen folgen", sagt sich Mutter Natur. Und sie lässt in die Gedanken der vier Menschen immer mehr Liebe einfließen.

René antwortete sehr langsam: „Ja – das ist richtig! Cathrin ist eine wundervolle Frau! Mein Bauchgefühl sagt mir auch, dass wir mit den beiden die richtigen Partner finden könnten. Die, genau wie wir, liebevolle und verantwortungsvolle Menschen suchen! Also keine Swinger. Dass sie darüber hinaus auch noch kluge und intelligente Gesprächspartner sind, beflügelt meine Vorstellung von unserem künftigen Leben schon sehr!"

„Was meinst du", fragte Carla, „könnte das gut gehen? Werden wir unsere Ehe damit beschädigen?"

René: „Nein, nein, ich denke, das will keiner, ich auch nicht."

Auch diese beiden waren sich also schnell einig, ihren Gefühlen zu folgen.

„Und das Waldhaus", stellte Carla lächelnd fest, „es könnte uns gelegentlich aus einer gewissen räumlichen Notlage befreien, wenn ich an unsere Kinder denke." Beide nickten.

Nach diesen offenen Worten, die auch ihre Zukunft gestalten würden, nahm Carla ihren René in die Arme, küsste ihn und sagte leise: „Ich freue mich." René nickte, womit er sagen wollte: „Ich mich auch." Noch eine ganze Weile saßen sie dicht beieinander auf der Terrasse in der warmen Frühlingsnacht. Sie erfreuten sich an den beleuchteten Burgen und dem Lichtermeer der Stadt unter ihnen.

Sie fragten sich, ob sie jetzt noch Claus und Cathrin anrufen sollten, um sie herüberzubitten auf ein Gläschen Oppenheimer Landskrone. Sie ließen es dann aber bleiben. Es schien ihnen dafür doch etwas spät. Sie vertagten den Anruf auf morgen.

In dieser Nacht liebten sie sich so zärtlich und intensiv wie schon lange nicht mehr. Anscheinend hatten ihre „vorauseilenden Gedanken" bereits verschüttete Feinheiten im Geben und Nehmen von Gefühlen reaktiviert. Sie waren jedenfalls sehr glücklich.

Tom und Eva haben sich seit ihrer Begegnung am Waldhaus beinahe stündlich SMS geschickt. Und am Abend, wenn sie zu Hause in ihrem Zimmer telefonieren, werden ihre Stimmen immer leiser. Themen zur Schule sind das wohl nicht mehr. Es ist zu vermuten, dass Mutter Natur an ihrer jungen Liebe strickt. Völlig neue, schöne Themen formulieren sie mit roten Ohren und roten Backen, ganz, ganz leise.

Natürlich sind beide total aufgeklärt. Auch über die intimsten Feinheiten wissen sie Bescheid. Sexualität und ihre Ausübung werden im Internet von hervorragenden Ärzten auf einigen Plattformen anschaulich erklärt – neben den „Lektionen" auf dem Schulhof und den Pornofilmen im Internet.

Allerdings muss dieses Wissen auch noch mit Liebesgefühlen ergänzt werden, wenn großes Glück entstehen soll. Daran arbeiten ihr Geist und ihre Körper in diesen Tagen.

So weit die graue Theorie. Um eine Liebe ausreichend reifen zu lassen, bedarf es gelegentlich nur einer einzigen Minute. Es können aber auch Jahre sein. Alles hat seine Zeit, wenn Mutter Natur es so will.

Claus versuchte wie besprochen am nächsten Tag zu ermitteln, wem die begehrte Blockhütte am Fuße des Dachsberges gehörte. Der Berg, der Wald, die Hütte, alles war im Besitz des Landes Hessen und wurde von der Landesforstbehörde verwaltet! Das hatte er beim hiesigen Forstamt erfahren. Der Anruf bei der Landesforstbehörde war ohne Erfolg: Wie so oft, wenn man von einem Amt etwas möchte, war die zuständige Beamtin nicht da. Sie komme erst in drei Wochen aus dem Urlaub zurück! Er könne aber seinen Wunsch, die Hütte mieten zu wollen, schon einmal schriftlich einreichen. Nach Rückkehr der Frau Ministerialrätin bekäme er sofort eine Stellungnahme, sagte ihm eine nette Stimme in Wiesbaden. Auf Nachbohren von Claus meinte sie nur: „Nein, nein, ich kann das in keiner Weise abschätzen, ob ein Vermieten überhaupt möglich ist", und: „Tja, da müssen sich die Familien Homburg und Bernauer samt Kindern eben noch drei Wochen gedulden!"

Bei ihrem schnell vereinbarten Treffen bei Bernauers teilte Claus den anderen mit, was er erfahren hatte. Alle sechs protestierten gegen diese langen drei Wochen. Sie wollten schneller rein. Tom: „Dann ist ja der Sommer schon rum!" René: „Nicht ganz, lieber Tom. Aber vielleicht können wir beim hiesigen Forstamt erklären, dass wir einen Antrag auf Miete laufen haben und deshalb den verständlichen Wunsch haben, einmal hineinschauen zu dürfen. Dann könnten wir uns schon einmal ausmalen, was wir alles tun können bzw. müssen. Wenn es denn überhaupt klappt."

Ein sehr guter Vorschlag, der die Gemüter etwas beruhigte. Claus wollte gleich morgen weiterrecherchieren, ob ein Besichtigungstermin möglich sei.

Cathrin hatte bereits eine Flasche Rotwein geöffnet, als sie Gläser brachte und fragte, ob sie ein Schlückchen eingießen dürfe. – Alle nickten. Claus schlug vor, erst noch einen kleinen Kennenlernrundgang in ihrer Wohnung zu machen. Carla war begeistert von der Größe der Wohnung, die im obersten Stock lag. Die Terrasse konnte von keiner Seite eingesehen werden. Aber am meisten bewunderte sie die geschmackvolle Einrichtung. „Alles erlesene, antike, französische Stücke, die Cathrin bei der Auflösung eines Maison de Maître (Herrenhaus) in der Gascogne ergattern konnte", erklärte Claus. „Übrigens kommt Cathrin aus Bergerac in der Gascogne", ergänzte er.

„Oh, là, là", rief René erfreut, „schön, temperamentvoll und auch noch Französin? Besser geht es nicht!" Carla ermahnte ihren Mann schmunzelnd: „Na, na, na – aber René!"

Claus machte weiter mit seiner Führung durch die Wohnung. Wohn-, Schlaf- und Gästezimmer lagen auf der Südseite mit Ausgang zur Terrasse und Blick auf die Bergstraße. Lediglich Toms Zimmer und die Küche schauten nach Westen. „Von dort kann man sogar das Penthouse der netten Homburgs sehen", fuhr Claus fort. „Wir könnten uns also winken. Bei höchstens eineinhalb Kilometer Entfernung geht das sogar ohne Fernglas!"

Etwas abseitsstehend sagte Tom ganz leise zu Eva: „Mit meiner Lasertaschenlampe kann ich dich morgen früh wecken." Dabei leuchteten seine Augen erwartungsvoll. Eva: „Das klappt nicht, ich schlafe so fest wie ein Murmeltier." Dabei kamen sie sich unbeabsichtigt nahe und berührten sich mit den Hüften. Beide bemerkten es, bekamen Herzklopfen, das Blut schoss ihnen in den Kopf. Jeder sah den roten Kopf des anderen und wusste, dass sie beide das Gleiche fühlten: Sie waren verliebt! Zum ersten Mal in ihrem Leben glücklich durch ihre Liebe. Auch Mutter Natur jubelte.

Tom zeigte Eva sein picobello aufgeräumtes Zimmer. Eva lobte ihn. Dann zeigte ihm Eva ihr Fenster im Hochhaus, zwei Kilometer westlich, wo sie lebte. „Versuche doch mal, mich mit deiner Wunderlampe zu wecken, das schaffst du nie!", sagte sie kokett. „Und was kriege ich, wenn ich es doch schaffe?" „Vielleicht darfst du dir dann was wünschen, wir werden sehen, ich weiß es noch nicht", antwortete Eva mit feuerroten Backen.

„So, nun habt ihr alles gesehen, ihr Lieben", meinte Claus auf dem Weg von der Terrasse ins Wohnzimmer. „Setzen wir uns und nehmen einen Schluck." Er führte sie zu einer Sitzgruppe von vier kleinen, goldgelben Empire-Sesselchen an einem kleinen Marmortisch auf der Stirnseite des sehr großen Raumes. Sie nahmen Platz und Cathrin goss den edlen Tropfen in die alten Kristallgläser.

Die Gedanken wie auch das Handeln der vier Erwachsenen waren gar nicht so verschieden von denen ihrer Kinder. Jedoch längst nicht so unschuldig.

Die Herren suchten auf der Terrasse ganz gezielt nach Körperkontakt, natürlich nicht bei ihren Ehefrauen.

Claus schaffte es, unbemerkt für einen Moment die Hand von Carla zu erwischen. Und wenn ihn nicht alles täuschte, hatte sie mit einem kurzen Druck signalisiert, dass sie ihn verstanden hatte und dass sie einverstanden war – sonst hätte sie ja seine Hand zurückgewiesen, glaubte Claus hoffnungsvoll.

René war noch eine Spur direkter, man könnte auch sagen dreister: Er stellte sich so dicht hinter Cathrin, dass sie ihn deutlich spüren musste. Das tat sie auch. Sie signalisierte durch Gegendruck ihre positive Antwort. Seine Begehrlichkeit war schon etwas auffällig geworden, das sah er auch selbst. Die anderen sahen es nicht, sie waren zu sehr mit sich beschäftigt.

Beim Anstoßen schauten sich alle einen Tick länger in die Augen, als es die Etikette erlaubt.

Carlas und Cathrins Herzklopfen waren nicht zu hören, was sie jedoch beide glaubten.

An ihren etwas zu roten Wangen waren ihre Gefühle abzulesen.

In ihren Gedanken waren sie, im Gegensatz zu ihren Männern, jedoch noch etwas gespalten. Einerseits möchten sie schon, andererseits haben sie Angst. Sie sind noch zögerlich. Carla flüsterte Cathrin ins Ohr: „Kommt Zeit, kommt Rat!" Cathrin nickte befreit und verständnisvoll.

Beide haben sich damit gegenseitig zu verstehen gegeben, dass sie sich gegenseitig vertrauen und dass ihrer Ehe nichts passiert! Aber auch, dass sie mit dem, was sich da anbahnt, einverstanden sind. Dass sie es sogar wollen und sich darauf freuen!

Lebenserfahrung

Beides erfahrene Ehefrauen, die das Leben kennen! Das abgedroschene Klischee gilt auch bei ihnen: Fünfzehn Jahre mit dem gleichen Mann verheiratet, da zeigen sich auf beiden Seiten schon ein paar Verschleißerscheinungen. Nichts Schlimmes, aber man sollte vorbeugen. Wie man das allerdings macht, weiß außer dem Papst keiner so recht zu erklären.

Erschwerend kommt hinzu, dass die Frauen, dem urweiblichen Denken folgend, ihre Pflicht erfüllt haben: Sie haben ein Kind in die Welt gesetzt. Für ihr Selbstverständnis ist das sehr wichtig. Besser wären natürlich zwei. Geht aber nicht, der Wohlstand würde sinken! Jeder kennt die kausalen Zusammenhänge von Kinderwusch und Wohlstand. Das Streben nach beiden Zielen, nach mehr Wohlstand und nach mehr Kindern, ist zwar ungebrochen, die Realität erlaubt jedoch meist nur eines der Ziele.

Ihre Kinder sind halb erwachsen, es wird nicht mehr lange dauern, dann sind sie aus dem Haus. Dann kommen Überlegungen, die neue kritische Gedanken zur Zukunft auslösen: „Soll das nun das Leben gewesen sein? War das alles? Das kann doch nicht wahr sein! Was kommt nun?", fragt so manche gut aussehende Vierzigerin. Sie hat sich immer nur für die Familie aufgeopfert, was aber von keinem so recht bemerkt wurde. „Wo bleiben meine Wünsche nach Anerkennung, nach Lebenslust, nach ein wenig mehr Vergnügen?" Genau jetzt wäre doch der richtige Zeitpunkt, einmal an sich selbst zu denken: Man müsste noch mal von Neuem beginnen! Und manche tun das auch, wofür sie später durch eine Minirente empfindlich bestraft werden.

Fast jeder Mann um die vierzig musste sich schon mit diesen berechtigten Vorhaltungen seiner Frau auseinandersetzen. Auch Claus und René kennen diese Beschwerden!

Achtung: Mutter Natur fordert auch die ganz treuen und familienbewussten Ehefrauen auf, sich ihre geheimen Sex-Wünsche zu erfüllen! Das sind sehr viel ältere Rechte und Wünsche als die aus ihrer Ehe! Es sind nicht die, die in den Gesetzbüchern stehen! Die das Gegenteil von Mutter Natur predigen und auch noch Anspruch auf absolute Richtigkeit erheben. Nein, es sind die Wünsche nach freier, gleichberechtigter, erfüllter Liebe. Wie von Mutter Natur gefordert! Wozu sich die Frau selbstverständlich für jedes Bedürfnis den Mann neu aussuchen kann! Diesen polygamen Wunsch sollte sich jede Frau erfüllen können! Moral und Gesetze müssten das hergeben. Tun sie aber nicht! Die Gesetze schützen nur Monogame bzw. die Milliarden Pseudomonogamen. Also die, die behaupten, monogam zu sein!

Haben Sie, liebe Leserin, gelegentlich auch diesen Wunsch? Oder ist Ihnen der Gedanke, „mit einem anderen Mann schlafen zu wollen", völlig fremd?

In diesem schwierigen Spagat befindet sich heute der gleichberechtigte, moderne Mensch, Mann wie Frau, weltweit. Auch unsere zwei Paare, die ihre Zukunft freudvoller gestalten wollen, haben damit zu kämpfen.

Claus und Cathrin sowie André und Carla wollen es wagen, gemeinsam den gordischen Knoten zwischen Wünschen und Realität schmerzlos zu durchtrennen. Zusammen wollen sie sich eine schönere Welt schaffen. Mit mehr Glück und mehr Zufriedenheit. Klingt vielleicht etwas utopisch, doch sie glauben an das Gelingen. Gerade machen sie den Anfang.

Ob sie es schaffen? Das Waldhaus schwebt ihnen immer mehr als der Gral ihrer Wünsche vor Augen. So richtig formuliert haben sie diese Vorstellung noch nicht, aber sie handeln bereits danach.

Immer noch im noblen Salon bzw. im Wohnzimmer von Cathrin und Claus, sprechen sie über Gott, über Politik und über sich selbst. Auch über andere Menschen mit Erwartungen und Wünschen. So kommen sie auch wieder zu ihrem eigenen, angestrebten Ziel: dem Gral ihrer Zukunft.

Aller Gedanken sind schon wieder beim begehrten Waldhaus. Der hervorragende Rotwein aus dem Rheingau beflügelt ihr Denken. Erste Überlegungen, was im Waldhaus alles möglich wäre, inspiriert auch ihre erotischen Fantasien. Aber darüber haben sie noch nicht gesprochen. Die Zeit dafür ist noch nicht reif.

Tom und Eva sind hin und wieder in Toms Zimmer verschwunden. Immer dann, wenn sie sich etwas Wichtiges zu sagen hatten. Meist haben sie mit in der Runde diskutiert.

Claus war am Überlegen, er fragte in die Runde: „Ob wohl jemand in der Vergangenheit vielleicht doch schon ein Bad, eine Du-

sche eingebaut hat? Es war doch sicher schon einmal verpachtet?" –
Keine Antwort. Claus' Gedanken waren in die Zukunft gerichtet,
als er sagte: „Na ja, in einer stinknormalen Gartenhütte benötigt
man natürlich keine Dusche. Aber es soll ja auch kein einfaches
Gartenhaus werden, sondern so etwas wie ein kleines Wochenendhaus, wo man auch mal einige Tage bleiben und übernachten
kann." Dabei schaute er lächelnd zu Carla hinüber. Diese lächelte
zurück und nickte dabei unmerklich, aber für ihn wahrnehmbar.

„Ich denke, wir müssen noch mal hinfahren", meldete sich
René zu Wort, „um nach der Technik zu schauen! Ob nicht doch
schon ein Wasser- oder Stromanschluss vorhanden ist."

Nur für eine halbe Stunde hatten Carla und René eigentlich
bleiben wollen. Diese war längst um. Cathrin goss noch einmal
nach. Unter dem Tisch hatte zwischen Claus und Carla gerade
ein suchendes Fußeln begonnen, als René zum Aufbruch mahnte. Aus welchem Grund auch immer: ob es dem edlen Wein oder
ihren Gefühlen geschuldet war, alle hatten leicht gerötete Köpfe. Es war offenbar der Tag der roten Köpfe!

Der erste Kuss

Auch Tom und Eva erschienen mit solchen Auffälligkeiten. Aber
nicht vom Toben wie bisher, als Kinder. Nein, dieses Mal gab es
einen ganz anderen, einen viel gewichtigeren Grund. Und keiner der Eltern hätte vermutet, dass die beiden gerade etwas voll-
bracht hatten, das sie ihr ganzes Leben lang nicht mehr vergessen würden: „Sie hatten sich aus Liebe zum ersten Mal geküsst!"

Ein ungeheurer Schwall neuer Gefühle hatte beide durch-
flutet. Sie waren noch etwas benommen, als sie zu ihren Eltern
ins Zimmer kamen.

Ihre erste Jugendliebe war damit besiegelte Sache. Ab heute galten zwischen den beiden andere Regeln: „Sie gehen miteinander."

Jeder erinnert sich an seine erste Jugendliebe. Wie schrecklich das war, wenn der/die andere dann wieder „Schluss gemacht" hat. Der erste Liebeskummer folgte dann auf dem Fuße.

Das Rad der Liebe wird von Mutter Natur heftig in Schwung gebracht. Nun ja – es ist eben Frühling.

„Schade", sagten Carla und René gleichzeitig, „dass wir gehen müssen, aber wir sehen uns ja hoffentlich bald wieder." „Ja", antwortete Cathrin schnell, „spätestens wenn Claus etwas Neues weiß vom Waldhaus." Dann verabschiedeten sie sich schweren Herzens.

Dieses Verabschieden gefiel Mutter Natur besonders gut: Umarmungen mit sehr ausgeprägtem Körperkontakt. Die Hände hätten noch etwas mehr beschäftigt sein dürfen. Das wird sich hoffentlich noch bessern! Aber schon mit richtigen Küssen – nicht mehr diese links und rechts lustlos hingehauchten Küsse. Nein, es waren handfeste Küsse, die bereits Wünsche ankündigten!

Tom und Eva gaben sich zum Abschied etwas zögerlich die Hand. In ihrem Alter wedelt man zu diesem Zweck nur ein wenig mit der Hand in der Luft herum. Auch das wird sich schnell ändern!

Tom hatte am nächsten Tag Tennistraining. Er war einer der Besten und spielte mit seiner Jugendmannschaft in der Hessenliga. Die Medenrunde startete kommende Woche, also hatte der Trainer Intensivtraining angesagt. Seinem Freund und Doppelpartner Julian erzählte er beim Training etwas umständlich und stotternd, dass er endlich Eva geküsst habe.

Von seinem Freund hatte er ein großes Lob erwartet, ob seines Mutes. Aber nichts dergleichen kam. Ganz im Gegenteil, Julian äußerte sich giftig: „Du bist mir ein schöner Freund, du bist ein Arsch, du weißt doch ganz genau, dass ich auch auf Eva stehe. Du hast sie mir weggeschnappt, das werde ich dir nie vergessen!" Er ließ Tom total perplex am Platz 5 stehen und eilte zur Umkleide. Tom war verblüfft, er hatte nicht gewusst, dass sich Julian zu Eva hingezogen fühlte. Und Eva sprach oft vom dummdreisten Verhalten einiger Buben. Ob sie damit auch Julian gemeint hatte? Mit

Verblüffung und Unverständnis musste Tom sich beschimpfen lassen. Er konnte Julian nicht hinterherlaufen, er musste zum Aufschlagtraining. Ein anderer sollte Julian zurückholen. Ohne Erfolg. Julian weigerte sich, weiter am Training teilzunehmen.

Während der Aufschläge quälten Tom völlig neuartige Gedanken: Ausgerechnet sein bester Freund möchte ihm Eva ausspannen? „Nein, das werde ich nicht zulassen!", war seine erste Reaktion. „Das kann er doch gar nicht wollen, er weiß doch, dass ich mit Eva befreundet bin, dass ich jetzt sogar mit ihr gehe!"

Tom verstand die Welt nicht mehr. Plötzlich sollte er sich entscheiden zwischen seinem besten Freund und Eva – unmöglich, er liebte doch Eva!

„Das alles bringt die Liebe mit sich?", fragte er sich. Natürlich hatte er solche Situationen schon zigmal im Fernsehen gesehen und sie immer mit Kopfschütteln und dem Kommentar „Blödsinn" abgetan. Doch plötzlich sollte das auch bei ihm Realität sein? Nein, das musste er erst noch verdauen, ehe er mit Julian und Eva darüber sprechen könnte.

Wenige Tage später bekam Claus vom Forstamt die Genehmigung, das Waldhaus zu besichtigen. Er holte sich sofort den Schlüssel und die genaue Angabe, wie das Schlüsselloch zu finden sei. Dafür musste er ein Papier unterschreiben. Gegen 18.00 Uhr trafen sie sich wieder alle am Parkplatz. Es war noch fast einen Kilometer bis zur Hütte. Claus hatte eine Taschenlampe dabei: „Es wird erst um 20.00 Uhr dunkel, das müsste reichen für eine Besichtigung", meinte er.

Auf dem zugewachsenen Holzweg kamen sie nur langsam dem Waldhaus näher. Die Gedanken beider Paare kreisten um fantasievolle Wünsche, die sie sich vermutlich nur hier erfüllen könnten. Hauptsächlich bei René und Claus waren die Vorstellungen in ihrer Detailgenauigkeit kaum zu übertreffen. Aber auch Carla und Cathrin hegten ähnliche Wunschträume.

Cathrin zum Beispiel sah sich wieder in ihren Lieblingstraum versetzt: So wie früher sah sie einen großen, stattlichen Prinzen in prächtigem Gewand hoch zu Ross um ihre Hand anhalten: „Willst du meine Gemahlin werden?", fragte er mit jugendlicher Stimme. Im Gegensatz zu damals hatte er jetzt aber nicht die Züge von Claus, sondern die von René.

Ihr hauchdünnes Feengewand flatterte im Wind und ließ René ihre bezaubernde, wohlgeformte Gestalt in allen Einzelheiten erkennen. Freudig errötend hauchte sie: „Ja, ich will ganz schnell deine Frau werden!" Sie reichte ihm die Hand hinauf und mit einem gewaltigen Schwung holte er sie zu sich hinauf auf den Sattel des mächtigen Schimmels. Ihre Brüste ihm zugewandt, saß sie nun rittlings vor ihm. Und schon ritten sie flugs davon, Richtung Schloss hoch oben auf dem Berg.

Dieses hatte nur sehr wenig Ähnlichkeit mit ihrem Waldhaus. Es war wesentlich größer, mit mehreren Türmchen und Zinnen, und es war auch viel schöner als das Waldhaus! Was aber nicht heißen sollte, dass ihr das Waldhaus nicht mehr gefiel!

Etwas unsicher saß sie mit weit gespreizten Schenkeln vor ihm auf seinem Schoß. Sie küsste sein Gesicht mit den männlichen Zügen immer wieder voller Lust. Mal klammerte sie sich an ihn, mal legte sie sich rücklings mit verklärtem Blick auf den prachtvollen Hals des Schimmels. Seine Mähne und ihr Gewand flatterten im wippenden Trab des Pferdes.

Da bemerkte sie voller Glück, dass es nicht der Knauf des Sattels war, sondern ihr Prinz, der mit hoch erhobenem Haupte stolz hinter ihr saß und bei jedem Sprung des Schimmels tiefer in ihr Heiligtum eindrang und ihr dabei spitze Schreie entlockte.

Noch bevor sie die Burg erreichten, hatte der starke Prinz seine glückliche Prinzessin zu seiner Gemahlin gemacht. Sogar zur Mutter seines künftigen Sohnes!

„Ja, ja, das waren noch Rittersleute damals", schwärmte Cathrin in Gedanken, als sie auf dem langen Weg zur Hütte ihren Tagtraum verscheuchte und sich anschickte, mit den anderen ihr Waldhaus, ihren Gral, zu inspizieren.

Das Innere

All diese wunderbaren Vorstellungen und Gefühle waren wie weggeblasen, als Claus die Tür öffnete und das Innere der Hütte langsam sichtbar wurde: alter, unbrauchbarer Kram, zu einem Berg gestapelt. Vergammelte, handgezimmerte, grobe Hüttenmöbel, teilweise zertrümmert, kaputte Liegestühle, vermoderte, stinkende Matratzen, Campinggeschirr, alte Fahrräder, ein alter Kanonenofen, Feuerholz. Ein Berg Unrat, bei dem man sich fragte, wie der da hineingekommen war. „Es müssen schon viele in der Hütte gehaust haben", war die einheitliche Meinung.

Die beste Entdeckung machte Tom mit der Bemerkung: „Es gibt hier tatsächlich einen Wasseranschluss!" Er hatte hinter dem Berg von Gerümpel ein Handwaschbecken aus Metall und einen Wasserhahn an der Wand gefunden.

„Wahrscheinlich gibt es unter all dem Schrott noch eine Bodenklappe über einem Hohlraum, in dem sich das Absperrventil befindet." Er kenne diese Technik von Wochenendhäusern seiner Freunde bzw. deren Eltern. „Das nennt man einen Revisionsschacht", sagte Tom mit Stolz. „Im Winter muss man ihn gegen Frost schützen. Styropor oder Säcke mit Steinwolle werden dann hineingestopft. Auch der Abwasseranschluss zur Klärgrube befindet sich meist in diesem Schacht", ergänzte er.

„Sehr gut, mein lieber Tom", lobte ihn sein Vater. „Und den Schacht werden wir wohl finden, wenn das Gerümpel weg ist. Stimmt's?" Tom antwortete auf Hessisch, wie sie das oft im Spaß machten: „Ja, Babba, hoschd wideremol räschd."

„Dann wäre ja die Frage nach dem Wasser offenbar zu unseren Gunsten geklärt. Super!", meinte André, Evas Vater.

„Und wie sieht es mit Strom aus? An der Decke baumelt zwar eine Fassung, aber ohne Birne. Ein Schalter ist auch zu sehen, aber keine Spur von einem Sicherungskasten oder einem Zähler. Alle Leitungen führen zu einer Stelle. Hier müssen der Sicherungskasten und der Zähler gesessen haben! Eine dicke Leitung kommt aus dem Boden und endet auch an dieser Stelle in einer Verteilerdose."

René meinte: „Es gab also schon einen Anschluss an das Stromnetz. Vielleicht kann man ihn reaktivieren?" Alle nickten beruhigt. „Claus, unser Projektmanager, wird das klären."

Es wurde immer dunkler in der Hütte.

Claus zog ein erstes Resümee: „Die Chancen, diese Hütte wieder bewohnbar zu machen, sehen gar nicht so schlecht aus." Dann kamen auch noch die ersten Planungsgedanken auf: was man dazu alles tun und reparieren müsse und in welcher Reihenfolge …

Claus und René konnten es allerdings nicht unterlassen, die gute Gelegenheit zu nutzen, um ihren Traumfrauen ganz handfest ihre Gefühle zu zeigen.

Es war dunkel genug, die Kinder waren draußen, man musste auf dem verbliebenen engen Weg in der Hütte sehr dicht aneinander vorbeigehen. Versehentliche wie bewusst gesuchte Köperkontakte waren da nicht zu vermeiden. Cathrin bedauerte sehr, dass René nie stehen blieb, wenn sie sich berührten. Sie wusste nämlich schon, was sie dann machen würde.

Noch mehr bedauerte sie, nicht wirklich die Prinzessin auf dem Schimmel gewesen zu sein. Alle suchten immer stärker nach einer Möglichkeit, mit dem anderen allein zu sein, um sich umarmen zu können. Zu „mehr" würde es wohl noch eine Weile dauern, glaubten alle.

Warum eigentlich warten? Sie könnten sich doch sofort ihren größten Wunsch erfüllen. Warum tun sie es nicht? Wo ein Wille ist, ist auch ein Weg!

Was meinen Sie, liebe Leserin, lieber Leser? Warum sind die vier so zögerlich? Was hält sie davon ab, sich ihren größten Wunsch sofort zu erfüllen?

Eva, Tom, Julian

Tom und Eva waren schon lange nach draußen verschwunden, um allein zu sein. Sie waren in der Praxis und in Gedanken noch ganz am Anfang ihrer Liebe. Sie wussten die Größe ihrer Gefühle noch nicht so richtig einzuschätzen. Sie küssten sich nach einem Monat immer noch sehr zaghaft, und Körperkontakt wurde von Eva noch mit rotem Kopf verweigert. Suchende Hände von Tom wurden von Eva ziemlich schroff abgewehrt.

Meist gingen sie, wenn es niemand sah, Hand in Hand spazieren und Eva erzählte das Neueste aus dem Konfirmandenunterricht: wie kindisch sich die Buben dort benehmen würden; dass sie ihr Zettelchen mit dummen Sprüchen über die Liebe in den Katechismus steckten, worüber sich alle Mädchen natürlich schieflachten.

Tom war schon weit über fünfzehn, er würde bald sechzehn werden! Das sagte er auch immer wieder Eva. Er wollte schon gerne etwas mehr wagen. Eva blockte jedoch sofort mit dem Hinweis, dass sie erst in einem Monat konfirmiert werde. Sie sagte ihm aber auch, wie sehr sie ihn liebe. Ihr ganzes Erscheinungsbild war eher das einer sechzehnjährigen jungen Frau mit einer Traumfigur, und nicht das eines vierzehnjährigen Mädchens!

Auch Tom beteuerte Eva seine Liebe, wann immer er sie sah. Und wenn er nicht mehr wusste, was er sagen sollte, kam er stets auf das dankbare Thema „Tennis" zu sprechen. Darüber konnte er Eva stundenlang erzählen.

Von der Auseinandersetzung mit Julian auf dem Tennisplatz hatte er ihr bisher nichts gesagt. Er überlegte eine ganze Weile: Heute wäre eigentlich ein guter Tag, um mit ihr über Julian zu reden. Doch er traute sich nicht. Warum, wusste er auch nicht so recht. Es war so ein Gefühl, dass er damit etwas zwischen ihm und Eva kaputtmachen könnte oder schlafende Hunde wecken würde. Wieder verschob er das Gespräch auf später.

Und tatsächlich, eine Woche später versuchte Julian, mit Eva anzubandeln. Auf dem Weg zur Konfi-Stunde traf er sie vor dem Gemeindehaus. Sie waren mit dem Rad unterwegs. Er winkte ihr schon von Weitem zu. Sie kannten sich von der Schule. Eva war schon lange sein Schwarm. Sie sah fantastisch aus! Ihre Figur verdrehte vielen Jungs den Kopf. Nach dem Abstellen der Fahrräder und dem üblichen Wortgeplänkel versuchte er mit Eva ein Date nach der Stunde auszumachen.

Sie machte große, erstaunte Augen und lehnte sofort ab: „Du weißt doch ganz genau, dass ich mit Tom befreundet bin – wie denkst du dir das?", stotterte sie leicht verwirrt. Sie ließ ihn einfach stehen und ging ins Gebäude.

Während der ganzen Stunde geisterte ihr diese Begegnung im Kopf herum. Natürlich war sie schon von Jungs bestürmt worden mit dem Wunsch nach einem Treffen – oder noch ganz anderen Wünschen. Das kannte sie. Aber jetzt, wo sie doch schon einen Freund hatte, kam ihr Julians Ansinnen völlig unverständlich, gar abartig vor. Das machte man doch nicht, wo er auch noch Toms bester Freund war! Sie schüttelte den Kopf und murmelte vor sich hin: „Sachen gibt's!" Der Pfarrer hatte etwas mitgekriegt und schaute zu ihr. Sie fühlte sich ertappt, setzte sich aufrecht hin und ordnete ihre Gedanken. Aber sofort schweiften sie auch schon wieder ab, hin zu Julian.

Dass er mit ihr was anfangen wollte, widerstrebte ihr zwar einerseits, andererseits gefiel er ihr sehr gut. Er war schon sechzehn, sah aus wie achtzehn. Groß wie Tom, aber mit einem tollen, athletischen Körper. Auch war er viel redegewandter. Im Kopf fing sie langsam an, ein wenig zu schwanken. Doch ihr Gefühl zu Tom war stärker. Schnell verdrängte sie ihre abtrünnigen Gedanken.

Julian dachte über seine Abfuhr nach. Zunächst empfand er Wut auf Eva, weil sie ihn verschmäht hatte. Dann sagte ihm sein Gefühl: „Du magst sie doch, also probiere es wieder!" – „Außerdem klang ihre Absage doch gar nicht so endgültig", sagte er sich zu seiner Beruhigung.

Mutter Natur hat damit ein zweites Geschütz aufgefahren, das heißt einen zweiten, kräftigeren jungen Mann auf den Plan gerufen, um eine erfolgreiche Arterhaltung zu gewährleisten. Er ist älter, kräftiger und redegewandter als Tom. Auf Anhieb erscheint er einer jungen Frau besser geeignet als Vater, Ernährer und Verteidiger ihrer Familie. Wenn – ja, wenn da nicht auch noch die Liebe ein Wörtchen mitzureden hätte.

Während René in seinem Gericht in Frankfurt neue Verordnungen vom Justizministerium mit seinen Richtern besprach, rief Claus dessen Frau Carla an. Er hatte eine Mathestunde unterrichtsfrei. Die Klasse war im Zoo. Eva war in der Schule, also wagte er es anzurufen. Schon lange hatte er den Wunsch, einmal allein mit Carla zu reden. Er war erregt, als er ihre Nummer wählte. Heftiges Herzklopfen kam dazu, als er ihre helle Stimme hörte:
„Hallo? – Ja bitte?" – „Grüß dich, Carla, hier spricht Claus." – „Ach, wie schön, Claus, dass du anrufst, das freut mich wirklich." – Claus: „Dann bin ich beruhigt. Ich wollte das schon lange tun, war mir aber nicht sicher, ob dir das auch recht ist – ich hatte keinen Mut." – „Warum denn das?", fragt Carla zurück. „Ist ja auch egal, Hauptsache, ich höre dich jetzt, mein lieber Claus. Übrigens, René hat schon gefragt, ob du dich gemeldet hättest oder auf einen Kaffee da gewesen wärst – was ihn gefreut hätte." – „Gerne wäre ich gekommen, Carla, aber ich bin eben ein Angsthase – und René hätte bestimmt nichts dagegen gehabt?" – „Nein, nein, er möchte das sogar. Auch er möchte ja mit Cathrin einen Kaffee trinken und sie auch besuchen. Telefoniert haben die beiden schon miteinander und in Frankfurt auch gemeinsam in einem Café gesessen." – „Ja, das weiß ich von Cathrin", sagt Claus. „Wir haben übrigens alles noch mal besprochen und finden es gut und richtig, mit euch gemeinsam die Lebensqualität von uns vieren zu verdoppeln. Ihr seid für uns genau die richtigen Menschen: ehrlich, liebevoll, tolerant und intelligent, und du bist auch noch besonders schön, liebe Carla!" – „Wir sind genauso begeistert wie ihr", sagt Carla, „und was die Schönheit betrifft: Cathrin, deine Frau, ist eine der schönsten Frauen, die ich kenne. Und sie hat dazu auch noch Charme, den du vielleicht nicht mehr so richtig wahrnimmst, mein lieber Claus." – „Stimmt wahrscheinlich, Carla. Wenn ich also wieder eine Schulstunde freihabe, dann darf ich mit dir

einen Kaffee trinken?" – Carla: „Nicht nur dann, auch zu jeder anderen Zeit. Ich freue mich sehr darauf. Ich warte auf deinen Besuch!" – „Danke, Carla, du hast mir das Quäntchen Mut gegeben, das mir gelegentlich fehlt. Schade, dass ich dich jetzt nicht zum Dank küssen kann. Ich hätte jetzt das ganz große Bedürfnis dazu. Aber ich muss zurück in die Klasse. Ich melde mich jetzt täglich bei dir, egal wo du bist!" Carla antwortet: „Machst du das auch wirklich? Dafür bekommst du einen extrastarken Kaffee! ... Was ist mit unserem Waldhaus?", ruft sie noch. „Das brauchen wir bald!" – „Erzähle ich dir beim Kaffee, tschüss."

Auch noch während des Unterrichts erfreute sich Claus mit einem zarten Lächeln auf dem Gesicht an dem Gespräch mit Carla. Natürlich auch über die vielverheißenden Aussichten! In seiner sehr plastischen Vorstellung sah er sich schon mit Carla auf dem Gipfel. Schweißperlen standen ihm auf der Stirn. Selbst sein Matheunterricht wurde dadurch in Mitleidenschaft gezogen: Er wurde immer fahriger. Er war heilfroh, als die Stunde überstanden war und dass die Schüler nicht nach seinem Befinden gefragt hatten.

Tausend Gedanken schossen ihm durch den Kopf: „Wenn Cathrin am Nachmittag von der EZB kommt, werde ich ihr sofort alles erzählen." Er überlegte: „Wir müssen, wie ausgemacht, offen und ehrlich zueinander sein, unsere Ehe darf keinen Schaden nehmen!" Er fragte sich allerdings auch: „Soll man wirklich ausnahmslos alles erzählen? Wie weit geht die Offenheit, die man einander versprochen hat? Ist es nicht sogar besser, gewisse Details auszusparen?" Ob er das auch mit Cathrin besprechen sollte? Er hatte da seine Zweifel. „Eher nicht", entschied Claus.

Intimitäten gehen doch nur die zwei etwas an, die Mutter Natur für dieses Glück ausgewählt hat!

Ist das richtig, liebe Leser? Oder sollte Claus doch „alles" mit Cathrin besprechen?

Seine Psyche bereitet Claus große Probleme: Seine starken Gefühle für Carla mit seinem bisherigen Moraldenken in Einklang zu bringen, ist ihm fast nicht mehr möglich. Sein schlechtes Gewissen wird immer größer, je näher der magische Zeitpunkt rückt, nach dem er jedoch immer gieriger wird, vor dem er aber auch immer größere Angst hat. Wie soll das gehen?

Er kämpft mit seiner Erziehung!

Claus scheint nicht der richtige Typ zu sein für diese Rolle. Er ist nicht der Draufgänger, der Kurzentschlossene, der die Gelegenheit beim Schopfe packt. Der die Gefühle, die Mutter Natur ihm geschenkt hat, auch auszuleben vermag.

Im Gegenteil, er ist der gut erzogene Mann, der natürlich weiß, dass er seine Gefühle nach den gültigen Moralregeln eigentlich unterdrücken müsste, was er in solchen Situationen bisher auch immer getan hat. Aber diesmal sind die Gefühle so mächtig und auch so schön, dass sie sein kritisches Denken samt seinem Moralgedöns einfach abschalten. Zumindest überlagern. Zumal Cathrin, seine Frau, ja im Bilde ist! Ja ihn sogar unterstützt!

Also müsste er doch eigentlich frei sein von allen störenden Bedenken. Ist er aber nicht. Es kämpfen zwei Wertevorstellungen in seiner Brust. Er fragt sich: „Wozu gibt mir die Natur solche Gefühle, wenn ich sie nicht ausleben darf? Damit ich sie unterdrücken soll? Was ergibt das für einen Sinn? Entweder die Logik der Natur oder die Logik der Menschen stimmt hier nicht!"

Wie konnte es also passieren, dass solch ein wertebewusster, an die moralischen Gesetze gut angepasster, intellektueller Mann wie Claus Bernauer so ins Schleudern kam?

Antwort: Mutter Natur verhindert wieder einmal, dass der Homo sapiens ausstirbt! Und dafür tut sie alles, ohne Rücksicht auf Religion, moralische Gesetze und wankelmütige Gefühle. Sie arbeitet unermüdlich auf breiter Front, auch mit unangemessenen Mitteln, wie bei Claus:

Der hatte doch seine Pflicht zur Arterhaltung mit Sohn Tom bereits erfüllt. Er war zufrieden. Dennoch hat Mutter Natur ihm den Kopf verdreht, indem sie seine einfache Neugierde flugs in Liebe verwandelte. Damit hat sie in ihm eine unzulässige Begierde entfacht, jenseits von Gesetz und der Moral monogamer Menschen.

Nun gibt sich der arme Kerl geschlagen, er macht willig alles, was die Natur von ihm verlangt. Ist sein Verhalten richtig? Kann er nicht anders? Ist das Nötigung?

Sehen Sie das auch so, liebe Leser? Ist er in den uralten Konflikt der Menschheit geraten? „Du sollst nicht begehren deines Nächsten Weib …“

Cathrin, seine Frau, hat zwar Angst um ihre Ehe, aber so grundsätzliche Bedenken wie Claus hat sie nicht. Sie lebt in einer Phase, in der sich alle Frauen die Frage stellen: „War's das?“

Sie hat alle Pflichten in der Ehe erfüllt, sie geht jetzt wieder arbeiten, ihre Jugend ist dahin. „Was kommt jetzt?“, fragt sie sich – aber ohne unzufrieden zu sein!

Obwohl ihre Ehe eine ganz normale, also eine glückliche Ehe ist, fehlt ihr irgendetwas! Eine gewisse Leere empfindet sie durchaus. Mal mehr, mal weniger stark.

Dennoch ist sie froh, mit Claus verheiratet zu sein. Sie erzählen sich grundsätzlich alles, was sie im Inneren bewegt. Sie erzählt ihm auch, wenn ihr ein Mann in der Bank schöne Augen gemacht hat. Oder wenn sie mit René auf der Zeil einen Kaffee getrunken hat – alles wird am Abend besprochen. Selbst ihre Gefühle, die sie dabei hatte, beschreibt sie ganz ausführlich.

Selbst wenn es zwischen ihr und René intim werden sollte, wird sie alles mit Claus besprechen. Sie findet René toll, sie mag ihn, seine Stimme, seine Art zu sprechen, sie mag eigentlich alles an ihm. Sie würde keine Minute zögern, mit ihm zu schlafen. Aber verheiratet sein möchte sie mit Claus. Und wenn es ginge, mit beiden.

„Besser kann es gar nicht sein“, sagte Cathrin. Claus schaute sie verschmitzt an und stimmte ihr in allem zu. Dann nahm er sie in den Arm und küsste sie. Sie schauten noch einmal bei Tom rein und gingen dann schlafen.

Carla und René dämmert es schon seit geraumer Zeit, dass sie etwas tun müssen, um ihre Zufriedenheit wieder etwas zu puschen.

Sie leben dort oben in ihrem luxuriösen Penthouse spannungsfrei vor sich hin und die Zeit läuft auch ihnen davon. Ihrem Alltag wieder mehr Spannung, mehr Neugier und Erfüllung zu geben, das wäre dringend nötig, haben beide schon damals im Bett festgestellt – nach einem Fehlversuch mit sogenannten „Freunden".

Seitdem suchen sie unauffällig für ihre anspruchsvolle Freizeitgestaltung ein intelligentes, geistvolles Paar, das zu ihnen passt. Aber wie findet man eines? Eine sehr sensible Sache! In die Zeitung setzen wollten sie ihren Wunsch auch nicht, das war ihnen zu plump, so machen es die Swinger. Mit diesen Zeitgenossen wollen sie auf keinen Fall in Kontakt geraten.

Natürlich klappt so ein Vorhaben nicht auf Anhieb, Fehlstarts blieben nicht aus. So war es für sie ein riesengroßes Glück, durch ihre Kinder die wundervollen Menschen Claus und Cathrin kennenzulernen, die sich dann sogar auch noch in einer ähnlichen Lebenssituation befinden und die gleichen Wünsche an das Leben haben wie sie.

Auch sie streben eine ehrliche Freundschaft an, in der jeder dem anderen rücksichtsvoll und liebevoll begegnet. Auch sie wollen ihren Alltag aufregender machen sowie Freud und Leid miteinander teilen, und zwar im wörtlichen Sinne.

In ihren Gesprächen ist bisher nie der plumpe Wunsch nach Sex aufgetaucht. Bei ihren körpernahen Begegnungen schon. Beide Paare wünschen sich, dass alles Schöne ganz selbstverständlich möglich sein soll. So drängen alle nach dem Schönen!

Es muss wohl nicht extra betont werden, dass Mutter Natur langsam ungeduldig wird. Sie überlegt sogar, wie sie den Fortgang dieser langwierigen Balzrituale etwas beschleunigen könnte. Auf die Zielgerade müssen sie bald einbiegen. Sie würde sich nämlich schon etwas ärgern, wenn ihre Zöglinge auf der letzten Teilstrecke schlappmachen würden, wenn also ihre ganze Arbeit für deren Arterhaltung für die Katz gewesen wäre. Und das, obwohl alle vier lieber heute als morgen ihre Viererhochzeit gemeinsam unter einer Decke feiern würden. Ja, das würde Mutter Natur schon sehr ärgern.

Wege finden

Der Frühlingsurlaub auf Gran Canaria der etwas mager geratenen Frau Ministerialrätin vom Forstministerium war nur wenige Tage vorbei, als Claus Bescheid bekam, er könne das Blockhaus am Holzweg mieten. Alles Weitere sei mit dem Forstamt vor Ort zu besprechen. Auch der Mietvertrag sei dort abzuschließen. „Donnerwetter, das ging aber schnell!", staunte Claus.

Sofort rief er Cathrin in der Bank an, ihr Jubel war riesengroß. Sie musste aber leise sprechen: „Hast du schon René und Carla angerufen?" – „Nein, mache ich aber sofort – bis heute Abend – tschüss."

André war im Gericht nicht zu erreichen, aber Carla war zu Hause. Sie war total aus dem Häuschen, als sie hörte, dass sie das Blockhaus mieten konnten. Sofort bot sie ihre Hilfe an: „Wo und was kann ich machen? Du weißt ja, ich gehe nicht arbeiten, habe also viel Zeit. Wir könnten anfangen aufzuräumen, ich könnte dir helfen. Auch eine Brotzeit machen oder Bier holen. Dazu bin ich als Kunstsachverständige hervorragend geeignet, haha."

Claus hörte trotz seiner Schüchternheit eine Verlockung bei Carla durchklingen. Doch er verkniff es sich, ein Treffen mit ihr allein auszumachen. Dabei wäre es doch ein guter Grund, sich mit ihr im Waldhaus zu treffen, um die anstehenden Arbeiten zu planen! „Am Ende würde sie gar zusagen, und was mache ich dann?", ging es ihm durch den Kopf. Nichts wollte er mehr als das, er hatte aber zu große Angst davor. Warum eigentlich? „Ich habe doch keine Makel – wenn ich meiner Frau Cathrin glauben darf! Weder am Tag noch in der Nacht! – Ich bin eben kein Draufgänger", sagte er sich, „noch nicht! Das muss ich irgendwie ändern!" Ins Telefon sprach er weiter:

„Danke, liebste Carla, für dein Angebot, ich komme gerne darauf zurück. Wie du weißt, brauchen wir jede helfende Hand. Ich freue mich darauf, wenn wir alle sechs in unserer Hütte herumwerkeln können. Auch weil ich dann in deiner Nähe sein kann", sagte er etwas leiser. Carla erwiderte erfreut: „So schöne Sachen darfst du mir täglich sagen." Claus: „Ich denke, wir sollten uns ganz schnell treffen, um die Details im Mietvertrag zu besprechen und ihn zu unterscheiben. Wenn wir das überhaupt noch wollen, in Kenntnis der vielen Arbeit, die auf uns zukommt. Ich informiere auch noch André. Eventuell können wir uns am Samstagnachmittag, oder auch vorher, treffen. Bis dann – tschüss, Carla." Carla konnte nur sagen: „Schade, dass du es so eilig hast. – Okay, ich rufe euch an – bis bald."

Claus hatte noch eine ganze Weile Carlas Stimme im Ohr. „Wie sie ihre Gefühle in ihrer Stimme, neben dem Gesagten, herüberbringt, ist faszinierend. Sie muss von großer Intelligenz und großer Herzlichkeit sein!", dachte er. Sein Herzklopfen wurde noch stärker. Ein warmes Gefühl stieg in ihm hoch. Er fühlte so etwas wie Sehnsucht nach ihr. „Ob das Liebe ist?"

Umso mehr ärgerte er sich über sich selbst. Über seine eigene Steifheit – er möchte gerne auch so smart sein wie André. Aber er kann sich einfach nicht schnell öffnen, was jetzt nötig gewesen wäre. „Aus dem Telefongespräch hätten andere bestimmt viel mehr gemacht als ich Trottel! Ich will doch das Gleiche wie Carla, brauche aber viel mehr Zeit als sie. Ich muss mein Zaudern überwinden! Ich bin in dieser Sache offensichtlich ein blutiger Anfänger, oder doch ein Trottel?"

Tom hatte es tatsächlich geschafft, mit seiner Laser-Taschenlampe Eva in der Nacht ans Fenster zu locken – in zwei Kilometern Entfernung! Evas Freude darüber hielt sich jedoch sehr in Grenzen: „Nachts möchte ich eigentlich schlafen", war ihr einziger Kommentar dazu.

Sie sehen sich etwa alle zwei Tage. Allerdings meist gemeinsam mit ihrer ganzen Clique. Tom ist deshalb etwas sauer, er würde lieber mit Eva allein sein. Aber seit Tom seinen Freund Julian bei Eva ständig miesmacht wegen dessen Versuch, bei ihr zu landen, neigt sich Evas Gunst immer mehr Julian zu. Sie weiß plötzlich nicht mehr genau, was sie will. Der Kopf sagt Julian, aber das Herz sagt immer noch Tom. Nach der Konfirmation will sie sich entscheiden!

Toms Zukunftschancen bei Eva glaubt dieser gesichert. Durch ihren ersten Kuss scheint ihm das besiegelt. Das ist erst vier Wochen her und wiegt noch sehr schwer für ihn.

Dass die Eltern befreundet sind, hat nicht nur Vorteile, sagt sich Eva. Von sechzehn-, siebzehnjährigen Freundinnen weiß sie, dass man später einen größeren, unkontrollierbaren Freiraum braucht. Wenn die Eltern befreundet sind, ist das schwieriger.

Toms Drängen, bei Eva mit den Händen Neuland zu entdecken, war durch die ständige Gruppenkontrolle zum Scheitern verurteilt. Erst ab der Oberstufe will man gar nicht mehr mitkriegen, was andere machen, hat ihm einer aus der Oberstufe gesagt. Tatsächlich orientiert man sich aber doch daran, was andere tun. Hier herrscht der Gruppendruck, es den anderen gleichzutun. Ein kontrollierter Lerneffekt während des Tuns – auf Neudeutsch: Learning by Doing.

Kurzum: Tom ist mit seiner Freundschaft unzufrieden, und Eva weiß nicht, was sie will, ist also auch unzufrieden. Lediglich Mutter Natur ist ganz zufrieden mit ihrer Arbeit.

Entscheidungen stehen an

Noch am gleichen Tag, als die Zusage zum Mietvertrag kam, trafen sie sich am späten Nachmittag bei den Homburgs, um die freudige Ankündigung zu besprechen und natürlich auch zu feiern. Danach wollten sie in den Holzweg zu ihrem Waldhaus fahren. Carla hatte dafür bereits einen Picknickkorb mit Essen und Getränken vorbereitet.

Die Freude bei allen war wirklich riesengroß. Zum ersten Mal fielen sie sich in die Arme, küssten und drückten sich im Überschwang ihrer Gefühle, freilich ein Weilchen länger, als das üblich ist. Keiner und keine mokierte sich. Niemand hielt sich zurück. Im Gegenteil, alle fanden die Harmonie wundervoll. Tom und Eva waren natürlich auch dabei.

Ohne sie – wer weiß, was geschehen wäre? Ob Mutter Natur dann nicht schon an diesem Abend ihre Arbeit hätte beenden können? – Zumindest fürs Erste!

Doch heute sind in der angehenden Großfamilie erst einmal andere Entscheidungen zu treffen. René, der gelernte Jurist, überfliegt den Mietvertrag und findet ganz schnell die Knackpunkte. Er liest sie vor:

Erstens: Die im Holzweg verlegte Stromleitung darf nur nach einer Untersuchung durch den Stromversorger wieder aktiviert werden. „Hurra, es gibt eine!", rufen alle. „Sie kann aber teuer werden, wenn sie ersetzt werden muss", kommentiert André.

Zweitens: Auch die Wasserzuleitung, die ebenfalls im Holzweg verläuft, darf erst nach fachmännischer Prüfung wieder unter Druck gesetzt werden.

Kommentar André: „Auch hier, Hauptsache es gibt eine Zuleitung, und so alt kann sie ja wohl noch nicht sein, dass sie schon durchgerostet ist. Ich schätze mal zwanzig Jahre."

Drittens: Abwässer müssen in der vorhandenen Klärgrube geklärt werden! Das geklärte Abwasser muss in die Kanalisation abgefahren werden. Es gibt keinen Kanalanschluss. Die Klärgrube muss erneut zugelassen und behördlich überwacht werden.

Viertens: Circa einhundert Quadratmeter um die Hütte herum dürfen als Freifläche genutzt werden. Jedoch nicht als Gartenfläche, sie muss naturbelassen bleiben. Das Jungholz darf entfernt werden. Eine Einzäunung der Fläche ist nicht erlaubt. Genaueres ist mit dem zuständigen Forstamt zu klären.

Fünftens: Die Zufahrt erfolgt über den Holzweg. Dieser muss vom Pächter befahrbar gehalten werden.

Sechstens: Die Pacht beträgt monatlich dreihundert, jährlich dreitausendsechshundert Euro.

René glaubt, dass die beiden ersten Punkte – Strom und Wasser – durchaus Kosten von zehntausend Euro und mehr verursachen könnten. Zusammen mit den anderen Kosten für die Instandsetzung könnten für jede Familie bis zu fünfzehntausend Euro anfallen – eine hübsche Summe! Die laufenden Kosten wären dagegen relativ gering: pro Familie ca. zweihundert Euro im Monat, das findet er erstaunlich niedrig.

René fährt fort: „Was meint ihr? Wollen wir es wagen? Ich meine, ja! Und wenn wir uns in die Wolle kriegen – was ich nicht glaube –, können wir den Vertrag ja wieder kündigen. Wir können uns aber auch noch mal eine Bedenkzeit einräumen, was meint ihr?"

Die Antwort kommt vielstimmig: „Nein, nein, brauchen wir nicht."

„Also, wer ist für das Projekt? Bitte die Hand heben!"

Zwölf Hände schießen unter Freudengejohle in die Höhe.

„Okay", sagt René, „damit ist das Waldhaus beschlossene Sache. Die Erwachsenen dürfen alle den Mietvertrag unterschreiben. Allerdings erst dann, wenn unser lieber Claus das Wegerecht, die Instandhaltung des Holzweges, die Beschilderung mit Privatweg und hundert weitere Dinge geklärt hat, die alle im Mietvertrag stehen müssen."

Carla mahnt: „Mein lieber René, du hast es auf den Punkt gebracht, wofür wir dir alle danken. Aber jetzt ist es 17.30 Uhr, um 20.30 Uhr wird es dunkel. Also haben wir noch drei Stunden Zeit, um unser geliebtes Waldhaus in Besitz zu nehmen. Nix wie hin!"

Eva kann nicht mitkommen, sie hat Konfirmationsstunde, und Tom hat Training. Also fahren sie ohne die Kinder in Renés Wagen in den Holzweg.

Im Waldhaus angekommen, wurden alle vier sofort in eine andere Welt versetzt. Jeder von ihnen assoziierte schon so intensive Gefühle mit dem Haus, es war für sie eine Welt der Wünsche und der Träume geworden, eine Welt der Liebe und der Harmonie. Jetzt im Frühling, im weichen Licht des Spätnachmittags, wurde dieser Eindruck noch verstärkt.

Selbst das chaotische Durcheinander im Inneren konnte ihren Wunschträumen nicht viel anhaben. Ihre Wunschbilder drängten sich problemlos immer wieder in ihre Realität!

Cathrin erschrak sogar etwas über diesen Tagtraum: Sah sie sich doch tatsächlich mit René, Carla und Claus in zärtlicher, stürmischer Umarmung vor dem brennenden Kamin auf dem Boden liegen! Das Ungeheure, das Wunderbare war geschehen: Jeder liebte jeden. Und das auch noch gleichzeitig – ein Wahnsinn! Neue, unbekannte Gefühle überwältigten sie. Ob ich mit den anderen darüber reden kann?, fragte sie sich. Sie errötete etwas und versuchte diesen Gedanken zu unterdrücken, er wurde ihr zu gefährlich.

Cathrin, die eigentlich etwas Schüchterne, fühlte zur gleichen Zeit mit Freude und Neugier, dass zwischen ihr und René, Carlas Mann, ein besonderes Gefühl am Entstehen war. Sie empfand das aber nicht mehr als etwas Ungehöriges. Alle vier hatten schon oft in Andeutungen, jedoch eindeutig genug über eine Beziehung zu einem anderen Mann bzw. zu einer anderen Frau, neben dem Ehepartner, gesprochen. Sozusagen als Therapie für ihre in die Jahre gekommene Ehe. Alle empfanden solch eine Lösung als ein wunderbares Instrument, ihr Leben aufregender zu gestalten. Keiner hatte etwas daran auszusetzen. Im Gegenteil, alle erfreuten sich an dem Unbekannten, was da gerade auf sie zukam.

Doch die viel weitgehenderen, außergewöhnlich lustvollen Vorstellungen, die Mutter Natur ihr in den Kopf gesetzt hatte, erschreckten Cathrin doch etwas. Wie ein verbotener Film flimmerte vor ihrem geistigen Auge, wie sich alle vier gleichzeitig glücklich machten. Andererseits machten sie diese Bilder rasend neugierig, weckten neue Wünsche. Sie musste dringend mit Carla über ihre Wahnsinnsvorstellungen sprechen!

In der Vergangenheit hatte sie immer die Nase gerümpft, wenn sie von solchen „Über-Kreuz-Verhältnissen" gehört hatte. Und nun entwickelte sie selbst lustvollste Gedanken dazu. Initiiert von Mutter Natur und ausgelöst durch die Magie dieses geheimnisvollen Ortes.

Auf Anraten von Tom suchten alle mit Begeisterung am Boden des Hauses die Abdeckplatte des Revisionsschachts, in dem das Absperrventil der Wasserleitung sein müsste. Außerdem suchten sie die Stelle, wo die Elektroleitung im Haus ankam. In irgendeinem Kästchen würde sie enden, sagte Claus. Der Berg von Brettern, Brennholz und Gerümpel musste deshalb immer wieder umgeschichtet werden, bis sie endlich fündig wurden. Meist suchten und räumten sie in gebeugter Haltung. Dabei berührten sie sich unwillkürlich, aber auch willkürlich, immer wieder. Und wenn sie endlich zusammengestoßen waren, verharrten beide Havaristen gerne ein ganzes Weilchen in diesem aneinandergedrückten Zustand, bis sie sich schweren Herzens wieder von diesem angenehmen Körperkontakt lösten.

Die anderen zwei sollten natürlich nichts vom dem gewollten Zusammenstoß merken. Also redeten sie weiter und führten ihr Gespräch fort, als wäre nichts geschehen: „... Hier ist aber auch ein Gerümpel drin, wo das nur alles herkommt?" ... und so dummes Verlegenheitsgerede!

Natürlich achtete jeder ganz genau auf die anderen, wie weit er oder sie in seinen ungeübten Annäherungen ging. Ob sie sich küssten, wo sich ihre Hände befanden usw. Doch wie schon zuvor war jeder mit allem einverstanden, keiner übte Kritik. Das war ja auch verständlich: Jeder war von dem gleichen Wunsche beseelt, möglichst viel Körperkontakt zu bekommen, um schnellstens den Auftrag von Mutter Natur lustvoll erfüllen zu können. Er lastete täglich schwerer auf ihren Lenden!

Jeder erwartete, dass einer von ihnen nicht mehr länger warten konnte oder wollte und mitten im Gerümpel anfangen würde, seine Angebetete auszuziehen, um sie im Stehen ...

In Gedanken waren alle bei der gleichen Sache, sie wollten es alle. Bei Claus und René war die Enge in der Hose unerträglich geworden. Aber es musste mal wieder ohne Erlösung gehen.

Als die wichtigen Stellen für Wasser und Strom gefunden waren, schwenkte Carla den mitgebrachten Picknickkorb und schlug vor, eine Pause zu machen. Alle folgten ihr widerspruchslos nach draußen in die angenehme, wohlriechende Waldluft.

Aus ein paar alten Brettern und Balken, davon gab es in der Hütte genug, waren schnell Sitzgelegenheiten und so etwas wie ein Tischchen gebastelt. An dem kleinen Bächlein neben dem Haus konnten sie sich sogar die Hände waschen. Carla hatte an alles gedacht, auch an Servietten, auf die man sein Schnittchen ablegen konnte. Sogar ein Öffner für die Rotweinflasche, auch vier Gläser waren in ihrem Korb.

Wie sich alles durch gelenkte Zufälle und Mutter Natur wunderbar fügte, saßen nicht die Ehepartner nebeneinander, sondern Carla mit Claus auf der einen und Cathrin mit René auf der anderen Seite des Tisches. Die Kinder waren nicht dabei, also waren alle auch etwas gelöster als sonst. An Körperkontakt fehlte es jetzt nicht mehr, wenn sie nur dicht genug zueinander rückten – was sie auch taten. Sie vesperten und scherzten miteinander.

In den folgenden Minuten geschah in den Köpfen der vier etwas Wesentliches. Es sah so aus, als ob sie langsam beginnen würden, die Deckung zu verlassen, die sie bisher noch von ihren Gefühlen ferngehalten hatte. Sie zeigten plötzlich viel mutiger, was sie empfanden.

Ja, es gehörte schon Mut dazu, sich offen zu seinen Gefühlen zu bekennen, denn ihre komplette Moralerziehung spricht ja dagegen. Aber es ist nun mal auch eine Tatsache, dass alle vier, dank Mutter Natur, große Gefühle füreinander empfinden, sich in starker Liebe miteinander verbunden fühlen. Die Männer sind keine Konkurrenten mehr, sondern gute Freunde. Das alles kannten sie bisher nicht. Dazu wollen sie nun auch stehen!

Es ist angenehm zu sehen, wie liebevoll und zärtlich alle miteinander umgehen. Es zeigen sich keinerlei Symptome von Eifersucht, Hackordnung oder ähnlichen Unwägbarkeiten. Sie küssen sich einfach immer wieder. Fassen sich an, streicheln sich auch intim, so wie Verliebte das heimlich tun.

Erfahrene Leser mögen jetzt vielleicht zu bedenken geben: „Abwarten, die Probleme werden noch kommen! So eine Viererehe hat noch nie über längere Zeit gehalten! Mindestens einer ist immer abgesprungen. Derjenige, dessen Gefühle nicht mitgespielt haben. Der es nicht ausgehalten hat, dass ein anderer vor seinen Augen mit seiner Frau schlief."

„Mag sein, wir werden sehen", würde Carla antworten. Man sollte ihnen aber eine faire Chance geben, ihr Glück so zu schmieden, wie sie es gerne haben möchten. Beispiele für ungewöhnliche Ehen, die mittlerweile toleriert werden und auch halten, gibt es schon genug. Siehe Schwulen- und Lesbenehen. Auch Moralvorstellungen können falsch sein und sich ändern. „Alles hat seine Zeit", sagt Mutter Natur dazu!

Liebe Leser, sehen Sie die fortgeschrittene Situation genauso positiv wie die vier? Soll die Viererehe weiterhin eine faire Chance haben?

Claus versuchte dann einen kleinen Terminplan aufzustellen: „Was noch alles zu erledigen ist, damit der Mietvertrag in trockenen Tücher ist – darum kümmere ich mich! Das müsste in zwei Wochen zu schaffen sein", glaubte Claus.

„Wir sind uns doch alle einig, dass wir den Mietvertrag mit allen Ergänzungen von René, unserem Oberjuristen, formuliert haben wollen, oder?" – „Ja natürlich!", bestätigten alle. „Was wir dazu beitragen können, machen wir gerne. Bitte sieh zu, dass alles schnell geht, lieber Claus." – „Das Warten fällt uns sehr schwer!", verstärkte Carla.

Claus plante laut weiter: „Die nächsten Schritte, Strom- und Wasseranschlüsse aktivieren, gehen sehr schnell. Wenn die Leitungen in Ordnung sind, dauert das ca. eine Woche. Wenn nicht, kostet das drei Monate und sehr viel Geld.

Entrümpeln, Sanitärelemente im Bad erneuern, fertige Duschkabine im Bad aufstellen, einfachste Einbauküche einbauen, innere Balkenwände mit neuer Lasur versehen, Betonfußboden eventuell mit Holzpaneelen auslegen, alles zusammen kostet etwa zwei Monate Zeit und einen ganzen Batzen Geld. Ich schätze mal, wie schon vor Wochen von René kalkuliert, dass für jede Familie zehn- bis fünfzehntausend Euro fällig werden.

Wenn wir allerdings noch weitere Schlafräume abtrennen wollen, wird es sehr viel enger und auch teurer. Ich denke jedoch, das brauchen wir nicht. Und wenn die Kinder mit übernachten wollen, müssen wir eventuell noch eine oder zwei Liegen in die Küche stellen.

Wenn alles reibungslos verläuft, könnten wir unser Wochenendhäuschen in zwei Monaten einweihen!"

„So lange dauert das?!", fragte Cathrin. „Not-Einweihungen sind selbstverständlich schon sehr viel früher möglich", antwortete Claus mit einem süffisanten Grinsen. „Was haltet ihr von meinem Plänchen?", fragte er in die Runde.

„Du bist ein Planungsgenie", antwortete Carla, die Frau von René. Sie zog ihn zu sich hoch, umarmte und küsste ihn so stürmisch und lange, dass ihm ganz mulmig wurde. Zumal er die wundervollen Kurven ihres Körpers unter ihrem dünnen Sommerkleid voll spüren konnte. Seine Erregung war nicht zu verbergen. Kathrin und René nahmen die Gelegenheit wahr und taten es ihnen gleich. Dabei durften sich endlich auch mal ihre acht Hände alle gleichzeitig aneinander erfreuen. Sie streichelten, tasteten und forschten überall, auch in allen Senken und Spalten, so gewissenhaft, dass allen der Puls und der Atem schneller gingen. Sie genierten sich überhaupt nicht mehr voreinander. Ihre Gefühle, die voller Lust und Freude waren, beflügelten sie zu immer mehr gewagten Küssen: die Beine hinauf, bis es nicht weiter ging, die Arme entlang bis zu den zarten Hügeln.

Sie strahlten und lobten sich wegen ihres Mutes. Ihr Vertrauen zueinander wuchs immer mehr, genauso wie das Verlangen nach dem Körper ihrer Begierde.

Alle fanden die Welt an diesem Abend so wunderschön wie schon lange nicht mehr.

Ruhig waren alle geworden. In zärtlicher Umarmung saßen sie noch eine halbe Stunde auf den Brettern vor ihrem Blockhaus, gleich neben dem murmelnden Bächlein. Sie lauschten der heraufziehenden Nacht. „Noch ein letzter Schluck auf unsere Zukunft!", rief René. – „Prost!"

„Spannend wird sie garantiert", meinte Claus, der immer noch etwas Zögerliche. Sie räumten die Bretter wieder ins Haus, verschlossen alles sorgfältig und fuhren zurück.

Der Zufall hatte Claus und Carla die besseren Plätze auf den Rücksitzen zugewiesen. Und das nicht ohne Grund. Wussten alle doch ganz genau, dass Claus mit seiner Zögerlichkeit mehr Unterstützung und mehr Anreize brauchte, damit ihr Viererexperiment gelänge. Er war das schwächste Glied in der Viererkette, er durfte nicht abspringen, sonst wären alle ihre Bemühungen um ihre freudvolle Arterhaltung umsonst!

René ist aus einem ganz anderen Holz geschnitzt als der vorsichtige, zaghafte Claus. Auch seine Gedanken gelten dem Erhalt seiner Ehe mit Carla. Er weiß aber auch, dass die Zufriedenheit seiner Carla an einem kritischen Punkt angekommen ist, der seine Ehe durchaus gefährden kann. Nur Claus kann das verhindern! Ist das nicht Wahnsinn? Nur wenn Claus der Geliebte von Carla wird, ist die Ehe von Carla mit René gesichert!

Dieses Viererkonstrukt, das alle so gerne möchten, woran sie alle arbeiten, nennen wir es Doppelehe, erscheint René deshalb so hilfreich, weil er dann auch mit Cathrin, der Frau von Claus, quasi verheiratet wäre, in die er sich sofort beim ersten Wiedersehen am Waldhaus nach vielen Jahren verliebt hat. Eine genauso wunderschöne und geistreiche Frau wie seine Carla. Und Cathrin ist gerade dabei, sich auch in ihn, in René zu verlieben. Täglich ein wenig mehr. Bei ihrer täglichen Tasse Kaffee in Frankfurt, nahe der EZB, wo sie arbeitet, wird ihr das immer mehr bewusst.

Wenn also die Gefühle bei allen Beteiligten stimmen, wenn alle sich gut verstehen, ja sogar lieben, und wenn dann auch noch alle die gleiche tolerante, intellektuelle Denkweise haben, dann wäre es doch frevelhaft dumm, das „einmalige Glück für alle" nicht bei den Hörnern zu packen! Das empfanden alle so! Auch Mutter Natur nickte heftig – nach diesem langen und richtigen Satz.

Und wie stehen Sie, lieber Leser, liebe Leserin, zu dem Gedanken „Doppelehe"?

Natürlich bedenkt René als Jurist auch die Gesetzeslage. Eine „Viererehe" gibt es rechtlich natürlich nicht in Deutschland! Deshalb sollten Kinder daraus möglichst nicht entstehen.

Mutter Natur ist mit diesem Gedanken von André ganz und gar nicht einverstanden. Denn sie kämpft für das Gegenteil: für mehr Kinder! Egal ob innerhalb oder außerhalb einer Ehe.

„Eine Ehe mit Moralvorschriften ist für mich ohnehin nur ein Verhütungsmittel", schimpft Mutter Natur. „Kinder braucht die Natur!"

Hier kämpfen offenbar zwei starke Kräfte gegeneinander: die menschliche Vernunft, die nur wenige Kinder haben möchte – damit sie gut ernährt werden können – gegen die Forderung der Natur, die möglichst viele Kinder haben will – damit die Art erhalten bleibt.

Was ist richtig? Irgendein Schöpfer hat nun mal die Frau so geschaffen, dass sie in den Jahren zwischen fünfzehn und fünfzig theoretisch fünfunddreißig Kinder bekommen könnte. Das wären in der Tat einige zu viel für jede Frau!

Der Verweis, die früheren Zeiten der Menschheit – ohne Hygiene, ohne Medizin, mit hoher Kindersterblichkeit – hätten diese hohen Reproduktionsraten erfordert, stimmt nur bedingt. Denn der Schöpfer hätte ja auch, nachdem der Bedarf an Kindern nicht mehr so hoch war, das Kinderkriegen der Frau nur bis vierzig Jahre beschränken können. Die Frauen wären ihm dafür sehr dankbar gewesen. Hat er aber nicht! Irgendetwas mit der Rückkopplung stimmte da wohl nicht!

Renés Gedanken gehen in die Zukunft: Der Vaterschaftsnachweis muss bei Bedarf die finanziellen Folgen regeln. Er war früher nur schwer zu erbringen. Heute jedoch, dank des Gentests, ist das problemlos möglich. Selbst bei fast gleichzeitiger Vereinigung mit zwei verschiedenen Partnern ist feststellbar, wer von den beiden der biologische Vater ist. „Von dieser Seite drohen also keine Probleme mehr. Selbst dann nicht, wenn wir noch Kinder wollten", sinniert René weiter.

„Probleme könnten aber durch die Psyche Einzelner entstehen: Probleme wie die in einer normalen Ehe auch, während der Schwangerschaft, die durchaus zu großen Schwierigkeiten zwischen den Ehepartnern führen können. Bei vieren im Bunde wäre das Risiko des Scheiterns mehr als doppelt so hoch."

Ihm kommen seine Erfahrungen in den Sinn aus der Zeit, als er Scheidungsrichter war. Was er sich da an Ausreden der Männer für ihr Fehlverhalten alles anhören musste ... das ging auf keine Kuhhaut!

„Sollten sich in einigen Jahren solche Lebensmodelle mit drei, vier oder gar fünf im Bunde durchsetzen, dann könnten diese Menschen, nach der zweiten Sturm-und-Drang-Zeit, unbemerkt in ihre wunderbare, gewachsene Alters-WG hinüberwechseln. Vier Menschen, die sich nahe sind, können sich gegenseitig viel besser helfen. Auch ökonomischer wirtschaften könnten sie. Das Risiko, allein zu sein, wovor alle Angst haben, würde stark sinken. Eine Zukunftsperspektive, die bereits heute von vielen alten Menschen gesucht wird." Das alles geht René, dem Juristen, durch den Kopf.

Als sie das Haus von Cathrin und Claus erreichten, hatten sie sich bereits alle mit kleinen Zärtlichkeiten voneinander verabschiedet. Das war gut so, denn gerade als sie anhielten, kamen Tom und Eva aus dem Haus.

Eva war am Abend bei Tom. Er hatte sie nach der Konfirmandenstunde abgeholt. Sie hatten wieder eine heiße Diskussion wegen Julian, der nicht lockerlässt und sich weiter um Eva bemüht. Tom glaubt indes, dass er wegen Julian nicht das kleinste Schrittchen bei Eva vorankommt. Ein zaghaftes Küssen, Händchen halten, das war's auch schon. Das ist Tom einfach zu wenig!

Na ja, wirft Mutter Natur ein, Eva ist ja auch erst knapp fünfzehn und Tom nur ein Jahr älter. Er glaubt natürlich, er sei schon ein Mann. Er hat schließlich beim Onanieren schon eine gewaltige Ejakulation. „Das zählt aber nicht", resigniert er. Sonst dürfte er etwas mehr Entgegenkommen von Eva erwarten, bildet sich Tom ein.

Dass er seine Hände bei Eva vollkommen unter Kontrolle halten muss, fällt ihm besonders schwer. Das richtige Maß wird er sicher noch finden, hofft Tom.

Bei den zweien knirscht es ganz ordentlich, aber sie lieben sich noch, sie „gehen" noch miteinander.

Alle leben in einer Zeit, die von jedem viel Standhaftigkeit fordert: Eva als Jungfrau sowieso, mit ihren starken Moralvorsätzen erst recht. Zusätzlich kämpft sie gelegentlich mit ihren Gefühlen: Tom versus Julian. Tom kämpft auch mit seiner Liebe, die er nicht genügend erwidert sieht. Er kämpft mit seinen sexuellen Vorstellungen und Wünschen. Er verschleudert eine Unmenge Erbmasse „unter der Hand". Und Julian begehrt Eva, er kämpft immer noch um sie.

Mutter Natur versteht sie alle! Sie freut sich über jedes kleine Schrittchen hin zur Erhaltung der Art, hin zur Übergabe der Erbmasse! Das ist ihr Ziel.

Es war noch nicht ganz dunkel, Tom wollte Eva gerade nach Hause bringen, als sie das Auto mit ihren Eltern kommen sahen. Nach kurzer Begrüßung und vielen Fragen zum Waldhaus fuhr Eva auf ihrem Rad hinter ihrem Vater her. Und weil in der ganzen Stadt nur noch 30 km/h zugelassen sind, hatte die erfahrene Radfahrerin keine Probleme, ihm zu folgen.

Hoch oben in ihrem Penthouse angekommen, erkundigten sich Carla und René ganz vorsichtig bei Eva, wie es denn so stehe in ihrer Beziehung zu Tom. Was sie denn so machen würden, wenn sie allein in der Wohnung seien. Sofort brauste Eva auf: „Was meint ihr denn wohl? Denkt ihr, wir hüpfen durch eure Betten, oder was? Ich muss schon sagen – ich bin sehr erstaunt über eure Meinung, das hätte ich nicht gedacht!" Sie schluckte heftig, sie war zornig.

Es entspann sich das typische Elterngespräch mit einer halbwüchsigen Tochter, die noch nicht die Pille nimmt, aber schon einen Freund hat. Mit all den Ängsten um eine ungewollte Schwangerschaft. Um die Folgen der Unerfahrenheit beider in solchen Dingen.

Eva fing an zu weinen, und das mit Recht. Denn mit ihren unterschwelligen Vorwürfen haben die Eltern ihrer Eva bitter unrecht getan. Sie ist bereits heute, in ihren jungen Jahren, ein sehr verantwortungsbewusster Mensch. Viele Erwachsene könnten sich eine Scheibe davon abschneiden.

Bei aller Neugier am Leben und am anderen Geschlecht – sie würde niemals etwas tun, von dem sie weiß, dass es ihren Eltern nicht recht wäre oder dass sie darunter leiden würden. Das wussten René und Carla eigentlich schon vorher. Jetzt, nach ihrem provozierenden, etwas unfairen Gespräch, kennen sie ihre Tochter noch besser. Ja – sie wissen, was sie falsch gemacht haben. Im Übrigen fühlen sie sich nicht besonders gut mit ihrem unangebrachten Misstrauen gegenüber Eva, die mit ihrer Moralvorstellung ihre Eltern glatt in den Schatten stellt. Eine bessere Tochter als Eva könnten sich die Homburgs gar nicht wünschen!

In der Familie Bernauer mit Sohn Tom erfolgte an diesem Abend ein ganz ähnliches Gespräch. Natürlich sehr viel weniger streng und schon gar nicht in solch inquisitorischer Schärfe wie bei Eva. Tom ist schließlich ein männliches Wesen! Und was wirklich schlimm ist: Für männliche Wesen gelten in Deutschland, trotz Grundgesetz, immer noch andere Regeln als für weibliche Wesen. Vornehmlich in diesem Alter. Die gleichen Fragen wurden deshalb mit viel Verständnis für Toms Situation und ohne jeglichen unterschwelligen Vorwurf gestellt. Es war sogar lustig, als Tom von seinen zaghaften Küsschen sprach, die er geben durfte.

Erst als Claus und Cathrin bemerkten, dass ihr Sohnemann glaubte, an Eva Forderungen stellen zu dürfen, wurden sie doch etwas hellhöriger. Ihr Ton wurde eine Spur ernsthafter, als sie ihm den Unterschied zwischen freier Willensentscheidung und Nötigung erklärten. Auch dass die Regeln in einer solchen Beziehung immer frei von Zwang sein müssen. Und dass eine Forderung, wie er sie glaubt, stellen zu dürfen, in der zugespitzten Form einer Nötigung gleichkommt. „Nötigung ist strafbar", sagte Claus mit fester Stimme.

Tom war etwas erstaunt, man sah es ihm an, er nahm den Tadel aber widerspruchslos zur Kenntnis, nuschelte so etwas wie „Gute Nacht!" und ging dann schlafen.

Claus schaffte es tatsächlich in den nächsten zwei Wochen, im Waldhaus wieder Strom und Wasser fließen zu lassen. Der Holzweg musste nicht aufgegraben werden. Alle atmeten auf, die Kosten wären sehr schmerzhaft gewesen. Vom Wildwuchs befreit, war er nun wieder befahrbar geworden. Auch die zwei vorgeschriebenen Verkehrsschilder: „Gesperrt" und „Anlieger frei" standen wenige Tage später. Alle halfen mit bei der Entrümpelung. Die Männer verlegten diverse Lichtleitungen, hängten Lampen auf und wollen demnächst anfangen, die Innenwände zu lasieren. Eine kleine Einbauküche wie auch die Duschkabine sollten in den nächsten Tagen eingebaut werden. Vieles wurde von Handwerkern gemacht. Dennoch gab es einige Arbeiten, die von ihnen selbst erledigt werden mussten. Ein Minimum an Hausrat in Form von Campingmöbel bekamen sie von Bekannten geliehen. Es konnte nun losgehen mit den Arbeiten, wo alle mit anpacken konnten.

Wie sie das mit den Betten machen wollten, mussten sie noch besprechen. Fürs Erste könnten es auch aufblasbare Matratzen sein. Die hätten den Vorteil, dass man sie überall hinschieben könnte. Auch Paravents könnten von Vorteil sein. Gästebetten zu haben, war nie falsch.

Die Instandsetzung des ersehnten kleinen kuscheligen Häuschens, in dem schon so viele geheime Wünsche steckten, näherte sich der Vollendung.

Würde man die vier fragen, ob sie sicher seien, dass sich ihre Wünsche in diesem kleinen Haus erfüllen würden, dann würden sie antworten: „Na klar! Wir haben doch unsere Wünsche, Erwartungen und Ziele ganz klar formuliert. Jeder von uns wünscht sich doch das Gleiche. Was soll da noch schiefgehen?" Auch Mutter Natur nickte bestätigend.

Claus, der Lehrer, und Carla, die Hausfrau, haben die meiste freie Zeit. Sie wollen freiwillig mehr Arbeit leisten, was nicht ganz frei ist von Nebengedanken: So kommen sie sich sehr nahe. Damit werden aber auch die Renovierungskosten gerechter auf beide Familien verteilt; jedoch interessieren sie kleinkarierte Gedanken über Geld im Moment überhaupt nicht. Sie haben Schöneres im Sinn.

Sie möchten nicht auf dem billigen rauen Stoff in einem alten Auto in Windeseile ihrem Paarungsdruck folgen, wo man sich auch noch die Knie wund scheuert und womöglich auch noch in großer Eile Papiertücher zum Fenster rauswirft, wie man es allenthalben auf Parkplätzen im Wald sieht. Nein, das wäre unter ihrer Würde! Das wollen die beiden nicht! Sie haben höhere Ansprüche, ein edleres Ziel.

Sie wollen, ihrer großen Liebe angemessen, allen Luxus und alle romantischen Accessoires dieser Welt für diesen einen Moment ihrer Hochzeit bereithalten. Im warmen Licht von hundert Duftkerzen, beim Klang der Hymne an die Freude und bei einem edlen Sauvignon Blanc wollen sie auf einem weichen Bärenfell, aber mit harter Unterlage, stürmisch ihre Liebe feiern. Wie von Mutter Natur gefordert!

Die harte Unterlage deshalb, damit der erregende, makellose, knackige Po von Carla – der keinen Vergleich in der Welt zu scheuen braucht – nicht zu tief in der Unterlage versinkt. Das würde bei stürmischer Interaktion ganz schön stören! Wenn zum Beispiel Carlas Lustzentrum plötzlich zu weit zurückweichen würde.

So kann Claus mit seiner beachtlichen Größe von fast 10 Zoll mal 2 Zoll wie gefordert sein Erbgut zur Arterhaltung wunschgemäß tief und sicher bis fast in Carlas Nisthöhle verbringen. Die Spermien werden es ihm danken. Der kürzere Weg macht es ihnen leichter, sich erfolgreich mit Carlas Eizelle zu verbinden.

Wenn der eine oder andere Leser schnell bei sich nachgemessen hat und auf nur 17 Zentimeter kam, dann seien Sie nicht enttäuscht. Sie können Ihrer Frau beruhigend sagen, dass 17 Zentimeter in Mitteleuropa ein guter Mittelwert sind! Und dass heute in den allermeisten Fällen eine medizinische Verlängerung durchaus möglich ist.

Bei ganz schwierigen Nachwuchssorgen, also bei großer Not, sollte auch noch ein hartes Kissen bereitgehalten werden, als Stütze für den Gesäßbereich! Damit die Penislänge von 17 Zentimetern ausreicht. Das jedenfalls empfehlen Mediziner zur Beseitigung hartnäckigster Kinderlosigkeit.

Ob sie Mutter Natur wirklich stark genug unterstützen werden, wissen Claus und Carla noch nicht. Was sie jedoch wissen: Die gewagtesten Varianten ihrer sexuellen Vorstellungen sollen die Heftigkeit ihrer Pflichterfüllung so steigern, dass sich die Balken ihres Blockhauses biegen. – Ja, so stürmisch soll es werden!

Selbst Mutter Natur errötet vor so viel Größe, Stärke, Lust und heftigster Manneskraft! Sie muss wegschauen! Vieles hat sie schon in ihrem ewigen Leben gesehen, aber so etwas wie Claus ... nein, nein, sie will es nicht glauben. Sie schaut aber doch noch mal ganz genau hin, um sich zu vergewissern, dass es keine optische Täuschung ist, was sie da sieht. Sie will sich alles gut einprägen. Sie möchte ja nichts Falsches erzählen in ihren Fachkreisen.

Ja, genau so wünschen sich Claus und Carla ihre erste Nacht. Für diesen Höhenrausch arbeiten sie gerne etwas mehr. Auch damit die Zeit bis dahin nicht zu lange wird und die Enthaltsamkeit nicht gar zu sehr auf die Probe gestellt werden muss.

Sollte allerdings, was zu vermuten ist, vorher ein von Mutter Natur gewollter Notstand eintreten, so ist das kein Problem – kann Claus doch die vorsorglich schon gekaufte, extrabreite Luftmatratze flugs aus dem Kofferraum holen! Die große Liebesfeier mit den hundert Kerzen und dem edlen Sauvignon Blanc würden sie dann auf alle Fälle nachholen!

Übrigens, in den sozialen Netzwerken wird immer gefragt: „Was wollten Sie sexuell schon immer einmal ausprobieren?" Die größten Speicher, selbst die Clouds würden in Windeseile überlaufen, wenn alle Menschen ihre Sexträume gnadenlos da hineinschreiben würden. Doch niemand tut es. Was eigentlich schade ist. Sie könnten doch damit vielen falsch erzogenen und dadurch verklemmten Menschen helfen. Ihnen helfen, zu erkennen, dass sie ganz normale Wünsche haben. Die ersten Schritte im Netz sind ja bereits getan. Und mit etwas Mut könnte die Flower-Power-Zeit ein fröhliches Comeback feiern.

Diesmal wären die Senioren wahrscheinlich nicht mehr dagegen, so wie damals. Sie haben dazugelernt. Sie würden schwungvoll mitmachen – wenn's denn noch geht! Mutter Natur schmunzelt.

Wer zu spät kommt …

Carla und Claus können es kaum erwarten, tagsüber gemeinsam im Waldhaus werkeln zu können. Stundenweise wären sie dann allein. Aber müssten sie sich nicht vorher besser kennenlernen?, fragt sich Claus, der ewig Zögerliche, der immer noch nicht seinen Wünschen folgen will. Carla hat diese Probleme nicht, traut sich aber auch nicht, das Handeln selbst zu beginnen.

Ihre Gedanken beschäftigen sich mit der Vergangenheit der anderen. Sie kennen sich erst seit Kurzem. Es gibt noch so viel zu fragen über alltägliche Dinge wie auch über die fast vergessenen. Jede Einzelheit ihres bisherigen Lebens kann von Bedeutung sein! Ja, sie wollen sich besser kennenlernen und hoffen auf die Stunden im Waldhaus! „Wo keine Fragen gestellt werden, gibt es auch keine Antworten." Wer das auch immer sagte, er hatte recht!

Claus hätte längst die nötigen Informationen und noch viel mehr von Carla haben können. Aber er hat sie nicht gefragt. Nach der Schule hätte er nur auf einen Kaffee zu ihr fahren müssen. Sie hatte es ihm angeboten. Doch Claus traute sich nicht, er zögerte, er hatte Bedenken: „Was soll Eva von mir denken, wenn ich bei dir sitze, Kaffee trinke und René ist nicht dabei?" – „Aber wir sind doch Freunde!", antwortete Carla. Doch Claus empfand das irgendwie als suspekt, als ungehörig. Er brauchte eben etwas mehr Zeit.

Er kennt aber auch die Geschichte von der Häsin, die ihrem Hasen vom Panier sprang, weil der sich zu lange ausruhte. Claus ist schon klar, dass es ihm wie diesem Hasen ergehen wird, wenn er zu lange zögert. Im Waldhaus, so denkt er, könnte er sich endlich von seiner Verklemmung befreien und das tun, was er eigentlich will, was er sich immer wieder lustvoll in allen Farben ausmalt.

Schuld an seinem verknoteten Innenleben gibt er seinem Elternhaus. Er glaubt, eine falsche Erziehung hätte ihm das Übel eingebrockt. Seine religiösen Eltern sahen damals bei der Jugend das Ausloten von Grenzen nicht als einen notwendigen Prozess zur Reife, sondern als ein ungehorsames Verhalten. Ihre total überzogenen mentalen Überzeugungen hatten bei dem ohnehin etwas willensschwachen Claus schwerwiegende Folgen, mit denen er heute noch zu kämpfen hat: ein schwaches Selbstbewusstsein mit einer ausgeprägten Entscheidungsschwäche. In seinem Beruf als Lehrer werden diese Mängel nicht so offenbar. Hier sind andere Kriterien entscheidend. Hier kann er festgelegten Regeln folgen, um Erfolg zu haben!

Der Prozess des Kennenlernens ist bei Cathrin und René schon weit fortgeschritten. Bei den vielen Tassen Kaffee in den Mittagspausen in Frankfurt konnten sie sich schon sehr viel aus ihrem Leben erzählen. Auch kennen sie inzwischen ganz genau die Wünsche des jeweils anderen. Kein Wort haben sie bisher über ihre Liebe gesprochen. Es sind die nonverbalen Informationen wie Blicke, Gesten und Berührungen, die alle Fragen stellen und sie auch sofort beantworten. Die Zeit gestaltet sich wundervoll für die beiden. Ihre Fantasie eilte ihnen voraus: Mitten auf der Zeil zogen sie sich gegenseitig mit den Augen nackt aus und liebten sich ungeniert. Und das im Hochbetrieb während der Mittagszeit. Sie strotzen nur so vor Selbstbewusstsein, Fantasie und Tatendrang, sonst hätten sie nicht diese gewagten Tagträume, über die sie gerne ganz leise sprechen. Oft mit sichtbaren Folgen.

Diese beiden sehen nur noch sich selbst, mit einem zartrosa Himmel über sich. Sie drängen zueinander und warten! – Warten, wie die anderen beiden auch, „auf das Waldhaus", das ganz, ganz schnell fertig werden muss! Mutter Natur treibt alle an!

Kollegen

Cathrin wie René begegnen immer häufiger Arbeitskollegen aus der Bank bzw. dem Gericht, wenn sie sich auf der Zeil treffen. Sie grüßen mit großer Selbstverständlichkeit zurück und finden überhaupt nichts Anstößiges an ihren Treffen bei einer Tasse Kaffee.

Die Kolleginnen und Kollegen können natürlich nicht wissen, dass diese Treffen auf der Zeil von ihren Ehepartnern nicht nur genehmigt, sondern sogar gutgeheißen und gefördert werden. Na ja, ist ja auch nicht ganz alltäglich und nicht ganz leicht zu verstehen.

Als jedoch Cathrin von einer Kollegien aus ihrem Büro gefragt wurde: „Sag mal, Cathrin, weiß Claus eigentlich, dass du jeden Mittag mit diesem Gerichtspräsidenten Kaffee trinken gehst?", musste sie in ihrer Verlegenheit antworten: „Ja, natürlich weiß er das, er ist doch der Schwager von Claus." – „Na, dann bin ich ja beruhigt! Ich frage deshalb, weil ich von einem anderen Richter gefragt wurde, ob beim Herrn Präsidenten wieder etwas im Busch sei. Du weißt vielleicht nicht, dass er vor Jahren schon einmal eine Liaison mit seiner Sekretärin hatte, die fast zur Scheidung führte." – „Doch, doch, Claus hat mir davon erzählt. Ich danke dir für den gut gemeinten Hinweis."

Cathrin war der Schreck aber doch ganz schön in die Glieder gefahren. Spätestens jetzt musste sie erkennen, dass ihr selbstverständliches Auftreten mit René in der Öffentlichkeit Probleme mit sich bringen könnte. Und das nicht wie üblich durch einen eifersüchtigen Ehepartner, sondern durch ihre „besorgten" Berufskollegen! Sonderbar, die gleichen Kollegen, die sie mit ihrem sexistischen Gequatsche schon lange anmachen wollten, kümmerten sich nun scheinheilig besorgt um das Wohlergehen ihrer Ehe! „Müssen Kollegen und Kolleginnen so link sein?", fragt sich Cathrin.

Natürlich können sie nicht wissen, dass alles, was sie da sehen, mit vollem Einverständnis ihres Ehepartners geschieht. Also wittern sie Ehebetrug. Und weil sie nicht selbst das Objekt der Begierde sein dürfen, verurteilen sie Cathrin nun wegen unmoralischen Verhaltens.

Das scheint ein ganz normales männliches Denken zu sein: Weil sie von Mutter Natur nicht für den Betrug ausgewählt wurden, verstehen sie die Welt nicht mehr. Sie werden sauer, manchmal sogar bösartig.

„Natürlich ist das alles sehr kompliziert, sie können das ohne Nachfragen gar nicht verstehen. Ich verstehe es ja selbst kaum", sagt sich Cathrin. „Aber etwas scheinheilig sind sie schon, diese Männer", schimpft sie vor sich hin.

Ab morgen wollen sie, dem Seelenfrieden ihrer Kollegen zuliebe, ihre Treffen unauffälliger gestalten: nicht immer das gleiche Café besuchen. Das beschließen René und Cathrin bei der Heimfahrt im Zug.

Im Parkhaus am Bahnhof steigen sie in Andrés Wagen und fahren in seine Wohnung. Er will sich nur umziehen, zum Arbeiten im Waldhaus. In der Wohnung angekommen, ist jedoch niemand zu Hause. Auf einem Zettel von Eva auf dem Küchentisch steht eine kurze Nachricht, dass Carla schon ins Waldhaus gefahren sei, um dort mit Claus zu arbeiten. Sie selbst sei bei ihrer Freundin Caroline – sie komme später nach, schreibt Eva in ihrer kraligen Linkshänder-Schrift.

Versuchungen

Wow, diese Wunschvorstellung, allein in der Wohnung zu sein, hatten sie schon oft in leisen Gesprächen besprochen, oft mit ausschmückenden Andeutungen und glänzenden Augen. René sagte sofort: „In den nächsten zwei Stunden sind wir hier alleine." Und nach einer kleinen Pause fügte er hinzu: „Es sei denn, dein Sohn Tom kommt auf die Idee, meine Tochter Eva zu besuchen, sie sind schließlich befreundet, sie dürfen das."

Jetzt, wo ihr gemeinsamer Wunsch in erfüllbare Nähe gerückt ist, ist André unsicher geworden. Unsicher, ob es richtig ist, vorzupreschen. Immer wieder hatten doch alle vier das Waldhaus als Gralsburg ihrer Erfüllung angesehen, wo kein Störenfried auftauchen kann, wo keine hektische Eile herrscht. Wo sich alle beruhigt fallen lassen können in die berauschenden Tiefen ihrer höchsten Gefühle. Dafür stand das Waldhaus von Anfang an.

So war André irgendwie sogar dankbar dafür, dass Tom auftauchen könnte und damit das Risiko bestand, erwischt zu werden. Doch angesichts des Alleinseins mit Cathrin hier in seinem Schlafzimmer verwarf er diese Risikogedanken wieder und sagte sich: „In der nächsten halben Stunde wird er schon nicht kommen, vielleicht sollten wir es doch wagen!" Doch seine gute Erziehung setzte sich durch.

Hier musste er sich mit Argumenten der Vernunft gegen Mutter Natur dursetzen. Es meldete sich sein schlechtes Gewissen. Er fragte sich, ob er Cathrin überhaupt zumuten dürfe, auf die Schnelle, ganz unromantisch, unter Angst und Zeitdruck ihr erstes intimes Zusammensein zu gestalten. Das Negativbeispiel Autosex kann ihm in den Sinn. „Ich glaube, das würde sie auch nicht mitmachen", glaubte er – mit Recht. Stürmisch zu sein, hat etwas, jedoch sollte der Sturm der Liebe am Anfang nicht zu heftig blasen, damit das zarte Pflänzchen nicht zu Schaden kommt.

„Nein, das geht nicht, das haben wir uns doch ganz anders vorgestellt, und so soll es auch werden", sagte René laut an Cathrin gewandt. Cathrin hatte ihn ohne weitere Erklärungen verstanden. „Du hast völlig recht, wir müssen nichts überstürzen. Ich möchte, wie du, dass es romantisch wird, und das im Waldhaus! Es darf sogar kitschig-romantisch werden", flüsterte sie ihm ins Ohr. Dabei küssten sie sich mit einer Leidenschaft und Begierde, in deren Folge sich ein anderes Paar nicht schnell genug die Kleider vom Leibe gerissen hätte. Ihre Vernunft stoppte sie wieder einmal. Immerhin durften ihre Hände endlich alles erforschen, berühren, befühlen und streicheln, was sie schon immer gerne wollten – was bisher aber immer tabu gewesen war.

Cathrin machte dabei eine freudige Entdeckung: Sie war sehr erstaunt über seine Stattlichkeit, die sie mit beiden Händen umfasste und gar nicht mehr loslassen wollte. Hochstimuliert, musste René gegen den vorzeitigen Verlust kostbaren Erbgutes ankämpfen – was ihm nur zum Teil gelang. Und Cathrin fand Gefallen an seinem leicht würzigen Geschmack.

Mutter Natur hatte noch einmal eine Runde an die Vernunft abgeben müssen. Sie glaubt indes, dass es nicht mehr lange dauern wird, bis sie sich durchsetzen wird. Sie hat in ihrem langen Leben die notwendigen Erfahrungen sammeln können für solche Vorankündigungen.

Auf dem Holzweg parkten sie hinter Claus' Wagen. Als sie die wenigen Schritte am Bächlein entlang zum Eingang des Waldhauses gingen, hörten sie Claus und Carla durch die offene Tür. Sie waren gerade beim Entfernen von hartnäckigen Malerflecken und schimpften über den Gesellen, der diese durch Unachtsamkeit verursacht hatte.

Die Begrüßung zwischen den Ehepartnern mit und ohne Trauschein war genauso zärtlich und liebevoll wie immer. Genau so, wie sie sich auch zu Hause nach der Arbeit begrüßten. Keine beklemmende Scheu war entstanden. Sie empfanden sich bereits als ein komplettes Ehepaar, bestehend aus vier Personen. Und das, obwohl der endgültige Beweis dieser besonderen Ehe noch gar nicht erbracht und vollzogen war.

Hier in ihrem Waldhaus arbeiteten sie einträchtig zu viert an den Flecken am Fußboden und den frisch lasierten Wandbalken. Und wenn sie versehentlich oder gezielt aneinanderstießen, was nicht ausbleibt, wenn alle auf den Knien herumrutschen – zumal sie den Zusammenstoß nicht wirklich vermeiden wollten –, dann war die Freude groß. Das Gelächter wurde von flotten Sprüchen begleitet, je nachdem, an welchem Körperteil der Zusammenstoß stattfand. Das muntere Spiel ging noch eine ganze Weile weiter. Sie näherten sich unaufhaltsam dem Punkt, wo Knöpfe und Reißverschlüsse ihren Dienst versagten.

Claus fragte erwartungsvoll: „Glaubt ihr, dass ein Unwetter kommt, dass wir hier übernachten müssen? Sagt es mir bitte rechtzeitig, damit ich noch schnell die Luftmatratzen aus dem Auto holen kann." Aber es kam kein Unwetter.

Es kamen Tom und Eva mit den Fahrrädern. Sie wollten etwas trinken! Wenige Minuten später hätte ihr Besuch eine kleine Katastrophe ausgelöst!

Alle Gesichter zeigten kurzzeitig eine gewisse Enttäuschung. Claus antwortete mit großer Genauigkeit auf die Fragen der beiden, wie weit die Arbeiten gediehen seien. Und dann weit ausholend: „Die Klärgrube muss noch mal ausgepumpt und mit neuen Bakterienstämmen besetzt werden – Anweisung der Stadtwerke. Die elektrische Duschkabine kommt erst in zwei Wochen, aber die Küchenmöbel kommen schon nächste Woche. Bald können wir nach unserem Waldspaziergang hier Kaffee trinken. Seid ihr nicht überrascht, wie schnell das alles ging?", fragte Claus. Tom antwortete: „Na ja, so schnell war es auch wieder nicht! In zwei Wochen sind immerhin zwei Monate vergangen seit dem Kauf." Claus: „Bedenke bitte, lieber Tom, dass wir so nebenbei auch noch arbeiten gehen müssen!" Tom: „Na gut, aber das machen andere doch auch!" Claus blickte genervt hoch zu Tom.

Mit diesem Gespräch konnte Claus seine Verwirrung überspielen. Ebenso seinen Schreck, beinahe von seinem Sohn in flagranti erwischt worden zu sein.

Selbst gewisse Fehler zu machen oder Dinge zu tun, die man Kindern und Jugendlichen noch nicht erklären kann, ist meist eine heikle Sache. Kinder haben meist grenzenloses Vertrauen zu ihren Eltern. Das müssen sie auch haben. Nur in ihrem Schutz können sie gefahrlos heranwachsen. Durch ihre Eltern geschützt zu werden, ist für sie eine Selbstverständlichkeit. Auch gegen Unwahrheiten, egal woher sie kommen.

Weil Eltern das auch immer für ihre Schutzbefohlenen tun, stehen sie bei ihren Kindern auf einem gewaltig hohen Podest der Unfehlbarkeit. Diese hohe Wertschätzung verpflichtet die Eltern andererseits aber auch zu einem besonderen Verhalten. Hier zur Enthaltsamkeit, was in unserem Falle nur unter dem Verzicht auf elementare Wünsche und Bedürfnisse zu bewältigen ist.

Dass Eltern auch Fehler machen bzw. nicht immer das Richtige tun, schließen Kinder meist so lange aus, bis sie selbst in die Probleme der Erwachsenen hineingeraten. Wie es Tom und Eva zurzeit erleben. So können sie in ihrer Unbefangenheit noch mit ihren Eltern über ihre geheimen Wünsche reden. Nicht im Klartext, aber doch in Andeutungen.

Ganz anders ist es bei ihren Eltern. Diese müssen weiterhin dem hohen Anspruch ihrer Kinder genügen. Sie dürfen nicht einmal eine Andeutung über ihr Gefühlswelt machen, geschweige denn darüber reden. Weder mit den Kindern noch mit Kollegen noch mit Freunden. Keinem fällt das leicht. Ein richtiges Problem sei das, sagen alle vier.

Dies alles wussten sie natürlich schon vorher. Ein wenig Nachdenken brachte ihnen diese theoretischen Erkenntnisse. Doch erst durch den überraschenden Besuch von Eva und Tom im Waldhaus wurde ihnen die praktische Problematik so richtig bewusst.

Zum Glück sind die vier schon in einem Alter, das ihnen bereits maximale Lebenserfahrung beschert hat. Dabei haben sie gelernt, Probleme zu erkennen und schnell und erfolgreich praktikable Lösungswege zu finden. Deshalb kann sie dieser Schock nicht von ihren Sehnsüchten abbringen.

Unwägbarkeiten

Fast noch schlimmer als den Schock durch Toms und Evas Erscheinen empfindet Claus die immer größer werdende Unsicherheit in seiner Beziehung zu Carla. Eine Beziehung, die noch keine ist, die er aber brennend gerne haben möchte. Jedoch bezweifelt er ständig, ob es richtig ist, was er da tut.

Seine Zweifel sind absolut unnötig, denn er hat sämtliches in allen Einzelheiten mit seiner Frau Cathrin besprochen. Claus wie Cathrin freuen sich auf die Veränderung in ihrem Leben durch ihre Freunde René und Carla. Mit diesen wurde auch alles schon x-mal besprochen und geplant. Es gibt also eigentlich gar keine Probleme – doch es sind welche da, durch seine Unsicherheit!

Mit solchen unschlüssigen Kandidaten hat auch Mutter Natur allergrößte Probleme. Langsam fängt sie an zu zweifeln, ob das Projekt „Doppelehe" mit Claus überhaupt zu realisieren ist. Die anderen drei hält sie durchaus für tauglich.

Seine Unentschlossenheit, zusammen mit seiner Angst und Unsicherheit, könnte trotz seiner heißen Wünsche das wunderbare Vorhaben „Waldhaus" gefährden, was von den anderen drei gewiss nicht begrüßt würde. Das weiß Claus auch und er kämpft mutig dagegen an. Carla tut, ohne es zu wissen, alles, was ihn dabei unterstützt. Sie hat natürlich bemerkt, dass er ein wunderbarer, zärtlicher Mann ist, aber eben kein Draufgänger. Dass er gar ihre Unterstützung braucht. „Zu einer Pflegestation für Sex-Patienten sollte das Waldhaus allerdings auch nicht ausarten", spottet Carla in Gedanken.

Claus weiß, dass er letztlich nur mithilfe der anderen drei seine Unsicherheit bezwingen kann, um letzten Endes seine Carla nicht nur im Herzen heiß zu lieben, sondern auch im Bett!

Auch Mutter Natur fordert das von ihm. Noch hat er mit keinem aus dem Doppelpaar darüber gesprochen. Natürlich hofft er, es allein zu schaffen. Doch die anderen haben längst seine Probleme erkannt und helfen ihm.

Der unverhoffte Besuch von Eva und Tom zeigte den vieren auch einen anderen wichtigen Schwachpunkt: dass sie in ihrem Waldhaus nicht automatisch die himmlische Ungestörtheit erwarten dürfen. Ein Mindestmaß an Planung wird vonnöten sein, wenn sie sicher sein wollen, allein zu sein – zu zweit oder zu viert.

Claus sagt sich: „Zwei Wochen braucht es noch, bis das Waldhaus bezugsfertig ist." Dann kommt seine Mutter aus Köln für zwei Wochen zu Besuch – wie alle Jahre. „Nach diesen vier Wochen mit Gesprächen und mit Carlas Nähe wird meine Unsicherheit ganz bestimmt verflogen sein." Das wünscht er sich. Aber was wird sein, wenn sich seine Hemmungen nicht auflösen?, fragt sich Claus zum x-ten Male. Er begehrt Carla doch jeden Tag mehr. Hauptsächlich frühmorgens beim Aufwachen zeigt ihm sein Körper das prachtvolle Geschenk für Carla, das sie wahrscheinlich auch, ohne zu zögern, annehmen würde.

Stattdessen verwöhnt er ganz ungewöhnlich stark seine Frau Cathrin. Und weil sie sich ja auch noch lieben, lieben sie sich nun täglich. Den Forderungen des Frühlings und Mutter Natur angemessen, scheuen sie keine Anstrengung. Auch mehrmals am Tage.

Cathrin vermutet indes, wenn René auch noch als Ehemann dazukommt – was nicht mehr lange dauern wird –, dann könnte ihr Liebesleben vielleicht doch ein wenig zu anstrengend werden. Vielleicht aber auch nicht, denkt sie weiter und sieht dabei verheißungsvolle Bilder vor ihrem geistigen Auge. Erst mal abwarten! Sie kann sich sogar gut vorstellen, mit beiden gleichzeitig glücklich zu sein, was sie natürlich niemandem sagen kann. Sie sieht aber Bilder, die ihr heiße Schauer über den Rücken runter bis in den Beckenboden jagen. Allein dieser Gedanke lässt sie bebend einen kleinen Gipfel erklimmen.

Nun ist auch Cathrin aufgefallen, dass Claus, ihr Mann, nicht mehr so stark von Carla schwärmt wie früher. Sie sagen sich immer ganz ehrlich alles, was ihr Gefühlsleben und ihr Sexualleben betrifft. Nur mit dieser absoluten Ehrlichkeit, so glauben sie, kann man die eigenen Wünsche wie auch die des Partners in all ihren Facetten verstehen, akzeptieren und dabei richtig glücklich sein. Das ist das Ziel von allen vieren.

„Vielleicht ist es aber auch nur eine gewagte Theorie", überlegt Cathrin weiter, „und ich muss eines Tages meine Meinung wieder korrigieren? Aber noch habe ich nicht die erhellenden Erfahrungen dazu gesammelt."

Auf Cathrins Frage, warum er, Claus, nicht mehr so stark von Carla schwärme, kam die lapidare Antwort: „Tue ich doch nach wie vor! Irgendetwas blockiert mich zurzeit – das vergeht schon wieder! Du kannst sicher sein, Cathrin, dass unsere schöne Vorstellung vom Leben zu viert im Waldhaus nicht gefährdet ist. Versprochen!"

Es war nicht zu überhören: Claus versucht sich zu entschuldigen. Mutter Natur hat im eigenen Interesse das Geschehen sehr genau verfolgt und war erstaunt, denn sie kennt seine geheimsten Wünsche, auch die Sexorgien, die er mit Carla träumend erlebte. Und sie weiß auch, wie kraftvoll und üppig er für die Erfüllung ihrer Wünsche gebaut ist (24 mal 5 cm!!). Bei seiner Frau Cathrin kennt und nutzt er jedes Liebesspiel zur Luststeigerung. Doch bei Carla ist er irgendwie blockiert. Er wird zum Schlappschwanz! Warum?

Angst

Durch wissenschaftliche Untersuchungen hat man die verwirrende Erkenntnis gewonnen, dass in Amerika und Europa über 60 Prozent aller verkauften Viagra-Pillen an kerngesunde Männer verkauft wurden, „die alle um die vierzig Jahre alt sind".

Es sind also keine zuckerkranken Sechziger, die Viagra für eine nachlassende Potenz benötigen! Es sind relativ junge Männer, die es gegen ihre Angst benötigen. Angst vor dem Versagen im Bett. Dass ihr Penis nicht mehr lange genug steif bleibt, um ihrer Frau/Freundin einen Orgasmus zu verschaffen. Es ist also ein „Antiangst-Medikament" geworden.

Ein interessanter Werdegang eines Medikaments: Ursprünglich als Herzmedizin entwickelt, wurde es durch Zufall zu einem Potenzmittel, um letztlich jungen Männern die Angst zu nehmen, vor ihrer Geliebten als Versager dazustehen – wow.

Ob auch Claus von dieser Angst gebremst wird?

Nach dem Sex, vor dem Aufstehen, fragt Claus seine Frau Cathrin: „Kannst du verstehen, warum sich meine Verklemmungen in unserer Ehe so gar nicht auswirken? Warum nur bei Carla? Wir haben doch überhaupt keine Probleme im Bett. Weder im Kopf noch an anderen Körperteilen."

Cathrin: „Nein, weiß ich auch nicht so genau, woran das liegen mag."

Tatsächlich hat sie jedoch eine Idee, oder besser gesagt einen Verdacht, warum sich bei Claus diese Angst vor dem Schlafen mit Carla eingeschlichen hat.

Sie vermutet, dass sie selbst eine Mitschuld an seinem Dilemma trägt: Sie hat ihn wahrscheinlich sexuntauglich gemacht. Zumindest für die ersten Schritte, für das wichtige Vorspiel, was das Lieben erst zum eimaligen Gefühlssturm werden lässt. Denn von Anfang an, und das tut sie bis heute, übernahm Cathrin immer die Gestaltung ihres langen schönen Vorspiels, das beide so lieben. Und das sowohl im Handeln als auch beim Reden, was stets weitere, neue Wünsche auslöste, bis sie schließlich im Himmel angekommen waren. Cathrin weiß immer ganz genau, wie sie es anfangen muss, damit es für beide zu einem Höhenrausch kommt – und zwar gleichzeitig!

Zuerst bringt sie Claus in die Rage eines Zuchtbullen. Mit Küssen, mit Zunge, Mund, Zähnen, Händen, Busen, Po, mit all ihren wundervollen weiblichen Attributen. Seinen Dicken im Mund, eröffnet sie stets das Spiel. Auch ihre erogenen Zonen mit den wahnsinnig machenden süßen Öffnungen, Falten und Türchen, deren besondere Reize für Claus so wichtig sind, die er endlos küssen und lecken kann, die sie ihm auch noch optisch kunstvoll darbietet. So bringt sie nicht nur Claus, sondern auch sich selbst in eine andere Welt der Lüste. Auch Claus' Augen verschafft sie damit erotische Einblicke, die ihn in einen Rausch der Begierde versetzen. Dazu hebt, dreht und spreizt sie ihren Körper so, dass Claus nichts übersehen kann, nichts ungeküsst lässt und seine Zunge auch in die tiefsten Spalten eindringen lässt. Seine Gier nach Cathrin wächst dann ins Grenzenlose, wenn seine Zunge den kleinen Punkt ihrer größten Lüste massiert, sie selbst schon halb wahnsinnig ist vor Begierde, ihn aber noch nicht in ihr Heiligtum aufnehmen will, obwohl er schon wie ein Bulle schnaubt und mit den Hufen scharrt.

Dieses Vorspiel muss Claus erst einmal ohne allzu großen Spermaverlust überstehen, bevor er sich in Cathrin hineinwühlen und wohlfühlen darf. Das ist zwar hart für Claus, führt aber zu einer außergewöhnlichen sexuellen Bindung. Es ist anzunehmen, dass sie ihm fast täglich den Himmel im Bett schenkt! Oder auch auf einem stabilen Hocker. Wonach sich übrigens die meisten Männer tropfnass sehnen. Ein Programm, das möglicherweise für jede ungeübte Hausfrau eine gewaltige Herausforderung darstellt und ohne einige Trainingseinheiten bei Claus und Cathrin unmöglich zu bewältigen ist.

Der Hausfrauenverband im Sprengel „Penisheuer" hat deshalb im Rahmen der Bürger-Mitbestimmung einen Antrag an den Magistrat gestellt, dass das Programm von Cathrin Bernauer, „Sexuelle Feinheiten in Theorie und Praxis", im Rahmen der Erwachsenenbildung bei der Volkshochschule in verbilligten Kursen angeboten wird. Die Kosten sollen zu Lasten der Sozialkasse gehen! Einsparungen im Altenheim des Sprengels könnten eventuell zur Subventionierung beitragen! – Der Antrag wurde genehmigt. Dafür verantwortlich zeichnete der alte Oberbürgermeister aus alter Schule! Er wusste genau, wo der Schuh bei seinen Bürgern drückt!

Ja, es mutet schon etwas seltsam an, dass trotz dieser sexuellen Perfektion zwischen Claus und Cathrin den beiden dennoch etwas fehlt. Fehlt da nur die Abwechslung?

Aber so ist es nun mal bei den Menschen, die die Fortpflanzungsregeln von Mutter Natur anerkennen und danach auch leben wollen. Sie sind eben polygam!

Claus hat also nie gelernt, den Reigen des Vorspiels zu eröffnen. Immer hatte Cathrin alles inszeniert und im wahrsten Sinne des Wortes auch in die Hand und in den Mund genommen.

Wie bei einem Schriftsteller eine Schreibblockade aus Angst entsteht, dass ihm nichts mehr einfällt, so könnte sich bei Claus, aus Unsicherheit und Angst vor dem Versagen, eine Sexblockade entwickelt haben, die nur bei ihr, bei Cathrin, nicht einsetzt. Anders kann es sich Cathrin nicht erklären.

Wenn Cathrin recht hat, wäre das Problem einfach zu lösen. Carla müsste lediglich im Bett und auf dem Hocker alles genau so machen wie Cathrin und Claus wäre seine Blockade los. Dem Glück stände dann nichts mehr im Wege. „Wenn es denn so einfach wäre. Jeder Mensch ist verschieden und verhält sich verschieden. Selbst in der gleichen Situation", sagt Carla.

Dennoch wird Carla alles unternehmen, um mit dem Wissen von Cathrin – ihrer Mit-Ehefrau – das ersehnte Glück zu finden. Schließlich liebt sie Claus, so wie er sie liebt. Zu viert wollen sie doch ihre Zukunft erfüllender gestalten. Das ist ihr großes Ziel!

Für Menschen mit keinerlei Erfahrung in zwischenehelicher Beziehung mutet das Szenario der „willigen Vier" vielleicht etwas sonderbar an. Wie bei blutigen Anfängern vielleicht. Doch man erkennt, wie notwendig es ist, stimulierende Aktivitäten an der richtigen Körperstelle vorzunehmen, damit das Gehirn allen notwendigen Drüsen für den Sexualakt befehlen kann, mit Hochdruck zu arbeiten. Zum Beispiel Sperma zu produzieren.

So wie ein gutes Betriebssystem eben arbeitet! Alle die äußerst sensiblen Sex-Handlungen hier im Einzelnen zu beschreiben, würde bestimmt vielen gefallen, wie zum Beispiel Cathrins spitze Zunge in den blitzsauberen Analbereich von Claus eindringt. All das zu beschreiben, zieren sich die meisten Autoren zu Recht. So schön es auch ist – die sprachlichen Grenzen mahnen!

Liebe Leserin, was sagen Sie zu den sexuellen Feinheiten in den Gedanken der vier? Möchten Sie das auch erleben? Oder ist Ihnen das zu viel Sex? Was sagt Ihr Mann dazu?

Cathrin nahm sich vor, diese Gedanken möglichst bald mit Carla zu besprechen, damit sie ihr die unbedingt notwendigen Spiele mit Claus anvertrauen würde! „Sonst vermasselt er uns auch noch die Hochzeitsnacht, dieses Sensibelchen", befürchtet Cathrin.

Sollten sie demnächst gemeinsam die Nächte verbringen, wären alle in Sachen Vorspiel nun auf dem gleichen Stand, was ihnen ein langwieriges Sammeln von Erfahrungen nebst Rückschlägen ersparen würde, glaubt Cathrin. Womit sie wohl recht hat.

Cathrin gab sich zunächst mit der etwas mageren Antwort von Claus: „Tue ich doch, ich liebe doch Carla" zufrieden. Sie fragte sich, ob sie und René aus Solidarität nun warten müssten, bis Claus' Blockierung sich wieder gelöst hätte. Eigentlich war sie der Meinung, dass sie das nicht müssten. Cathrin möchte auch so schnell wie möglich René heiraten, um ordentlich ihre Vererehe leben zu können.

Von René wusste sie, dass auch er nicht auf Claus warten wollte. „Spätestens wenn das Waldhaus eine gewisse Bequemlichkeit und Komfort aufweist, möchte René mich ‚heiraten'. Sozusagen als Zweitfrau", ging es ihr lächelnd durch den Kopf.

Gegen diesen Status „Zweitfrau" hat Cathrin überhaupt nichts einzuwenden. Beide Ehen sollen so bleiben, wie sie sind, sie dürfen keinesfalls gefährdet, sondern nur bereichert werden – das wünschen sie sich doch alle. René dauert jedoch alles viel zu lange. Er schwärmt täglich von einer spontanen „Nothochzeit" mit Cathrin, was sie ihm immer wieder ausreden muss.

Cathrin sehnt sich, wie alle, nach Erfüllung. Aber eben nicht auf einem Parkplatz! Und nicht mit Tom bzw. Eva im Nebenzimmer! So bleibt ihnen nichts anderes übrig, als auf das Waldhaus zu warten, auch wenn das ihrer aller Geduld hart auf die Probe stellt.

Konfirmation mit Hahnenkampf

Eva hatte endlich in der Kirche ihren Segen zur Konfirmation erhalten. Damit war sie in den Kreis der Erwachsenen aufgenommen. Tom war natürlich mit seinen Eltern eigeladen. In der Kirche verlief alles reibungslos. Eva konnte, wie nicht anders zu erwarten, alle Fragen zügig beantworten. Sie war von allen Mädchen ohne Frage die Schönste. Nicht nur das, sie war auch am weitesten entwickelt. Ihre langen, schweren Locken hatte ihr Carla nach hinten gesteckt, was ihr schönes, ebenmäßiges Gesicht klassisch erscheinen ließ. Etwas streng, edel und unsagbar schön sah sie aus.

Andere Mädchen neben ihr, noch auf den ersehnten Entwicklungssprung wartend, sahen mit Beinchen wie Trommelstöcke und ihren brettflachen Körpern trotz teuerster Stöckelschuhe wie Vogelscheuchen aus. Sorry, aber sie sahen wirklich so aus.

Anders bei Eva: In ihrem schwarzen, figurbetonten Konfirmationskleid, besser gesagt in ihrem Gewand, das ihren makellosen, vollendeten Körper erahnen ließ, sowie in ihrer vornehmen Haltung verkörperte sie, einer griechischen Göttin gleich, das Edelste, was aus dem Homo sapiens werden konnte: eine wunderschöne junge Frau. Wo sie auch ging oder stand, alle Köpfe wendeten sich ihr zu. Und Tom verschlang sie förmlich mit den Augen.

Die Feier fand im Nobelhotel „Syppelshof" statt. Ein Jugendstil-Kleinod zwischen Golfplatz und Gestüt. Umstellt von uralten Zedern. Romantisch auf einem Hügel der Ausläufer des Odenwaldes gelegen. Das begehrteste Ambiente der Region für besondere Ehrungen ist der blaue Salon im „Syppelshof".

Der bestellte Fotograf hatte seine Außenaufnahmen vor dem Gebäude abgeschlossen: Bilder von Eva, Eva mit Eltern, Eva mit Oma sowie Eva mit allen Gästen. Ein Gruppenbild, das an Evas Ehrentag in besonderer Weise erinnern wird.

Die herausgeputzte Gesellschaft wandelte langsam Richtung „Blauer Salon". Die Unterhaltungen der meist älteren Herrschaften drehten sich zumeist um ihre eigene Konfirmation. „Damals nach dem Krieg hungerten wir alle! 100 Gramm Brot pro Tag standen einem zu! Und zur Konfirmation gab es keine Extras, nur die Zuteilung an Lebensmitteln entsprechend den Lebensmittelmarken! Hunger war ein Dauerzustand. Aber schön war es doch! Wir waren jung!" Andere sprachen begeistert von ihren Enkeln. Wieder andere konnten nicht genug schimpfen über die miserable Politik der Regierung. Also ganz normale Gespräche älterer Herrschaften!

Der Architekt und Jugendstil-Gründer Peter Behrens, der 1901 die große Villa erbaute, hat noch höchstpersönlich die blaue Ausgestaltung des Salons mit Jugendstilmalereien veranlasst. Auch das Mobiliar wurde von ihm entworfen, wie man in der Halle lesen kann. Bis heute dient das einmalige Jugendstil-Ensemble nur ganz besonderen Anlässen.

In diesen historischen „Blauen Salon" hat Eva zu ihrer Konfirmationsfeier geladen. À la bonne heure, Herr Gerichtspräsident Dr. René Homburg und Gemahlin Carla! Zur Stunde bitten dort Sterneköche zu einem erlesenen Bankett, zu Ehren von Töchterchen Eva.

Auf dem Wege dorthin geschah es. Tom entdeckte seinen Erzrivalen unter den Gästen, den zwei Jahre älteren Julian. Als er ihn zufällig erblickte, durchzuckte es ihn wie bei einem Schlag in die Magengrube. Im gleichen Moment fühlte er, wie ihm heiß wurde. Sofort bekam er einen hochroten Kopf, sein Herz raste, die Halsschlagadern schwollen dick an und seine Zornesfalte auf der Stirn grub sich immer tiefer. Solch einen Schreck hatte der sechzehnjährige Tom in seinem ganzen Leben noch nicht erlebt.

Plötzlich bekam er auch noch große Zweifel an seiner Freundin Eva. Denn er nahm an, dass Julian von Eva eingeladen war. „Es kommt doch kein Mensch ohne Einladung zu einer Konfirmationsfeier", sagte sich Tom. „Offenbar hat sich der Typ die ganze Zeit im Hintergrund versteckt gehalten – dieser gemeine Kerl", wütete Tom.

Er konnte sich nicht mehr beherrschen, ließ seine und Evas Eltern einfach stehen und stürmte durch die Menge Richtung Julian.

Was dann geschah, war für die ganze Gesellschaft äußerst peinlich. Insbesondere aber für Evas und Toms Eltern. Denn Tom fing an, ohne ein Wort zu sagen, mit Fäusten auf Julian einzuschlagen. Julian, der Stärkere, wehrte sich und schlug zurück. Die Schlägerei dauerte schon einige Minuten, bis Toms Eltern die Streithähne endlich wieder trennten. Beide bluteten. Sie hatten sich Schrammen im Gesicht zugefügt.

Tom hatte die Schlägerei zwar angefangen, doch mit keinem Wort wollte er sich für sein Handeln entschuldigen, was seine

Eltern, unter den strengen Blicken der Gesellschaft, von ihm immer wieder forderten. „Geschieht ihm recht!", murmelte er nur.

Eva wusste genau, dass sich die beiden nur ihretwillen geprügelt hatten. Bilder wie aus einem Wildwestfilm lösten bei der steifen Konfirmationsgesellschaft Erinnerungen an ihre erste Liebe aus, worüber sie sich später bei Wein und Kuchen köstlich amüsierten. Im Moment folgten sie etwas pikiert mit hochgezogenen Brauen dem Geschehen. Anders als bei John Waynes Schlägereien klatschte niemand Beifall. Aber sie tuschelten natürlich über den Grund der Auseinandersetzung. Auch über Eva, ihre wunderschöne Gastgeberin: „Wer von den Burschen ist der Freund und welcher der Herausforderer?"

Eva war über die handfeste Auseinandersetzung ihrer Freunde geschockt. Genauso wie über die Hirnlosigkeit ihres Handelns. Ja, sie hatte mit Julian vor zwei Tagen gesprochen: Er bettelte, er wolle sie so gerne in ihrem Konfirmationskleid sehen. Wenn es denn unbedingt sein müsse, antwortete sie, könne er ja in die Kirche kommen und sich hinten unauffällig hinsetzen. Aber auf gar keinen Fall könne er mit zum „Syppelshof" kommen – das wolle sie auf gar keinen Fall! Sie sagte ihm auch: „Wenn ihr aufeinandertrefft, gibt es doch nur Streit. Also hör auf mich und bleib weg!" „Schade, er ist doch so viel älter, warum verhält er sich so dumm?", fragt sich Eva.

Bei Tom stört sie die ständige Eifersucht. Wenn sie auch nur einen Klassenkameraden grüßt, flippt er schon aus und macht ihr eine Eifersuchtsszene, als wären sie verheiratet. Das kann sie nicht verstehen. Für sie hat das nichts mit Liebe zu tun, was er dann immer wieder behauptet. Dieses Verhalten zeigt lediglich einen Besitzanspruch, der ihm nicht zusteht! Immer weniger gefällt ihr seine ständige Kritik. „Entweder er ändert das oder ich mache Schluss – ganz einfach! Basta!"

Was er sich allerdings heute geleistet hat, übersteigt ihr Vorstellungsvermögen total – es ist der Hammer. Er glaubt doch tatsächlich in seiner blinden Eifersucht, ohne ein Wort der Erklärung auf Julian einschlagen zu dürfen, wie das vielleicht vor hundert Jahren Mode war. Auch ihre dringende Bitte, sich bei

Julian zu entschuldigen, wollte er partout nicht hören. Sie ließ ihn voller Zorn wortlos stehen, ging hinein zu ihren und seinen Eltern an den Tisch und setzte sich. Alle saßen bereits, nur Toms Stuhl war noch leer.

Julian hatte sich wortlos verdrückt. Eva konnte ihn gerade noch sehen, als er auf seinem E-Bike hinter dem Gestüt verschwand.

René konnte nicht länger warten, er gab dem Oberkellner das Zeichen zum Servieren.

Tom blieb trotz knurrenden Magens dem Essen fern.

Währenddessen unterhielten sich die Gäste noch lange über die Keilerei der Burschen um die schöne Eva. Fast alle hatten in jungen Jahren ähnliche Situationen wegen eines schönen Mädchens erlebt. Sie müssen einen hohen Erlebniswert für die jungen Burschen damals gehabt haben. Wie könnten sie sich sonst, nach fünfzig Jahren, immer noch an alle Einzelheiten erinnern? Es hatte wahrscheinlich auch damals schon mit Liebe zu tun! Die Erinnerung zaubert ihnen auch heute noch ein wissendes Lächeln über ihre Falten.

Evas Konfirmationsfeier ging nach einer einzigartigen Schlemmerei mit endlosen Delikatessen, Weinen, Kaffee, Desserts und wieder Torten mit süßem Wein und Kaffee gegen 20.00 Uhr zu Ende. Sieben Stunden Völlerei – das reichte allen. Nur Tom blieb hungrig und verschwunden.

Wieder zu Hause, erklärte Eva ihren Eltern kurzerhand, sie werde mit Tom Schluss machen. Und Julian könne ihr auch gestohlen bleiben. Sie habe keinen Bock darauf, sich weiter mit Kindern abzugeben. „Das war doch eine einzige Blamage mit diesen Deppen! Sie haben mir meinen großen Tag so richtig verdorben! Die sind für mich erledigt!", war das Einzige, was Eva noch sagte. Mit ihren Eltern wollte sie auch nicht mehr darüber reden.

Doch René und Carla beschäftigte die Feier mit einer Schlägerei noch die halbe Nacht. Dass Eva die Burschen „Kinder" nannte, gab ihnen zu denken: „Ist sie wirklich schon so erwachsen?"

Sie mussten sich eingestehen, dass sie nicht mehr genau wissen, wie sie denkt – wie sie tickt.

Eva rief ihre beste Freundin Caroline an und verabredete sich mit ihr für morgen nach der Schule zu einem vernünftigen Gespräch „unter Frauen", wie sie laut sagte.

Ihre Eltern konnten zuhören und erkannten ein weiteres kleines Indiz dafür, dass nun auch ihre geistige Entwicklung größere Schritte hin zur Frau macht, was ihr Körper schon weitgehend abgeschlossen hat.

Auch Mutter Natur lächelte wissend. Der Fortschritt kam ihr zupasse.

Spät am Abend, gegen 23.00 Uhr, rief Tom an. Als sie seine Stimme hörte, meldete sie sich nicht und schaltete ihr Handy ab.

Evas Konfirmation war trotz Toms Ungeschick und Julians Ungehorsam ein gelungenes Fest, das garantiert allen in lebhafter Erinnerung bleiben würde.

Toms kranke Oma, die Mutter von Claus, war zufällig zu Besuch da. Sie wollte aber nicht mit zu Evas Feier gehen – es wäre ihr zu anstrengend. Im Nachhinein meinte sie jedoch: „Schade, dass ich Tom nicht sehen konnte, wie er mit blanken Fäusten um sein geliebtes Mädchen kämpfte und sogar den Rivalen in die Flucht geschlagen hat."

Oma hatte richtig glänzende Augen bekommen: „Solch tolle Burschen gab es zu meiner Zeit in jedem Dorf zuhauf. Die wussten noch, wie man eine Frau erobert! Heute gibt es doch nur diese Warmduscher, diese Weicheier. Sie hätten zu unserer Zeit, vor sechzig Jahren, bei den Frauen nicht die geringste Chance gehabt!", erinnerte sich Oma lebhaft.

„Ja, liebe Oma", meinte Tom, „da siehst du mal, wie schwierig das heute ist: Wenn so ein kerniger Bursche wie ich auftritt, dann hat er nur Probleme. Man ist besser so ein Waschlappen wie Julian. Er bekommt die Sympathien der Zuschauer, und vielleicht auch noch das Mädchen. – Gib doch mal zu, dass wir es heute sehr viel schwerer haben als ihr früher. Vor sechzig Jahren war ein richtiger Mann eben noch was wert! Es gilt immer noch: ‚The Winner Takes It All.' Nur die Methoden zum Gewinnen haben sich gewaltig geändert. Und wenn du die Methoden nicht magst, hast du schlechte Karten, liebe Oma. Na ja – du natürlich nicht mehr, aber ich!"

Montag, Karwoche

Alles ging wieder seinen geordneten Gang. Es regnete, es war Mittagspause, René und Cathrin stürmten aus ihren Büros. Sie eilten mit Schirmen bewaffnet zum Römerberg, um sich im Bistro „Kräuter-Liesel" zu treffen. Sie wählten das besondere Angebot: grüne Soße mit Quellkartoffeln und Tafelspitz. Nur in dieser Jahreszeit steht dieses Gericht auf der Speisekarte. Vermutlich weil für die grüne Soße sieben verschiedene frische Kräuter benötigt werden. Neben Handkäse mit Musik ist es ein Spitzengericht alter Frankfurter Küche.

Ihre Unterhaltung drehte sich wieder um die Feier gestern. Um Eva und Tom, ihre Kinder. Cathrin: „Ich war enttäuscht von meinem Tom. Hätte nie vermutet, dass er so unkontrolliert und uneinsichtig sein kann. Das hat er doch bestimmt nicht von mir – oder?" Dabei schaute sie verunsichert zu René. „Nein, nein, liebe Cathrin, das ganz bestimmt nicht! Das ist seiner Ohnmacht geschuldet! Gegen Julian glaubt er nicht ankommen zu können. Aber beide lieben nun einmal meine schöne Tochter Eva", sagte René betont und mit etwas Stolz. „Er hat Angst, dass er Eva verliert. Das macht sein Verhalten unkontrollierbar, die Hormone, liebe Cathrin, die Hormone! Bisher hat er mit seiner ausgeprägten Tugend, einsichtig zu sein, alle Probleme lösen können. Doch hier waren seine Emotionen nicht mehr abzubauen. Es fehlte ihm die Einsicht, weil er verliebt ist!" – „Genau", sagte Cathrin, „besser kann man es nicht analysieren." – René: „Das wird sich wieder einrenken. Das war nur ein Ausreißer in einer neuen Ausnahmesituation." Cathrin stimmte René gerne zu und schmiegte sich in seinen Arm. „Und sollten sich die beiden ernsthaft verkrachen und auseinandergehen, dann können wir auch nichts daran ändern. Unsere Kinder sind Teenager geworden. Sie haben einen Grad von Selbstbestimmung erreicht, die uns nicht mehr erlaubt einzugreifen. Bestenfalls eine vorsichtige Beratung erlauben sie uns noch – wenn überhaupt. Und in Liebesdingen schon gar nicht. Hier haben andere das Sagen, zum Beispiel Mutter Natur", meinte Cathrin und fuhr fort: „Ja, ja, mit kleinen Kindern hat man kleine Sorgen und mit großen große – das weiß jeder." – „Du hast ja so was von recht", sagte René bestätigend, „aber wir wollten doch immer, dass sie möglichst schnell selbstständig werden – nun haben wir den Salat", meinte er lachend. Er schaute auf die Uhr. „Oh Liebste, ich muss mich beeilen, ich muss ins Gericht." Cathrin: „Okay, und ich gehe wieder zur EZB Milliarden verschleudern. Wir fahren doch mit dem gleichen Zug zurück?" – „Ja natürlich. Sollten bei der Sitzung wieder viele Fensterreden gehalten werden, dass es zu spät wird, rufe ich dich an." – „Aber wir wollen in jedem Falle doch noch ins Waldhaus?", fragte Cathrin. – „Ja klar, machen wir." Dann eilte jeder wieder in eine andere Richtung.

Auch Carla und Claus werden sich am Nachmittag im Waldhaus treffen. Es ist das erste Mal seit Wochen, dass sie dort zusammen sind. Die Duschkabine soll heute geliefert werden. Evas Konfirmation wie auch der Besuch von Claus' Mutter haben ganz ungewollt über Wochen ihre Treffs vereitelt. Beide haben sich in dieser Zeit sehr vermisst. Ihr Drang zueinander wurde stärker, nicht schwächer. Darum ist ihr Treffen heute für beide mit richtigem Herzklopfen verbunden. Sie freuen sich auf das Wiedersehen. Später wollen auch Cathrin und André in den Holzweg kommen.

Als die Kabine endlich sicher stand, nicht mehr wackelte, begannen die Monteure den Wasseranschluss, den Stromanschluss und das Abwasserrohr zu verlegen. Das Ganze dauerte einige Stunden. Carla und Claus gingen den beiden Monteuren zur Hand. Auch mit belegten Brötchen und kühlem Bier. Es war schon am

Dämmern, als endlich das Wunderwerk Duschkabine funktionstüchtig war und die Monteure die Hütte verlassen hatten.

Just in diesem Moment kamen Cathrin und René durch die offen stehende Tür herein. Die Freude war bei allen riesengroß, sie waren alle geradezu euphorisch. Sie lagen sich in den Armen, küssten sich und waren einfach nur glücklich. Ihr Traum hatte sich erfüllt: Das Waldhaus war endlich fertig. Eine neue Zeit konnte beginnen.

Als Erstes wurde der Kühlschrank inspiziert. Wasser, Rotwein und Bier waren zu sehen. Nicht viel, aber immerhin schon etwas. Claus hatte ein wenig von allem besorgt. Für die Handwerker, wie er sagte, und als Eigenbedarf bei der Arbeit. Es reichte auch noch für einen kleinen Umtrunk zur Fertigstellung ihrer geheimnisvollen Klause. „Eine intime, aber rauschende Fete zu viert mit allen Schikanen wird folgen", versprachen sie sich.

Claus öffnete die Tür zum Bad: „Schaut mal hier, total neue Möblierung: Duschkabine, Waschbecken, Toilette, elektrische Heizkörper, große Spiegel."

Cathrin: „Wunderschön – und das alles hast du, mein lieber Mann, unser lieber Claus, für uns ganz alleine gemanagt? Und dabei auch noch selbst mit Hand angelegt? Wie können wir dir für diese schwere Arbeit je danken?", fragte sie, um Claus zu loben.

Carla antwortete: „Macht euch mal darüber keine Gedanken, auch nicht über mein Handanlegen bei Claus. Das erledige ich doch gerne für uns alle! Meine liebste und einzige Eheschwester Cathrin", dabei umarmte sie diese, „du hast mir schon geflüstert, wie ich Claus meine Dankbarkeit für seine Arbeit am intensivsten, am raffiniertesten und am lustvollsten zeigen kann. Wie ich ihn gefahrlos meinem sexuellen Wahnsinn anheimgeben darf. Und wie ich Claus, tief fühlend, die größtmögliche, göttliche Zufriedenheit in mir finden lassen kann." – Lautes Gejohle!

Claus: „Danke, Carla, für deine lieben Dankesworte. Danke, Cathrin, für die Freigabe deiner größten Sex-Geheimnisse. Ich schätze, dass sie uns allen zugutekommen werden. Ich freue mich darauf – um es einmal ganz deutlich zu sagen."

Claus führte weiter die perfekte Haustechnik in Küche und Bad vor. Dazu ein großes Wohnzimmer, mehr Räume gibt es nicht in ihrem Traumhaus! Wenn man die Haustüre hereinkommt, steht man sofort im Wohnzimmer. Und am Abend, nach wenigen Umbau-Griffen, steht man im Schlafzimmer.

„Und – wer will schon gerne überrascht werden? Weitsichtig wie euer Claus nun einmal ist, hat er eine fernbedienbare Innenverriegelung der Tür eingebaut. Ein leichter Druck auf einen Knopf an der Wand, schon schließen sich zwei Riegel und die Tür ist sicher versperrt! Nach einem weiteren Druck öffnen sie sich wieder. Sollte der Strom ausfallen, kann man sie auch von Hand entriegeln, aber nur von innen!" Er habe lange überlegt, ob es Sinn ergebe, eine funkgesteuerte Anlage einzubauen, die es erlauben würde, sogar von zu Hause aus alles zu verriegeln. Doch die Kosten waren einfach zu hoch.

Einen Fernseher gab es nicht, auch keinen Telefonanschluss. Jeder hat ohnehin ein Handy. Lediglich eine kleine preiswerte Radioanlage mit CD-Player für besinnliche Stunden hatte Claus beschafft.

Auf die Frage von Carla nach Schlafmöglichkeiten erklärte Claus: „Es ist alles so geworden, wie wir es besprochen haben: Die beiden Couches hier an den Außenwänden kann man ausklappen zu Doppelbetten. Für etwas schüchterne Schläfer steht ein Sichtschutz, eine spanische Wand bereit. Sie kann vieles, hilft aber nicht gegen Schnarchgeräusche oder Lustschreie im Bett auf der anderen Seite", meinte Claus schmunzelnd. „Des Weiteren gibt es noch zwei große Gästebetten, sprich Luftmatratzen. Für besondere Fälle und wenn die Kinder hier mit ihren Eltern übernachten möchten, was wahrscheinlich in der ersten Zeit auch vorkommen wird. Die zwei Luftmatratzen nebeneinander passen genau in den freien Raum zwischen den beiden Couches. Sie liegen zusammengerollt samt Pumpe dort hinten in dem kleinen Kleiderschrank. Campingstühle und Tische, einer hier und einer in der Küche, sollten wir vielleicht noch auswechseln. Diese Dinger sind für unser Alter doch zu wackelig und zu leicht. Aber ein stabiler Hocker ist schon da! – Übrigens habe ich hier die vier Hausschlüssel, für jeden einen. Die gebe ich euch am besten gleich, damit ich es nicht vergesse." Er probierte alle Schlüssel nochmals aus, ob sie auch richtig schlossen, und gab Carla, Cathrin und René je einen.

Nach diesen nüchternen Erklärungen trat plötzlich eine unangenehme, deutlich wahrnehmbare Stille ein. Auch das Rauschen des Waldes war verstummt, weil die Tür geschlossen war. Alle bemerkten es gleichzeitig. Deshalb fingen auch alle gleichzeitig an, durcheinanderzureden. Sie mussten lachen und die unangenehme Ruhe war vertrieben.

Alle lobten wieder Claus. Sie klopften ihm auf die Schulter für seine tolle Arbeit. Wie immer wehrte Claus ab: „Lasst das doch bitte, es hat mir ja auch gefallen. Ich sowie wir alle wissen doch, wofür wir uns diese Arbeit gemacht haben: für eine schönere Zukunft." Carla, seine zukünftige Frau, wollte ihm aber doch ein wenig mehr danken und küsste ihn – fast schon ein wenig zu leidenschaftlich und zu lange – vor aller Augen. Auch Claus überließ sich ungeniert und ungebremst seinen Gefühlen. Man konnte nicht übersehen, wie seine Erregung auf 24 Zentimeter anschwoll.

Für die strahlende Mutter Natur war es eine Bestätigung ihrer Arbeit. Was sie sah, zeigte ihr, dass die Krönung kurz bevorstand.

Im Waldhaus

Die ganze Zeit hatten sie alle herumgestanden. Carla deutete auf die Campingstühle, alle setzten sich an den kleinen, wackligen Tisch. Sie hatten ihr alternatives Zuhause noch nicht in Besitz genommen. Das Haus war allen, bis auf Claus, noch nicht selbstverständlich. Sie fremdelten noch etwas. René rief nach Sekt: „Zur Feier des Tages einen guten Tropfen bitte." Aber Carla fand lediglich eine halbe Flasche Rotwein und zwei Flaschen Mineralwasser im Kühlschrank. Vier Gläser hatte sie gefunden.

Sie fragte Claus nach etwas Essbarem, sie verspüre einen kleinen Hunger. „Nein, leider nichts im Hause, sorry." – „Soll ich zur Tankstelle fahren etwas holen?", fragte André in die Runde. Sie beschlossen in Anbetracht der späten Stunde nur noch einen Schluck zu trinken und dann nach Hause zu fahren. Die große Fete zu viert würde am Freitag oder Samstag starten! Sie machten wieder einmal große und ganz große Sprüche, was da alles passieren sollte. Bei allen vieren kamen romantischen Sommernachtsträume zum Vorschein.

Dann folgte doch noch ein spannendes Gespräch über Sex. In ihren Hinterköpfen hatte dieses Thema im Moment einen besonders hohen Stellenwert.

„Wie schon angedeutet", fing Claus an, „haben Wissenschaftler in Europa und Amerika eine Studie darüber durchgeführt, wer eigentlich die Verbraucher von Viagra sind."

Ausgerechnet Claus, der im Moment gewisse mentale Probleme mit Sex hat, will über diese Studie etwas sagen! Vielleicht verspricht er sich Erkenntnisse oder Hilfe für seinen eigenen Fall. Oder aber er will nur „vorbeugen", falls er tatsächlich versagen sollte? Wir werden sehen.

Claus fuhr fort: „Ihr erinnert euch? Zwei Drittel aller Pillen werden von Männern um die vierzig geschluckt. Also nicht von den sechzigjährigen Männern mit Altersdiabetes, wie man zunächst glaubte!" – „Und warum die Jungen?", fragte Carla. – „Weil sie Angst haben, beim Sex zu versagen! Also ihre Partnerin nicht glücklich machen zu können. Deshalb schlucken sie diese nicht ganz ungefährliche Chemie! Die Leistungsgesellschaft fordert offenbar auch beim Sex nur noch Höchstleistung. Und dazu auch noch hundertprozentige Verfügungsbereitschaft. Wenn du da nicht mithalten kannst, bist du ein Versager. Auf Neudeutsch: ein Loser.

In den Pornos wird eine Omnipotenz vorgegaukelt, die es gar nicht gibt. Bei jungen Männern kann das gefährliche Folgen haben: Sie glauben, mit einer Fleischerhund-Mentalität, also mit Brutalität, ihre ganz normalen Schwächen verdecken zu müssen. Das wirft die Frage auf: Was ist Sex überhaupt? Wer oder was löst das Bedürfnis danach aus? Und warum sind wir danach so zufrieden?

Diese neue Studie fand heraus: Sex umfasst viel mehr, als er üblicherweise beschrieben wird: Es ist die einzige, wirkliche und ehrliche Kommunikation, die schon lange, bevor der Homo sapiens sprechen konnte, jahrtausendelang funktionierte. Bei unseren Primaten im Zoo, die ja auch nicht sprechen können, fanden sie den Beweis: Man glaubte immer, die Affen würden sich gegenseitig lausen. Weit gefehlt! Für uns sieht es so aus, als würden sie sich das Fell reinigen. In Wirklichkeit kommunizieren sie miteinander, sie tauschen Gefühle aus: Das Berühren der Haut in einer besonderer Weise, wir nennen es streicheln, signalisiert dem Gelausten: Ich mag dich, ich liebe dich. Diese Form von Sex läuft ab, lange bevor es zur vaginalen Interaktion kommt. Wie bei uns Menschen: Vor dem Beischlaf der Verliebten läuft eine Orgie von Berührungen ab. Die den kompletten Körper mit all seinen erregten Zonen, Mulden und Öffnungen erfassen. Es gibt kaum Stellen der Haut, die nicht durch Küssen, Lecken, Streicheln und Massieren zu Rezeptoren des Wohlfühlens werden! Das Verlangen nach vollkommenem Einssein steigert sich immer weiter. Es ist ein Bestandteil des Sex, auf den alle normal entwickelten Menschen nicht verzichten möchten!

Ohne Sprache wissen beide: Ich bin vollkommen angenommen von meinem Partner. Ein Wohlgefühl sagt ihm und ihr, du kannst dich fallen lassen, es kann dir nichts passieren. ‚Wir sind eins.' Für Sex im Freudenhaus gelten allerdings ganz andere Regeln!", betonte Claus.

„Das gegenseitige Umschlingen mit einem Höchstmaß an Kontaktflächen der Körper führt meist schon zu Gesichtszügen zufriedener, fernöstlicher Heiliger.

Noch übertroffen werden die wallenden Gefühle des Vorspiels, wenn er endlich in ihren Köper eingedrungen und gänzlich angekommen ist. Auch Feministinnen mögen das!

Es ist ein Maximum an Berührung erreicht, sie sind eins! Massive Seligkeit und Aufregung können allerdings auch zu viel werden für die Gesundheit. Bei Herzkranken allemal.

Die Gesichter der Männer werden zum Ende hin oft wieder etwas bedenklicher. Denn jetzt heißt es Kondition bringen und gleichzeitig Disziplin bewahren. Denn das erfolgreiche Bestehen der nächsten Teilstrecke im Kampf um die Arterhaltung bedarf oft allergrößter Kraftanstrengung beim Manne, und zwar nur beim Manne!

Dazu kommt erschwerend, dass er im Timing auch noch die notwendigen Intervalle des Tempos zu beachten hat. Denn das Paar hat abgesprochen, den Höhenrausch auf dem Gipfel gemeinsam, zeitgleich zu genießen.

Beim Fortgang der schönsten Sache der Welt wird sein Gesicht noch ernster, bisweilen sogar grimmig. Ihm scheint: Die Etappe könnte zu lange dauern. Dann drohen ihn seine Kräfte zu verlassen. Er würde sich einer gefährlichen Erschöpfung nähern. Er bekäme jene Angst, vor der es allen Männern graust: Angst vor dem Versagen im Bett! Wenn er weder für seine Geliebte noch für sich selbst einen erfüllenden Orgasmus zustande bringt, dann empfindet er das als eine Schmach. Als eine Wertminderung seiner Person. Erst wenn die Ziellinie zu erkennen ist, hellen sich seine Züge wieder auf.

Tapfer kämpft er sich vorwärts, Stoß für Stoß steigert sich sein Wohlgefühl, bis der Orgasmus beide überwältigt. Bis der Himmel über ihnen rosarot wird. Sie sind im siebten Himmel!"

Breiter als Mutter Natur kann bei diesen Schilderungen wohl niemand strahlen, denn hier beschreibt ein Wissender den Erfolg ihrer Arbeit.

Bei Anfängern des Liebeslebens ist die Erfüllung des Wunsches, beim Sex möge sich der Himmel rosarot färben, denkbar schlecht. Hauptsächlich für die Frau. Viel zu schnell geht alles. Häufig kommt es nicht einmal zu einer ordentlichen Einführung in die Vagina. Allein der Anblick ihres Heiligtums führt bei dem jungen Mann zum voreiligen Verlust einer Tagesration kostbaren Erbgutes.

Auch beim Radfahren auf der Suche nach einem verschwiegenen Plätzchen im Wald, noch auf dem Sattel, kann schon ein ordentliches Quantum Sperma in die teure Sporthose gehen. Mütter schütteln dann verwundert den Kopf, wenn sie die Waschmaschine füllen. Er ist doch erst fünfzehn, sollte das wirklich schon Sperma sein?

Claus berichtete weiter: „Die Studie stellt auch ganz klar fest: Alles, was beim Sex Spaß macht, ist auch erlaubt. Sie räumt auf mit der falschen Meinung, dass vieles unethisch, unmoralisch gar schlecht sei. Sexpraktiken, die vor gar nicht langer Zeit noch bestraft wurden, dürfen heute zum Hausgebrauch gehören. Erzkonservative und Verklemmte wollen das, was Wissenschaftler sagen, nicht einsehen und machen Front dagegen. Sie wollen verklemmt und konservativ unter der Bettdecke bleiben!

Eine Tabelle in der Studie zeigt auch, dass nicht einmal die Hälfte aller vaginalen Interaktionen der Zeugung diente. Der überwiegende Anteil diente der Kommunikation. Und als der Homo sapiens endlich sprechen konnte, wurden die vaginalen Interaktionen zum feinsten Vergnügen, ohne dass die Geburtenrate stieg.

Der Grund, warum ein Vergnügen daraus wurde, warum es so oft gemacht wird, ist wahrscheinlich wieder ein Trick von Mutter Natur: Die freudige Aufgeregtheit bei der Scheinzeugung lässt die etwas trägen Männer das strapaziöse, aber auch schöne Verfahren zur Arterhaltung nicht so schnell vergessen! Schöne Dinge behält man eben besser!"

Damit beendete Claus seinen Kommentar zu einer sehr interessanten Studie.

Liebe Leser, wäre das nicht ein Grund, dankbar zu sein für jede Umarmung? Ob mit oder ohne Kleidung, ob mit oder ohne Ejakulation?

René war nicht der Meinung, dass es gesunde Männer gibt, die das Allerschönste auf der Welt und das Allerschönste des Himmels einfach vergessen können.

An diesem Abend trennten sie sich etwas gedrückt und gereizt. Sie fuhren unzufrieden nach Hause. Der Tag hatte nicht gehalten, was sie sich von ihm versprochen hatten.

„Woran lag es?", fragten sich Carla und René zu Hause. War die Idee „Waldhaus" etwa doch nur eine Schnapsidee gewesen? War es nur der Rücksicht auf Claus geschuldet, dass keiner den Anfang machen wollte?

„Stattdessen über wissenschaftliche Abhandlungen zum Thema Sex zu diskutieren, bringt es doch auch nicht!", schimpfte René. „Uns endlich um unsere Wünsche zu kümmern, das wäre heute richtig gewesen!", motzte er. „Unser Waldhaus ist jetzt endlich fertig und keiner soll es nutzen? Ich möchte das schon!", schimpfte René. „Und ob Claus nächstes Wochenende seine Blockierung endlich überwunden hat, steht in den Sternen", meinte er erbost.

Carla stimmte ihm wortlos zu. Sie nahm sich vor, in den nächsten Tagen mit Claus das Thema abschließend zu besprechen. „Wenn er dann immer noch nicht seine Träume mit mir realisieren will, dann sucht das Waldhaus wohl bald neue Mieter", glaubte Carla. „Hoffentlich nehmen Cathrin und René die Gelegenheit wahr und führen unser Waldhaus umgehend seiner Bestimmung zu. Ich würde mich für sie freuen", sagte Carla.

Wieder war ein Tag am Holzweg nutzlos verstrichen. Für Mutter Natur war es wieder ein verlorener Tag. Es war wieder nichts zur Arterhaltung getan worden. „Nicht einmal die kleinste Trockenübung haben diese vier Sexmuffel zustande gebracht", schimpft sie. Sie erwägt ernsthaft, diese Gruppe auf ihrer Liste der Sexhungrigen zu streichen. „Andere wären froh, meinen Rat und Beistand zu haben."

Liebeskummer

Tom hat in den zwei Wochen seit Evas Konfirmation zig SMS, E-Mails, ja sogar richtige Briefe an Eva geschickt und sie immer wieder um Entschuldigung gebeten. Ohne Erfolg. Wenn er sie zufällig in der Stadt traf, versuchte er sofort, sich zu entschuldigen. Doch sie reagierte überhaupt nicht. Sie ließ ihn einfach stehen und ging weiter, als wäre er Luft.

Tom vermutet, dass Julian ihn bei Eva ausgebootet hat. Dass die beiden jetzt zusammen gehen. Dann hätte sie ihm das aber fairerweise sagen müssen! Seine Freunde sind der gleichen Meinung.

Tom möchte gerne das Problem mit seiner Mutter bereden. Ob sie vielleicht mit ihrer Freundin Carla, also Evas Mutter, sprechen kann, um seine Beziehung zu Eva wieder zu kitten?

Er merkt selbst, dass ihm das Zerwürfnis mit Eva zusetzt, ihn langsam aus seinem seelischen Gleichgewicht bringt. Er bekommt sofort Streit, wenn ihm etwas nicht passt. Er schreit herum und wird handgreiflich, und das schon bei Dingen, die ihm früher sonst wo vorbeigingen.

„Es kann nicht mehr lange dauern", sagt er sich, „dann werden meine schlechter gewordenen Leistungen zu blauen Briefen führen." Sogar in seinem Lieblingsfach Mathematik hat er plötzlich Schwierigkeiten. In den anderen Fächern sieht es noch mieser aus. Seine Noten werden immer schlechter und er schafft es nicht, sich zu verbessern. Denn beim Lernen in der Schule genauso wie zu Hause ist er nicht bei der Sache. Immerzu schwirren Gedanken an Eva und Julian in seinem Gehirn herum. Er ist nicht mehr in der Lage, an andere Dinge zu denken. So schafft er es einfach nicht, das fehlende Pensum aufzuholen. Langsam macht ihm seine Situation sogar Angst. „Alles geht den Bach runter", fürchtet er. „Was soll ich nur machen? Wer kann mir helfen?", denkt er.

Cathrin und Claus, seine Eltern, haben die Veränderung bei ihrem Sohn schon seit einigen Wochen bemerkt. Und seit es mit Eva aus ist, war es nicht mehr zu übersehen: Es wurde schlimmer. Sie wollten mit ihm reden. Wenn sie ihn jedoch darauf ansprachen, wurde er fuchsteufelswild, schrie herum und verweigerte jedes Gespräch, wurde bockig, schloss sich in sein Zimmer ein oder raste mit seinem Mountainbike im Wald herum.

Claus, selbst Lehrer, kennt das pubertäre Verhalten der jungen Leute in diesem Alter sehr genau. Seine Verhalten folgt dann den Kriterien der Deeskalation: keine Konfrontation, Verständnis zeigen, Zeit zur Beruhigung geben und kein besseres Verhalten anmahnen. Einfach in Ruhe lassen und Hilfe anbieten, aber nicht aufdrängen. Für Eltern ist das natürlich schwerer durchzuhalten als für einen Lehrer, das weiß auch Claus.

Tom hatte das gewünschte Gespräch mit seiner Mutter an einem Freitag. Sie sprach sofort in seinem Sinne auch mit Carla, und diese mit Tochter Eva.

Was für Tom dabei herauskam, war total niederschmetternd: Eva habe ganz deutlich gesagt, sie habe mit Tom Schluss gemacht und jedes Bemühen, sie umzustimmen, sei zwecklos. Auf die Frage warum, antwortete sie nur kurz: „Das fragt ihr noch? Nach den Vorfällen an meiner Konfirmation?"

Im Übrigen, äußerte sie, wisse sie es noch nicht genau, aber sie werde in Zukunft vielleicht mit Julian gehen, er sei älter und vernünftiger. Diesen Satz will Cathrin jedoch nicht an Tom weitergeben! Er wäre einfach zu brutal für ihn.

„Ende der Diskussion", waren Evas letzte Worte. Sie stand auf und ging Richtung Tür. Sie gehe nun zu ihrer Freundin Caroline, gab sie noch murmelnd von sich, als sie in einem bühnenreifen Abgang das Zimmer verließ.

Claus meinte später: „Das war das typische Verhalten einer fünfzehnjährigen Pubertierenden in Sachen Liebe, die häufig zu hören bekommen, wie schön/hübsch/attraktiv sie seien, und die dann meinen, schon erwachsen zu sein, auch wenn Mädchen in diesem Alter in der Regel noch recht unerfahren sind."

René und Carla müssen mit Staunen feststellen, dass sie mit ihrer Eva noch eine Menge Gespräche werden führen müssen, um ihr Selbstverständnis wieder ins rechte Licht zu rücken.

Noch am Freitagabend informiert Carla ihre Freundin Cathrin über das Ergebnis ihres Gesprächs mit Eva. „Für Tom wird das ein Schlag ins Gesicht sein", meint Cathrin, seine besorgte Mutter. Im Geiste sieht sie schon, wie ihr Sohn blass wird vor Erregung und Zorn.

Sturz im Ostwald

Mutter Cathrin hat das, was sie von Carla erfahren hat, auch die Aussage von Eva, dass Schluss sei mit Tom und dass sie ihn nie mehr sehen wolle, nur sehr gefiltert an Tom weitergegeben. Trotzdem war es um Toms Beherrschung vollends geschehen. Vor lauter Liebesschmerz und Zorn bekam er richtige Weinkrämpfe, Wut- und Schreianfälle wie ein Kleinkind. Es war seiner Mutter unmöglich, ihn zu beruhigen. Er ließ sich auch nicht trösten. Wütend rannte er die Treppe runter zum Fahrradschuppen und raste los Richtung Waldhaus bzw. Fischteiche.

Zum ersten Mal in seinem Leben erlebte er eine so große Enttäuschung, verbunden mit einem so großen Schmerz. Verschmähte Liebe kannte er bisher nur aus Filmen. Deren Gehabe um ihren Liebesschmerz empfand er immer als total überzogen. Nun musste er sich eines Besseren belehren lassen. Liebeskummer und Trauer wühlten jetzt in ihm so stark, wie er es den Schauspielern im Fernsehen nie abgenommen hätte.

In seiner Wut sann er weinend auf Rache, verwarf den Gedanken aber sofort wieder. Zu Eva hinfahren und um Liebe betteln? Auch diesen Gedanken verwarf er.

Er wusste nicht mehr ein noch aus. Er hätte dringend Beistand und beruhigende Worte gebraucht. Doch wo hätte er hinfahren können? Zu seinem Lehrer vielleicht? Der mochte ihn doch, ging es ihm durch den Kopf. Dabei raste er wie ein Bekloppter über die Spazierwege im Wald. Die alten Spaziergänger auf dem Schnampelweg mussten zur Seite springen, damit er sie nicht über den Haufen fuhr. Sie schrien ihm hinterher und drohten mit ihren Stöcken.

Das, was sie ihm an den Hals wünschten, trat auch prompt ein: Blind durch Tränen, Zorn und Herzeleid raste er in ein Schlagloch, überschlug sich, wirbelte noch einige Meter durch die Luft und knallte rutschend auf den steinigen Waldweg. Er blutete an Händen, Armen, Beinen, im Gesicht und am Hinterkopf. Diese Verletzung sah am gefährlichsten aus, zumal er keinen Schutzhelm trug.

Zwei Minuten später waren die Alten bei ihm. Sie stellten fest, dass er atmete, aber nicht ansprechbar war. Also bewusstlos? Sie drehten ihn langsam in eine stabile Seitenlage, wie sie es damals zum Führerschein gelernt hatten. Währenddessen rief ein anderer mit seinem Handy die Notrufnummer 110 an, schilderte die Unfallsituation, wo der junge Mann überall blutete, dass er wahrscheinlich bewusstlos sei, und gab den Standort durch: „Es ist der Schnampelweg, ein breiter, befestigter Waldweg, auf der halben Strecke zu den Fischteichen, etwa zwei Kilometer hinter dem Vivarium, diesem kleinen Tierpark – Sie kennen ihn?" „Wunderbar haben Sie das beschrieben", sagte die Stimme am anderen Ende der Leitung und bat den alten Herrn, der noch seinen Namen nennen musste, er solle bitte bei dem Verletzten bleiben und auf ihn aufpassen. „Aber bitte nichts an ihm machen!" In wenigen Minuten sei ein Krankenwagen mit einem Arzt am Unfallort.

Keine zehn Minuten später kam die Verkehrspolizei in einem Kleinbus angerast, dahinter der Krankenwagen. Mit routinierten Griffen von Unfallarzt, Sanitäter und Fahrer hievten sie Tom auf die Tragbahre. Im Wagen untersuchten sie ihn, stillten das Blut seiner Wunden und verbanden sie. Den alten Spaziergängern sagten sie noch, dass der Junge eine Gehirnerschütterung habe und sein Kopf ganz schnell geröntgt werden müsse. Ob jemand den Namen des Bewusstlosen kenne. – „Leider nein", war die Antwort. Das verbogene Fahrrad luden sie noch schnell in den Bus und schon fuhren sie mit Blaulicht und Martinshorn durch den Wald zurück zum Krankenhaus.

Tom hatte natürlich keinen Ausweis und auch kein Handy dabei. In seinem winzig kleinen Portemonnaie fanden die Schwestern im Viktoriahospital neben einem Fahrradschlüssel ein Zettelchen mit einer Handynummer: Es war die von Eva. Nach etwa einer halben Stunde hatte das Krankenhaus Eva an der Strippe. Damit hatten sie Toms Namen, Adresse und die Telefonnummer seiner Eltern, die sie sofort benachrichtigten.

Als Cathrin den Hörer auflegte, war sie kreidebleich, ihr wurde schwindlig, sie musste sich setzen. Tausend Gedanken schossen ihr durch den Kopf: Gerade sei Tom aus der Bewusstlosigkeit erwacht, hatte man ihr gesagt. Ein gutes Zeichen? Was würde das CT bringen? Nur eine Gehirnerschütterung? Oder auch eine Schädelfraktur?

Schreckliche Vorstellungen quälten Cathrin, was alles bei dem Sturz in Toms Körper passiert sein konnte. „Wie wird sich nun Eva verhalten?", fragte sie sich.

„Oh Gott – ich muss sofort zu ihm, wenn doch nur Claus da wäre! Auf seinem Handy ist er nicht zu erreichen. Samstagmittags hat er doch keine Schulstunde, also müsste er jeden Moment kommen. Zum Baumarkt wollte er auch noch, Holzleisten beschaffen für eine Türverkleidung im Waldhaus. Wenn er in einer halben Stunde nicht da ist, fahre ich alleine in die Klinik", beschloss sie.

Cathrin hatte alles zusammengepackt, was Tom im Krankenhaus benötigen würde. Sein Handy allerdings nicht, das durfte man dort nicht benutzen, aber sein Buch, das er gerade las. Sie wartete schon eine Weile auf Claus, als ihr einfiel, sie sollte Carla und René über Toms schlimmen Unfall informieren. Carla meldete sich sofort, als habe sie auf den Anruf gewartet. Sie wussten auch schon alles, durch Evas Telefonkontakt mit der Klinik und der Polizei. Diese hatte auch ihre Eltern angerufen.

Carla und René wollten gerne mit Cathrin und Claus zusammen zu Tom in die Klinik fahren. Sie trafen sich bei Cathrin. Eva war nicht da. Claus kam wenige Minuten später dazu. Seit Evas Konfirmation hatten sie sich nicht mehr zu viert getroffen. Lediglich Cathrin und René sahen sich täglich in Frankfurt beim Mittagessen. Das wollten beide auf gar keinen Fall missen.

Nun waren sie endlich wieder einmal alle zusammen. Ein wenig verschüchtert wirkten sie. Sie fremdelten etwas, würde man bei Kindern sagen. Nicht alle schauten sich wie früher erwartungsvoll strahlend in die Augen. Verängstigt und fürsorglich dachten alle an nichts anderes als an Tom und die möglichen Folgen seines Sturzes.

Alles, was mit dem Waldhaus zusammenhängt, ist scheinbar völlig ausgeblendet. Das deuten sie im Gespräch auch an.

Aber wie sie zu ihrem großen Ziel „Waldhaus" mit dem schöneren Leben wirklich stehen, können sie im Moment nicht beschreiben. In Anbetracht der Sorgen um ihre Kinder ist das ja auch verständlich. Eva mit ihrem misslungenen Einstieg in das Liebesleben sowie Toms gefährlicher Sturz aus gleichem Grund fordern zurzeit die ganze Aufmerksamkeit beider Familien.

Mutter Natur stellt indes nüchtern fest, dass René gar nicht so weit dem Waldhaus entrückt ist und dass die anderen in einer ruhigen Minute durchaus auch daran denken, wie schön es wäre, wenn es doch ... Also werden sie bald wieder ihren geheimen Wünschen folgen, wenn es Toms Sturz wieder erlaubt.

Die Fahrt zur Klinik dauerte nur zehn Minuten. Vor einer knappen Stunde geschah der Unfall. Tom lag auf Station 8, Zimmer 5, des Viktoriahospitals. Er begrüßte seine Eltern wie auch Carla und René mit einem schwachen Lächeln. Nach der Begrüßung schaute er immerfort zur Tür, als erwarte er, dass Eva noch käme.

Sein Kopf, mit allen Verletzungen an Stirn und Hinterkopf, war verbunden. Seine Schürfwunden im Gesicht, an Armen und Beinen bluteten nicht mehr, sie waren versorgt.

„CTs und MRTs sind bereits gemacht", erklärte Tom. Er wisse aber noch nichts über die Ergebnisse. – „Fragt doch mal die Schwester!"

Der zuständige Stationsarzt wusste Bescheid: Mit völlig teilnahmslosem Gesicht erklärte er, Tom habe mehr Glück als Verstand gehabt. „Wie konnten Sie ihm erlauben, ohne Schutzhelm im Wald herumzurasen?" Claus und Cathrin erschraken und erklärten ihm den Sachverhalt. Worauf der Arzt merklich freundlicher wurde. Claus wurde nun doch etwas ungeduldig und fragte noch etwas drängender: „Was uns viel wichtiger ist: Was sind die Ergebnisse Ihrer Untersuchungen an unserem Jungen?"

„Ja, richtig – er hat keine Verletzungen am Schädelknochen, aber zwei kleine Blutergüsse unter der Schädeldecke, vom Aufschlag auf den Boden. Sie gefährden nicht die Hirnfunktion. Glück gehabt! In wenigen Monaten werden sie wieder abgebaut sein. Solange muss der Kopf allerdings vor weiteren Stößen geschützt werden!

Von der Gehirnerschütterung wird er noch tagelang Übelkeit verspüren und sich eventuell auch noch erbrechen. Heute ist Samstag, ich würde empfehlen, dass Ihr Sohn noch bis Montag hier in der Klinik bleibt – zur Überwachung, für alle Fälle.

Übrigens, die Kopfhaut der Wunde am Hinterkopf wurde genäht. Alle Fleisch- und Schürfwunden sind ungefährlich. In wenigen Tagen können alle Verbände abgenommen werden. Wahrscheinlich schon am Montag. Beim Abtasten hat Tom keine einzige Schmerzreaktion gezeigt. Wir vermuten deshalb, dass keine inneren Verletzungen vorliegen. In den drei Tagen bis Montag wird sich auch diese Diagnose hoffentlich bestätigen.

So, nun wissen Sie Bescheid; wenn Sie keine Fragen mehr haben, darf ich mich verabschieden. Der nächste Unfall wartet schon." Er reichte jedem die Hand und verschwand in einem der unzähligen Gänge der Station 8.

Das Bett neben Tom war leer. Deshalb ließ er sich von seinen Eltern überreden, die zwei Nächte bis Montag in der Klinik zu bleiben. Mit fatalen Folgen!

Kaum war sein Besuch gegangen, als er ein Schild entdeckte: „Handys dürfen nicht benutzt werden! Für Schäden in der Krankenhauselektronik haftet der Handybenutzer! Ein Telefonanschluss an Ihrem Bett können Sie sich jederzeit schalten lassen, außer von Samstag 13.00 Uhr bis Montag 8.00 Uhr." Tom war stinksauer!

Er hatte sich langgelegt und versuchte seit einer Stunde, in dem Buch, das seine Mutter ihm mitgebracht hatte, zu lesen. Da öffnete sich die große Zimmertür und eine winzig kleine Schwester schob einen gewaltigen Rollwagen mit einem mächtigen Pultaufbau mit Messinstrumenten in Toms Zimmer. Sauerstoffflaschen, Schläuche, Galgen für Infusionsflaschen und andere medizinische Geräte konnte Tom ausmachen.

Das beängstigende Monstrum ähnelte mehr der fahrbaren Analysestation in den Boxen der Formel-1-Rennstrecken denn einem Krankenhausgerät für Humanmedizin.

Die thailändisch aussehende Schwester zapfte Tom immerhin vier Ampullen Blut ab – wozu, wusste sie nicht zu beantworten. Sie klemmte ein wäscheklammerähnliches Gebilde auf seinen linken Zeigefinger, um den Sauerstoffgehalt seines Blutes zu messen. Warum, wusste sie auch nicht. „Hier meine Anweisung vom Stationsarzt", sagte sie in kaum verständlichem Deutsch und zeigte auf einen Zettel. Nach weiteren Messungen von Temperatur, Blutdruck und Puls rollte sie ihr Gesundheitsmonstrum wieder hinaus und verschwand grußlos im Aufzug gegenüber.

Zwei Stunden Später war es eine sehr große, gar nicht mehr junge Schwester, die lustig hereinspazierte und sich als Schwester Elfriede vorstellte. Sie sei der Vampir vom Dienst und brauche dringend Blut von Tom Bernauer. – „Das sind Sie doch, ja?" Tom konnte gerade noch Ja sagen, da hatte Schwester Elfriede auch schon ihr Tablett mit weiteren drei leeren Blutampullen abgestellt, die Nadel in Toms Vene gehauen, eine neue Zapfstelle eingebaut und in Windeseile ihre drei Ampullen mit Blut gefüllt. Er kam gar nicht zum Fragen, wozu das gut sei, da war sie auch schon wieder weg. „Wozu brauchen die so viel Blut von mir?", fragte sich der Verängstigte.

Hier im Krankenhaus begegnete Tom schon wieder einer völlig neuen Welt.

Es war noch heller Tag, als ihm ein Abendbrot serviert wurde, das er bei bestem Willen nicht herunterbringen konnte: zwei Scheiben Weißbrot, weich wie Schaumgummi, eine kleine Alukapsel mit ca. 5 Gramm Diät-Margarine und die gleiche Portion Diät-Mettwurst. Dazu einen Humpen lauwarmen Brennnesseltee. Nein, das konnte er wirklich nicht zu sich nehmen.

Er versuchte, an der Etagen-Rezeption an etwas Essbares heranzukommen. Ein Schild gab Auskunft: „Dieser Counter ist von Samstag 13.00 Uhr bis Montag 8.00 Uhr nicht besetzt."

Tom wollte es nicht glauben, dass unser Krankenhaussystem so mangelhaft sein sollte. Doch zwei Stunden später wurde sein Krankenhausaufenthalt vollends zum Horror.

Es war schon dunkel, er lag im Bett, als ein Pfleger in blauem Overall die große Tür öffnete und das leere Bett neben ihm hinausrollte. Tom freute sich darüber, warum, wusste er auch nicht so genau. Vielleicht war es der Gedanke: Wenn kein Bett da ist, dann kann auch keiner hierherkommen.

Doch dann bekam er das Ungeheure im deutschen Krankenhaussystems erst richtig zu spüren: Ein anderer Pfleger bugsierte ganz vorsichtig ein Krankenbett in sein Zimmer. Der Pfleger verließ das Zimmer wieder wortlos. Bei der diffusen Beleuchtung konnte Tom nicht erkennen, ob in dem Bett jemand lag oder nicht. Er setzte sich, um besser sehen zu können, als aus dem Bett ein fürchterlich lautes Brüllen und Stöhnen ertönte.

Tom war zutiefst erschrocken. Er hatte so etwas noch nie gehört. Er zog sich die Decke über den Kopf. Das nützte nichts. Der Mann neben ihm brüllte alle zwanzig Sekunden, also dreimal in der Minute, so laut, dass er überall auf der Station zu hören war. Und das die ganze Nacht. Dies wurde nur dann ein wenig unterbrochen, wenn Schwestern auch bei ihm Blut abnahmen.

Tom blieb zwangsläufig die ganze Nacht wach und bekam alles mit. Auch wenn Pfleger ihn „umlagern" mussten, was etwa alle zwei Stunden erforderlich war. Oder wenn sie ihn auf die Bettpfanne setzen mussten. Auch wenn er nach der Urinflasche klingelte und die Pfleger das Notwendige taten. Es roch bei Weitem nicht mehr nach Hygiene – es stank!

Der verletzte Tom konnte das alles nicht verstehen. Er sollte doch hierbleiben, um gesund zu werden. Und dann dieses Terrorszenario. Er schaute weg, das nutzte auch nichts, es wurde ihm übel von dem Gestank und auch vom Lärm. Es war die grauenvollste Nacht in seinem bisherigen Leben!

Am Morgen des folgenden Sonntags erfuhr er von einer Schwester, dass sein Bettnachbar ein dreiundneunzig Jahre alter, verwirrter Mann sei, der nicht mehr gehen könne, aus einem Pflegeheim komme und in seinem Zimmer für eine OP am Montag vorbereitet werde.

Toms Panik wuchs weiter. Er wusste genau: Hier in dieser Hölle konnte er nicht bleiben. Es war seine erste Erfahrung eines Krankenhausaufenthalts – dieser prägte ihn für alle Zeiten.

Seine Eltern konnte er nicht anrufen, um ihn abzuholen. „Also werde ich einfach abhauen", war sein fester Vorsatz. Er zog sich an, verließ die Station, ohne einen Arzt zu fragen, der ohnehin nicht da war. Der Stationsschwester auf dem Gang sagte er, er könne das Chaos hier nicht mehr aushalten, er gehe jetzt nach Hause. Sofort erklärte sie ihm, das dürfe er nicht tun, sie würde seine Eltern anrufen.

Er ließ sie mit ihren Einwänden und Drohungen einfach stehen und verließ fluchtartig das Krankenhaus. „Aus einer Klinik abzuhauen, in der man nicht gesund, sondern krank gemacht wird, kann doch nicht falsch sein", sagte sich Tom.

Geld für Bus oder Taxi hatte er nicht. Auch kein Telefon, um Papa zu bitten, ihn abzuholen, also musste er laufen.

Ein halbe Stunde später hatte er die wenigen Kilometer zu Fuß geschafft. Allerdings ging er, wenn möglich, durch Parkanlagen, wo er sich auf einer Bank ausruhen konnte. Leicht schwankend, aber heilfroh erreichte er sein Zuhause. Um Jahre gealtert kam er sich vor, als er total erschöpft bei Mama und Papa klingelte.

Als Claus spätnachmittags Toms Sachen aus der Klinik holte, wollte er auch mit dem Stationsarzt gründlich über Toms Flucht aus der Klinik reden, auch über die Gründe. Doch der Arzt meinte zu Claus' Erstaunen lediglich: „Diese krank machende Ruhestörung, wie er das nenne, kann immer wieder vorkommen." Wenn man das ausschließen möchte und seine Ruhe haben wolle, dann müsse man eben ein First-Class Einbettzimmer nehmen. Die Entscheidung liege also ganz alleine beim Patienten! Der Arzt wartete nicht mehr auf eine Antwort. Er wusste wohl, was nun kommen würde, deshalb wünschte er noch schnell gute Besserung für Tom und verschwand flugs in den Gängen des Flures.

Tage später ging Tom wieder zur Schule. Er wollte das so, wegen seiner schlechten Noten. Sein Sturz war in der Schule bei

Lehrern nur deshalb noch von Interesse, weil er keinen Sturzhelm getragen hatte. Alle Lehrer rügten ihn dafür ganz massiv und stellten ihn als verantwortungslosen Gesellen hin. Seine Krankenhauserlebnisse musste er bei den Schülern immer wieder erzählen. Er merkte dabei aber auch, dass er in der Klinik in eine besondere Situation geraten war, das heißt, dass seine extrem schlechte Erfahrung nicht Standard in allen Kliniken war.

Eva hatte er noch nicht wiedergesehen. Er hatte immer noch dieses sehnsüchtige Gefühl mit Herzklopfen, wenn er an sie dachte. Und er dachte ständig an sie. Er hatte bis jetzt auch keinen Kommentar von ihr zu seinem Sturz oder zu seinen Erlebnissen im Krankenhaus gehört. „Mit Sicherheit hat sie alles von ihren Eltern gehört", sagte sich Tom.

Dieses leidige Gefühl, ohnmächtig zu sein, nichts von dem bewirken zu können, was er so gerne möchte: nämlich, dass seine Liebe zu Eva erwidert wird, das treibt ihn um. Sein Sturz hat auch keine positive Veränderung in ihrer Beziehung gebracht, worauf er ein wenig gehofft hatte. Stattdessen wächst seine Leere, seine Angst, auch sein Zorn. Nur beim Tennisspielen, wo er fest zuschlagen kann, kommt er von seinen Gedanken etwas los. Aber auch hier taucht sein Problem wieder auf: Auf Platz 4 spielt Julian!

Langsam dämmert es Tom, dass er den Kampf um Eva wahrscheinlich verlieren wird. Ständig wechseln seine Gefühle. Im Moment macht sich wieder einmal Resignation in ihm breit. Dabei müsste er seinen Kopf frei haben. Ihn für die Versetzung im Herbst mit Wissen vollpumpen, das wäre dringend erforderlich. Das weiß er selbst. Doch es geht nicht, muss er sich eingestehen. Eva überlagert all seine Gedanken.

Am Abend wollen sich die Eltern von Tom und Eva wieder einmal im Waldhaus treffen, wo sie allein sind, wo sie nicht mehr über die Situation ihrer Kinder reden wollen. Wo sie vielleicht die längst überfällige Einweihung nachholen können.

Selbst unter sich trauen sich die Ehepaare kaum noch, über den eigentlichen Sinn und Zweck der Hütte zu reden. Ein Liebesnest sollte es doch werden! Sollen all die schönen Gedanken und Vorstellungen von einem glücklichen Liebesleben zu viert etwa nur ein Traum bleiben?

Durch Tom und Eva sind sie plötzlich in eine Denkschiene geraten, in die niemand hineingeraten wollte. Eine Schiene, die ihren unsicheren, ängstlichen Gefühlen Auftrieb gibt. Und wenn nichts geschieht, wenn sie nicht gegensteuern, hin zu ihrem einstigen lustvollen Denken, wird ihr Projekt „Waldhaus" mit Sicherheit scheitern.

Das aber wollte bestimmt niemand. Nicht einmal Claus, der bisher als Einziger von diesen zweifelnden Gefühlen belastet war. Carla mit ihrem einfühlsamen Wesen hatte ihn fast von davon befreit, als Toms Sturz ihr Vorhaben „Waldhaus" ins Wanken brachte.

Jetzt, Wochen danach, wird ihnen klar, dass sie den „Einsturz" ihres Waldhauses verhindern müssen! Sie haben doch ihre Wünsche, ihre Erwartungen und ihre Ziele gar nicht aufgegeben. Sie wollen doch nach wie vor ihrem Leben zu viert mehr Inhalt, mehr Erfüllung geben.

Mutter Natur horchte auf!

Aufatmen

So oder so ähnlich unterhielten sich auch René und Cathrin, als sie am Abend im Zug saßen und über ihr Leben sprachen. René: „Unsere Kinder haben über Wochen unsere ungeteilte Aufmerksamkeit verlangt, also haben wir unsere Wünsche zurückgestellt. Was meinst du, Cathrin, können wir wieder an dem Punkt anknüpfen, wo wir vor vielen Wochen schon einmal waren? Wir haben uns regelmäßig in der Bahn und in Frankfurt sehen können. Das war unser Glück. Ein Vorteil, den Carla und Claus nicht hatten. Hoffentlich hat sich ihre Beziehung wieder gebessert. Bei uns beiden hat sich doch nichts geändert, oder? Meine Gefühle sind immer noch die gleichen. Ich denke, meine Liebe zu dir ist sogar noch stärker geworden." René nahm Cathrin fest in den Arm und fragte: „Und wie sieht es mit deinem Innenleben aus?"

Cathrin: „Nun, nachdem ich weiß, dass Tom keine Schäden davontragen wird, bin ich beruhigt. Selbst wenn er sitzen bleiben wird, stört mich das nicht mehr. Und was uns betrifft, ich will mittlerweile wieder das Gleiche wie du. Das Gleiche wie vor vier Wochen – und das möglichst bald", setzte sie leise hinzu und küsste René unauffällig. „Allerdings – wie auch schon vor vier Wochen: nicht auf die Schnelle auf dem Rücksitz. Ich brauche dazu Romantik, zärtliche Musik – du weißt schon. Damit ich mich bedenkenlos mit meinen vielen Wünschen in deine Arme fallen lassen kann. Wir brauchen viel Zeit und Ruhe! Wir brauchen das Waldhaus! Und Carla und Claus müssen auch noch mit allem einverstanden sein. Aber das werden wir bestimmt heute Abend im Waldhaus herausfinden. – Wenn alles noch stimmt, denke ich, sollten wir uns endlich ein paar Stunden Waldhaus gönnen. Alles hat seine Zeit! Wer weiß, welche Hindernisse sich uns noch in den Weg stellen." Dabei streichelte Cathrin zärtlich Renés Oberschenkel.

Sie fuhren wie immer erster Klasse und waren heute allein im Abteil. Diese Situation kannte René bereits. Kurz bevor sein Anzug wieder reif für die Reinigung wurde, entzog er sich schnell ihren wundervollen, zärtlichen und doch so kräftigen Händen, die ihn umschlossen.

Oben im Penthouse wechselte René hurtig den Anzug gegen Jeans. Carla war nicht da, aber Eva. Cathrin begrüßte sie herzlich mit Fragen zur Schule und zur Musik. Sie wusste, dass Eva die romantische Mondscheinsonate von Beethoven liebte und zurzeit auch übte. Sie unterhielten sich eine ganze Weile, ohne dass Eva eine Frage zu Toms Gesundheit stellte. Cathrin wollte sie auch nicht in Verlegenheit bringen, sonst hätte sie vielleicht von sich aus ein paar Worte dazu gesagt.

René kam aus dem Schlafzimmer. Er war umgezogen und fragte Eva, was sie jetzt unternehmen würde. „Ich gehe zu Caroline, oder sie kommt hierher zum Musizieren – ich weiß es noch nicht genau", war ihre kurze Antwort. „Wir fahren jetzt zu den anderen ins Waldhaus – tschüss, bis heute Abend, Kleines." – „Ja, Papa – tschüss."

Im Fahrstuhl sagte Cathrin: „Komisch, dass sie mit keinem Wort nach Tom gefragt hat. Ist sie denn nun mit Julian zusammen?" – André: „Soviel ich weiß, nicht. Er versucht zwar immer noch, bei ihr zu landen, aber sie will von keinem etwas wissen. Ist vielleicht auch besser so. Ich denke, sie befindet sich gerade in einem Entwicklungssprung. Sie ist so verändert, man kann ihr gar nichts recht machen. Egal wer etwas sagt und was er sagt, sie ist immer dagegen. Ich kann es nicht ändern, auch für sie ist es bestimmt eine schwere Zeit. Ich hoffe, du bist ihr nicht böse." – Cathrin: „Ich denke, sie steckt mitten in der Pubertät, das haben wir doch alle durchgemacht. Gib ihr Zeit, hab Verständnis für sie. Auch diese Zeit geht vorbei, mein lieber René. Vielleicht wird deine Tochter doch noch meine Schwiegertochter." Beide lachten laut.

Zehn Minuten später waren sie auch noch kurz in Cathrins Wohnung, damit auch sie ihr Bürooutfit gegen Jeans tauschen konnte. Für Tom, der zu Hause war, wie auch für Eva, war es ganz normal, dass Cathrin und René zusammen auftauchten. Sie wussten, dass beide in Frankfurt arbeiteten, folglich auch zusammen im Zug hin- und zurückfuhren. Tom sagte ihnen, dass Claus schon im Waldhaus sei. Er habe die feinsten Sachen zum Essen und Trinken mitgenommen.

Carla und Claus waren schon am frühen Nachmittag gegen 14.00 Uhr ins Waldhaus gekommen. Jeder allein mit seinem Auto. Sie wussten, dass ihre besseren Hälften erst nach 19.00 Uhr da sein würden. Bevor sie anfingen mit gründlichem Putzen, was sie sich vorgenommen hatten, kochten sie sich erst einmal einen starken Kaffee. Draußen vor ihrem Blockhaus, in der wundvollen Ruhe des Waldes, auf den alten Campingstühlen neben dem Bächlein genossen sie den Tag.

Natürlich kam schnell das Thema „Kinder" und deren Probleme zur Sprache. Carla entschuldigte sich fast für das sture Verhalten ihrer Tochter Eva. Doch Claus wehrte ab: „Wir haben uns doch in ihrem Alter keinen Deut besser als die beiden verhalten. Wenn ich darüber nachdenke, welch ein Kotzbrocken ich war, wie viele Probleme ich meinen Eltern gemacht habe – ach du liebe Zeit, war ich ein frechmäuliger Besserwisser! So gesehen sind ihre holprigen Schritte auf dem steinigen Weg durch die Pubertät ganz normal. Als Lehrer, der diese Altersgruppe unterrichtet, kann ich ganz gut erkennen, dass eure Eva wie auch unser Tom prachtvolle Menschen sind, die ihren Weg spielend meistern werden."

Carla: „Hui – da bin ich dir aber dankbar für deine schönen Worte. Sie beruhigen mich unwahrscheinlich." Dabei legte sie ihren Arm um seine Schulter und zog ihn zu sich heran, um ihn zu küssen. Sie wollte ihm aber nicht so ein hingehauchtes Dankeschön-Küsschen geben. Nein, sie wollte Claus zeigen, welche gewaltigen Gefühle sie für ihn empfand, die zur Erfüllung drängten. Die ihren Körper weit öffneten, wie die Blüte auf dem langen Stängel des Gänseblümchens im März. Sie stand auf und zog ihn vom Stuhl hoch zu sich – sie wollte sich an ihn drängen, ihn ihren Körper, ihre Brüste deutlich fühlen lassen, ihm zeigen, wonach sie sich so sehr sehnte, damit seine „Blockierung" endlich verschwinden möge.

Dabei erlebte Carla ein kleines Wunder. Schon beim Aufstehen konnte sie sein immer größer werdendes Wunder deutlich sehen. Und als sie sich immer fordernder küssten, spürte sie sein steinhartes Wunderwerk an ihrem Unterleib, was natürlich ihre Lust weiter steigerte. Ihre Hände umfassten seine befreite Urgewalt. Sie hatte ja nicht so viele Vergleichsmöglichkeiten, aber das hier überstieg ihre kühnsten Erwartungen. Je länger ihre Hände das Wunder streichelten, umso mehr überkam sie eine erregende Vorfreude und umso heißer wurde es Carla. Währenddessen ließen Claus' Hände den Knöpfen an ihrer Bluse nicht die geringste Chance, ihre Aufgabe zu erfüllen.

Es war nicht zu übersehen: Claus war wieder vollkommen gesund. Seine Blockierung war offenbar durch eine „Spontanheilung" namens Carla verschwunden.

Claus, Carla wie auch Mutter Natur strahlten in Erwartung des Kommenden um die Wette. Dieser warme Juninachmittag hätte die Qualität, Götter zu zeugen – glaubte Claus!

Vor lauter Erregung atmeten sie nicht mehr normal, eher hyperventilierend, als sie sich endlich anschickten, in der Hütte zu verschwinden. Claus war gerade dabei, das breite Gästebett am Boden herzurichten, als Carla einen leisen Schrei ausstieß.

Sie bemerkte etwas Warmes. Sie wusste sofort: Ihr Zyklus hatte sich schon wieder drei Tage früher eingestellt, obwohl sie die Pille immer pünktlich nahm. Eiligst verschwand sie im Bad. Solche Verschiebungen waren ihr bisher ziemlich wurscht gewesen. Diesmal allerdings war es ein Debakel, das sie mächtig ärgerte.

„Aus der Traum von erfüllter Liebe", ging es ihr durch den Kopf. „Wer weiß, wie Claus in fünf Tagen reagiert. Endlich ist er von seiner Angst befreit und schon muss ich ihm sagen, dass es heute nicht geht. Womit haben wir das verdient? Wie wird er meine Absage aufnehmen? Nein, wie peinlich, ich muss ihn trösten, so gut ich kann!", waren ihre Gedanken im Bad.

Claus kniete gerade auf dem Gästebett, um eine Decke auszubreiten, als Carla aus dem Bad kam. Sie stieß ihn seitlich um, Claus ließ sich willig auf den Rücken fallen, da lag sie auch schon auf ihm.

„Claauus", fing sie zögernd an zu sprechen, „ich muss dir was beichten: Die Götter, oder Mutter Natur, haben was dagegen, dass wir uns heute unseren großen Wunsch erfüllen." „Warum denn das?", fragte Claus mit einem kleinen Vorwurf in der Stimme. „Weil ich soeben meine Tage bekommen habe – deshalb. Ich kann wirklich nichts dafür, mein Liebster. Meine Hormone machen mit mir einfach, was sie wollen. – Sorry."

Bevor Claus auch nur ein Wort antworten konnte, hatte Carla ihre knopflose Bluse samt BH in den Raum geworfen, ihre prachtvollen Brüste sprangen ihm förmlich ins Gesicht. Den Reißverschluss seiner Jeans hatte sie geöffnet – der Knopf machte noch etwas Schwierigkeiten – und schon stand das Objekt ihrer Begierde überaus stolz, kerzengerade, in seiner beachtlichen Größe, mächtig und alles beherrschend im Raum. Bereit, ganzen Heerscharen von Nachkommen auf den Weg ins Dasein zu schicken. Carla starrte ihren wundervollen Claus mit verklärtem Blick und sexuellem Verlangen an. „Doch genau auf diese wunderschöne Aufgabe muss sein Prachtstück heute und morgen noch verzichten", denkt sie wehmütig.

Zum ersten Mal sahen sie sich nackt. Sie brauchten wirklich keine Scheu voreinander zu haben, ihre Körper waren von klassischer Schönheit. Beide registrierten das, sagten aber nichts. Beide verschlangen sich mit heißen Küssen. Ihre Hände, ihre Lippen, ihre Zungen liebkosten einander, streichelten und befühlten jeden Quadratzentimeter ihrer Haut. Auch die tief und versteckt liegenden Stellen. Fasziniert und maßlos erregt stellten beide fest, dass sie einander heiß begehrten. Und das sofort – ja, wenn es denn nur ginge.

Carlas zärtliche, emsige Hände, in Verbindung mit ihrem vollkommenen üppigen Busen sowie ihrem für heutig vielleicht etwas zu kleinen Mund mit vollen Lippen, schenkten Claus wenigstens einen Teil der Freuden, die sie ihm heute zur Feier des Tages hatte schenken wollen. Spielend konnte er so, im Höhenrausch, zwei Hochgebirgsgipfel erklimmen. Sein Quell sprudelte indes so üppig, dass Carlas kleiner Mund überfordert war und kostbarstes Erbgut sinnlos im Laken versickerte, bevor sie es zu schlucken imstande war.

Carla musste, trotz falsch gesteuerter Hormone, nicht ganz leer ausgehen. Auch Claus hatte geschickte Finger und eine flinke Zunge.

Glücklich waren beide schon, wenn auch nicht wunschlos glücklich. Und das trotz eines – hormonell bedingten – etwas vermasselten Starts. Länger als eine Stunde lagen sie noch eng umschlungen zusammen auf dem Bett, kuschelten, taten so allerlei und fühlten Zufriedenheit.

Allerdings blickte Mutter Natur doch etwas scheu zur Seite, als Claus nun einen Ausweg suchte. Weil heute „Carlas Tor zum Glück" verschlossen war, wollte er sich durch den etwas anderen Eingang, gelegen zwischen ihren zwei wunderschönen, runden, nicht zu großen Kalvarienhügeln, zu ihr hineinschleichen.

Doch Carlas Anatomie erlaubte es einfach nicht, ohne nötige Hilfsmittel Claus' gewaltiger Dimension Eingang durch das kleine goldene Hintertürchen zu gestatten. Cathrin, die Bankerin, seine Frau, verstand es zur großen Freude von Claus, hervorragend damit umzugehen. Carla wusste von dieser Spielvariante der beiden durch das vertrauliche Gespräche mit Cathrin. Und Carla war dieser Variante auch gar nicht abgeneigt, sie wollte es sogar, war aber total unerfahren. Angesichts seiner schieren Größe musste sie vorerst noch passen.

Sie überlegte ernsthaft, nochmals mit Cathrin darüber zu sprechen. Diese hatte ihr schon gute Tipps zum „Seelchen Claus" gegeben, die ihr halfen, mit seiner Seele umzugehen. Warum sollte sie auch nicht von Cathrins Intimerfahrungen mit seinem „Wunder" profitieren? Sicher würde sie vorbereitende Kompendien und Cremes haben. „Wir sind schließlich alle vier ein einziges wundervolles Doppelehepaar. Jeder gehört zu jedem, auch im Bett. So ist es doch abgesprochen, so soll es auch sein", überlegte Carla.

Ihre Sprache war während des Gebens und Nehmens der tausend Zärtlichkeiten an diesem Nachmittag noch etwas gebremst – wenn man von Lauten des Wohlbehagens und dem Stöhnen vor Lust und Glück einmal absah. Gefühle mit allen Sinnen und Körperteilen auszutauschen, das verlangten ihrer aller Seelen. Dabei sammelte ihr Geist den Stoff für lange Gespräche, die folgen sollten.

Zum Arbeiten im Waldhaus kamen sie an diesem Nachmittag nicht mehr wirklich. Lediglich den schönen neuen Esstisch präparierten sie noch für das Abendessen zu viert. Beim Aufbacken des Weißbrotes beugte sich Carla nach vorn zum Toaster. Schon stand Claus hinter ihr und ließ sie unmissverständlich schon wieder sein großes Wunder fühlen.

Ständig verlangten beide nach Küssen, Umarmungen und Berührungen. Möglichst großflächig wollten sie sich spüren, um zufrieden zu sein. Jetzt, wo der Anfang gemacht war, verlangten beide natürlich nach dem vollkommenen nächsten Mal. Wenn Claus ganz tief Carla total ausfüllen würde, so wie er sich das vorstellte, und beide gleichzeitig die maximale Zufriedenheit erreichen würden bei ihrem ersten gemeinsamen Orgasmus, erst dann wäre ihre Welt richtig schön.

Sie hatten heute ihrer Viererhochzeit ein wenig vorgegriffen, aber nicht zu sehr! Es ging nun mal nicht anders, aber sie konnten es verantworten.

Der neue Tisch war festlich zum Abendessen gedeckt. Cathrin und René konnten kommen.

Bei ihrem letzten Treffen im Waldhaus waren alle noch sehr zurückhaltend gewesen. Heute war alles ganz anders: lustiger, aufgekratzter, voller Tatendrang. Es war Freitag, morgen konnte man ausschlafen. Tom oder Eva würde bestimmt nicht mehr hier auftauchen, denn jeder befürchtete, den anderen dort zu treffen. Heute wollten sie auch nicht über ihre Kinder reden. Das hatten sie sich fest vorgenommen.

Im Waldhaus wurden die Ankommenden Cathrin und René stürmisch von Carla und Claus begrüßt. Erstaunlich und schön war es zu sehen, dass sich auch die Eheleute begrüßten wie Liebespaare. Das war der besondere Geist dieser vier schönen, großartigen Menschen. Die geistige Integration zu einem Doppelehepaar war offensichtlich weit fortgeschritten.

Die beiden hatten den neuen ovalen Eichentisch doch noch festlich gedeckt. Gläser und Teller standen bereit. Der Duft von frisch aufgebackenem Weißbrot erfüllte den Raum. Ihren meist etwas dämmrigen „salle de séjour" (Wohnraum) hatten sie mit Teelichtern und Kerzen in ein warmes, weiches Licht getaucht. Auch die neuen Korbstühle aus heller Weide mit Armlehnen und roten Sitzkissen halfen mit, ein wenig Flair der Provence zu schaffen. Was Claus und Carla angestrebt hatten, ist ihnen auch perfekt gelungen. Das beteuerten alle immer wieder beim Anstoßen auf ihre Gemeinschaft und auf das Wohl ihres geliebten Waldhauses. Dazu plätscherte im Hintergrund leise Musettemusik.

Cathrins aufmerksamen Blicken entging nicht, dass das Gästebett aufgepumpt am Boden lag und nicht wie üblich hinter dem Schrank stand. Und dass ein Laken unordentlich zusammengefaltet darauflag. Dummerweise waren auch noch Flecken zu sehen.

Claus bemerkte ihren Blick, fühlte sich von seiner Frau ertappt und wollte eine windige Erklärung abgeben. Das wiederum gefiel Carla überhaupt nicht. Sofort klärte sie Cathrin und René über ihren wunderschönen Nachmittig auf, wenn dieser auch, durch ihre Hormone bedingt, noch nicht das ganze Glück gebracht hatte.

Cathrin wollte es gar nicht so recht glauben. Sie blickte zu Claus, ihrem Mann: „Du bist also topfit?" Er nickte und nahm Carla in den Arm. „Das ist ja wunderbar!", rief Cathrin lachend. „Dann lasst uns alle heute noch heiraten!", jubelte sie. „Oh, geht ja nicht – aber nächste Woche." Darauf Cathrin: „Okay, wenn René noch solange warten will?" Der protestierte: „Das will ich aber nicht! Ich will es jetzt sofort!", rief er strahlend. „Toll", meinte Carla, „und wir dürfen endlich zuschauen, ja? Oder sogar mitmachen?" – „Na ja", meinte René, „lasst uns erst mal an dieser schönen Tafel Platz nehmen, uns stärken und den edlen Colombelle aus der Gascogne kosten. Dann klären wir das Problem ..." – „... wer wen wann und wie heiratet", ergänzte Cathrin unter großem Beifall. – „Schön dass wir endlich an dem Punkt angekommen sind, der uns das angestrebte, schönere Leben der Zukunft bringen wird." René sagte das in einem etwas ernsteren Ton und fügte hinzu: „Ich glaube immer noch daran, dass wir vier glücklich werden, dass unser Experiment nicht schiefgeht. Dass wir nichts bereuen werden, weil wir alle von dem gleichen Wunsch beseelt sind – stimmt doch, oder? Hoch die Tassen – ein Prosit auf unsere harmonische Gemeinschaft!"

Ihr erstes gemeinsames Abendessen im Waldhaus war gelungen, weil Claus wieder einmal alles unauffällig organisiert und besorgt hatte. Sogar die Musik war gelungen.

Schon während des Essens küssten und schmusten die Ehepaare intensiv und ungeniert miteinander, genauso wie mit ihren neuen Partnern. Sie waren eben das perfekte Doppelehepaar.

René, dem das Abwarten aus immer neuen Gründen schon viel zu lange dauerte, spielte mit dem Gedanken, das Gästebett in die äußerste Ecke zu schieben und ein paar Kerzen zu löschen. Wenn nötig, die spanische Wand als Sichtschutz zwischen Tisch und Bett zu stellen, um es den beiden Glücklichen vom Nachmittag gleichzutun.

Sich endlich mit Cathrin zu vereinigen, sie nennen es auch „heiraten", ist bei ihm schon zur fixen Idee geworden. Endlich von ihr uneingeschränkt aufgenommen und bestätigt zu werden. Das geht nur in ihr drinnen. Mit Cathrin eins zu werden, ist Renés großes Ziel.

Genau das beschreiben auch Sexualwissenschaftler als den größtmöglichen Glücksmoment. Weshalb er ja auch von allen Menschen ständig gesucht wird. Und, nicht unwichtig, dieses Glücksgefühl garantiert den Fortbestand der Menschheit. Mutter Natur als wichtigste Organisatorin gibt sich wirklich alle Mühe, damit es gelingt.

René erkennt: „Heute bietet sich endlich die Gelegenheit. Wer weiß, welche Störfaktoren morgen wieder auftauchen, das hatten wir schon allzu oft." Sein Drang nach Cathrin quält ihn schon lange.

Er fragt Cathrin flüsternd, was sie davon halte. Sie zögert. Sie wolle beim ersten Mal doch lieber mit René alleine sein. „Ich hoffe, mein Schatz, du verstehst das." René erwidert: „Na gut, was soll ich schon machen? Aber wir könnten doch auch, wie Claus und Carla, wenigstens ein wenig ... du weißt schon ..." „Ja, mein Liebster, ich verstehe dich doch. Der Druck von Mutter Natur lastet auf dir. Carla und ich werden das später schon schaffen! Wenn wir Frauen etwas planen, klappt das auch! Verlass dich darauf!"

Der Abend war fortgeschritten. Jeder hatte reichlich dem weißen Colombelle zugesprochen. Beide Frauen hatten es sich, wie abgesprochen, hinten im Raum auf dem Bett gemütlich gemacht. René und Claus unterhielten sich noch am Tisch über einen Zeitungsartikel, als ihnen auffiel, dass die Frauen im Raum verschwunden waren.

Claus war in das Vorhaben der Frauen eingeweiht und las weiter in seiner Zeitung, als René aufstand. Dieser witterte etwas – nur was?

Ob er sich auf das Bett dazusetzen dürfe, fragte er ganz zaghaft. Mit offenen Blusen fielen die beiden Frauen sofort über ihn her. Sie rissen ihm förmlich die Kleider vom Leib. Lediglich der Knopf seiner Jeans machte auch bei René Schwierigkeiten. Der Knopf gab nach, sofort sprang ihnen Renés Männlichkeit entgegen. Nicht ganz so üppig wie die von Claus, aber durchaus wettbewerbsfähig, fanden seine Frauen.

René konnte sich gar nicht sattsehen an so vielen üppigen, wohlgeformten Brüsten. Es schmeichelte seinem männlichen Ego, gleichzeitig eine Brust von Carla und eine von Cathrin in den Händen zu haben. Vier Brüste über sich schweben zu sehen wie reife Früchte. Seinen Kopf darin zu vergraben, darin wühlen zu können, sie zu küssen und an den Brustwarzen zu saugen. Was übrigens Cathrin massivere Lustgeräusche entlockte als Carla. All das waren schon immer Bestandteile seiner Sommernachtsträume gewesen. Er fühlte sich wie ein Pascha. Sofort kümmerten sich zwei Lippenpaare intensiv um sein Heiligtum. Alles, was Lippen und Zungen können sollten, das konnten sie auch. Sie küssten jeden Zentimeter von Renés seidenweicher Haut. Auch die allerverschwiegensten Stellen waren nicht sicher vor ihren Zungen, die René mal flach und weich, dann wieder spitz und hart verwöhnten.

Wenn sie sich drehten, hielten sie im geeigneten Moment inne, damit er mit lustvollen Blicken durch einen Spalt ihrer schon leicht geöffneten Türchen in ihr Heiligtum schauen konnte.

Renés Lust war an der Grenze des Erträglichen angekommen. Der Geifer rann ihm bereits die Lefzen herunter, würde man bei Tieren sagen. Dies alles und Cathrins schnelle Hände führten zu einer wahren Explosion. Hätte Carla in diesem Moment nicht Claus' Penis im Mund gehabt, hätte die Zimmerdecke wahrscheinlich neu gestrichen werden müssen.

Und wieder tropfte überschüssiges, erlesenstes Erbgut auf das Laken und versickerte. René war zu schnell und Carla nicht schnell genug – sie verschluckte sich auch noch. Die neuen Flecken von René trockneten neben den fünf Stunden älteren von Claus ebenfalls zu harten, runden Brettchen. Farblich unterschieden sie sich jedoch deutlich voneinander.

Duschkabine

Eine weitere Neuheit erlebten sie an diesem Abend, als sie unbedingt alle zusammen dicht gedrängt in der kleinen Duschkabine von 80 mal 80 Zentimetern duschen wollten. Claus wollte dabei mit Cathrin Sex haben. Cathrin hatte nichts einzuwenden, Carla auch nicht. Alle wussten, dass Carla heute entsagen musste. „Es ist ja auch egal, wir sind doch ein einzigartiges, großes Ehepaar", rief Carla voller Freude. Sie ermunterte Claus, tüchtig weiterzumachen, als er schlappmachen wollte und Cathrin schon ängstlich nach hinten schaute. Sie half mit Küssen, Worten und schnellem Hinfassen, wofür beide in der engen Dusche mit vier Personen dankbar waren. Denn wenn Claus herausrutschte, was, wie jeder weiß, im Stehen leicht vorkommt, dann ist man in der Enge sehr dankbar, wenn eine geliebte Hand ganz schnell die notwendige Ordnung wiederherstellt und zusammenfügt, was zusammengehört. Mann selbst käme mit seinen eigenen Händen zwischen den vielen Körpern gar nicht schnell genug zu der dringend notwendigen Wiedervereinigung. Dank der Aufmerksamkeit Carlas wurden alle „Rausrutscher" sofort behoben. Gerne hätte sie ihn noch schnell geküsst, doch dazu war es zu eng!

Alle wussten, dass Claus trotz der Überdimensionierung seines Heiligtums eigentlich ein kleines Sensibelchen ist, wovon heute allerdings überhaupt nicht zu bemerken war. Heute war er der fortschrittlichste, man müsste eigentlich sagen der Draufgänger im glücklichen Doppelpack.

Claus und Cathrin waren als Paar toll darin eingespielt, ihren Orgasmus gleichzeitig zu bekommen. Der spitze Schrei von Cathrin, der finale kräftige Stoß von Claus – wenn er dazu ausholte, mussten die anderen 25 Zentimeter zurückweichen – und das in der engen Kabine!

Mit gutturalem Aufstöhnen zeigte sie, dass die Synchronisation auch diesmal wieder geklappt hatte. Das andere Paar, René und Carla, fanden das, was sie sahen und über ihren Köperkontakt fühlten, so aufregend, dass sie mitmachen mussten, soweit das Carla heute möglich war. Auch ihre Orgasmen kamen zur gleichen Zeit. Wie sie das machten, verbietet sich, hier zu beschreiben. Man müsste über die Bewegungsabläufe virtuoser Finger und pfeilschneller Zungen in allen zugänglichen Körperausgängen referieren. Nein, das geht nicht! Das könnte eventuell Moralhüter wecken, wiewohl es doch nur die Natur des Menschen in seinen ursprünglichsten und wichtigsten Funktionen beschreibt: „bei der Arterhaltung"!

Können Sie liebe Leserin, lieber Leser, etwas zu der gelungenen Feier sagen? Die Wortwahl war doch nicht zu beanstanden. Oder? Wie würden Sie sich in der engen Kabine verhalten? Oder würden Sie sich nicht von der Lust am Sex anstecken lassen?

Was Mutter Natur heute mit Recht sagen darf: Es bestand offensichtlich eine ganz große Seelenverwandtschaft unter vier glücklichen Menschen! – Ja, in der Tat ein glücklicher Zufall, stellte sie mit großer Zufriedenheit fest. Ihr Lob ist fast ein wenig zu trocken für diese Orgie glücklicher Menschen quer durch alle Feuchtgebiete in ihrer engen, neuen Duschkabine.

„Und das Tollste", erzählte Carla etwas später, „keiner empfand auch nur das geringste Gefühl von Eifersucht, Scham oder ähnlichen bremsenden Gedanken. Im Gegenteil: Es bestand dabei allergrößte, luststeigernde Harmonie. Jeder und jede erkannte sofort den Wunsch des anderen. Wir halfen einander ständig. Mal hier, mal dort, wo gerade eine Hand, ein Mund, eine Zunge, ein Genital, eine Seele fehlte – wo Abhilfe nottat. Wir freuten uns mit an den schönen Gefühlen des anderen. So wie es bei einem Doppelehepaar auch sein muss", sagte Carla strahlend. Dabei hielt sie die beiden Heiligtümer ihrer Männer fest in den Händen.

Außer Carla waren alle aufs Lustvollste befriedigt. Sie hatten zusammen einen Höhenrausch erlebt, wie er einem sonst nur beim Besteigen des Matterhorns zuteilwird.

Das wussten natürlich alle vier und bedauerten Carla, die nur einen winzigen Hügel abbekommen hatte. Aber die Natur wollte ausgleichen. Die drei hatten sich nackt, wie sie waren, ganz dicht um Carla herumgestellt, und drückten sie zwischen sich. Sie streichelten sie überall und versprachen ihr, dass am nächsten Wochenende die lange verschobene Einweihungsparty ganz allein für sie, für Carla, gestaltet würde. Dankbar für diese Aufmerksamkeit küsste sie zärtlich alle der Reihe nach. Ihre beiden Ehemänner baten Carla, ihre Heiligtümer nicht zu vergessen – sie mochten ihre Küsse!

Dunkel war es geworden. Sie lagen zufrieden vor der Hütte im Moos auf dem Waldboden. Innig umarmt. Das Laken unter ihnen wie das über ihnen war zu klein. Ein Grund mehr, noch dichter zusammenzurücken. Sie lagen schon hintereinander. Sie schwiegen. Reden hätte bei dem leisen Rauschen des Waldes über ihnen nur gestört. Ihre Seelen sprachen miteinander, von großer Liebe, von großem Glück. Und dass sie beides nie wieder verlieren möchten.

Kein Lüftchen regte sich mehr, das Rauschen der Bäume hatte aufgehört. Umso deutlicher vernahmen sie nun die Stille. Das Knacken von Ästen ließ alle noch einmal dichter zusammenrücken. Sie waren eins. Sie hatten die Augen geschlossen, jeder fühlte den ruhigen Herzschlag von jedem. Sie schliefen ein.

Einen wunschlosen Augenblick lang waren sie im Paradies.

Tief in der Nacht war es, als der Wald wieder anfing zu rauschen. Schnell gingen sie hinein in ihr Waldhaus und legten sich auf das Bett. Es war zu schmal für vier. Nur wenn sie sich hintereinanderlegten, wie die Löffel, dann ging es. Sie zogen sogar ihre dünnen Blusen wieder aus, um Platz zu sparen. Das Schöne bei dieser Schlafstellung: himmlische 100 Prozent Körperkontakt, was ganz schnell wieder 10 Zoll neuen Platz erforderte für reversible Bewegungen im Lendenbereich. Das andere Problem: Wenn sich einer oder eine auf die andere Seite drehen will, dann müssen sich alle mitdrehen. Was mit einem Riesengaudi zelebriert wurde. Es war ein Fest für die Augen, aus ungewöhnlichster Perspektive erregende An- und Einblicke zu genießen.

„So richtig bequem ist es aber mit dem vorhandenen Equipment nicht, wenn wir alle zusammen in einem Bett schlafen wollen, und das wollen alle!", rief René. – „Dann muss noch etwas nachgebessert werden", meinte Cathrin. Zu gerne wollten sie hier im Waldhaus übernachten. „Aber was sagen wir den Kindern morgen früh? Wir können sie nicht im Ungewissen lassen, wo wir die Nacht verbringen. Das sind sie nicht gewohnt." – „Ja, es ist wichtig", meinte auch René, „dass wir unsere lieben Kleinen auf unser harmloses Vergnügen vorbereiten: dass wir nämlich an der gesunden, frischen Luft, im Waldhaus übernachten, das kommt doch der ganzen Familie zugute! Alles muss seine Ordnung haben." – „Richtig – und wenn sie auch im Waldhaus übernachten wollen?", fragte Carla. Darauf René: „Dann müssen wir das mit ihnen besprechen! Wir werden es nicht ablehnen können."

Sie standen schon bereit zum Weggehen, als Claus resümierte: „Ein wunderbarer Tag war das heute für uns. Und für mich war es in vieler Hinsicht auch ein wertvoller Tag: Ich habe meine Angst verloren. Ich denke, ich bin wieder ganz gesund. Das ging nur mit euch, ihr Lieben, und nur in unserer Doppelehe. Danke!" Die Frauen antworteten wie aus einem Munde: „Oh, lieber Claus, noch gesünder dürftest du gar nicht werden, das würden wir nicht verkraften." Sie küssten und streichelten ihn. Da meldete sich auch schon wieder seine Männlichkeit – wieder für jeden sichtbar! „Was soll ich machen?", fragte er mit unschuldiger Miene, als er an sich herunterblickte. Alle lachten und lobten ihn, den frisch genesenen Liebhaber und ausgezeichneten Mathe- und Physiklehrer.

Sie umarmten sich zum Abschied so, wie sich das für Frisch-verheiratete gehörte. Mit tausend Küssen, ganz zärtlich und ganz lange.

Nur noch zwei Stunden fehlten bis zum Sonnenaufgang, als sie wieder zu Hause waren.

Heile Welt?

Für morgen, am Sonntag, haben sie sich zu einem Spaziergang mit Kaffee und Kuchen am Holzweg verabredet. Am Vormit-tag telefonierten Carla und Cathrin miteinander, wer was mit-bringt. Dabei stellte sich etwas Erstaunliches heraus: Sowohl Eva wie auch Tom wollen zufällig auch mit ins Waldhaus kom-men. Eva weiß aber nicht, dass Tom auch hinkommt. Wie auch Tom nicht weiß, dass Eva hinkommt. Wüssten sie es, würden sie höchstwahrscheinlich nicht kommen. Als die Eltern diesen schwierigen Sachverhalt erkannten, haben sich beide Paare ge-fragt: Was tun? Und völlig unabhängig voneinander entschie-den sie, mit voller Absicht, es den Kindern nicht zu sagen. Etwas Schlimmeres als ein furchtbares Geschrei könne nicht passie-ren, meinten Cathrin und Carla.

Alle lieben Tom und alle lieben Eva. Sie würden sich riesig freuen, wenn die beiden wieder zusammenkämen. Und als für-sorgliche Eltern wollen sie gern dazu beitragen, dass auch Mutter Natur noch eine Chance bekommt, die beiden wieder miteinan-der zu vereinen. „Ob das gut gehen wird?", fragen sich alle vier.

Für den Samstagabend haben sie einen Tisch beim Italiener im Vivarium reserviert. Man sieht ihnen ein wenig an, dass sie in der vergangenen Nacht nur wenige Stunden geschlafen ha-ben. Alle wirken müde und entkräftet.

Bei Carla und Cathrin stimmt das, was über die Vierziger von Wissenschaftlern gesagt wird: dass sie hoch belastbar sind, weil sie sich auf der Höhe ihrer Leitungsfähigkeit befinden. Bei Claus und René hatten ihre Frauen indes den Eindruck, dass sie heute doch etwas gealtert daherkamen. „Hoffentlich macht sich das wieder bis nächsten Freitag", kicherten sie.

René hatte diese Bemerkung gehört und scherzte: „Nächsten Samstag um diese Zeit werdet ihr zwei Schönen noch mit Sauerstoffmaske im Reanimationszelt der Notaufnahme liegen, so werden euch unsere Naturgewalten zugesetzt haben." – „Wow!", riefen Carla und Cathrin. Sie schüttelten sich vor Lachen. „Bitte bis Freitag eure Naturgewalten schonen! Dann werden wir sie herausfordern. Ihr wisst ja, dass wir bei angemessenem Bemühen eurerseits um die Arterhaltung immer wieder gerne unterlegen sind!"

Alle freuten sich schon auf Freitag. Unter dem Tisch ging das Suchen ihrer Hände weiter. Als das Essen endlich kam, erzählte der italienische Kellner eine lange, völlig unverständliche Geschichte von seiner Großmutter in Kalabrien über die gerade servierte Pasta asciutta. Mit viel Gestik erklärte er, wie sie gemacht wurde, welche Zutaten man brauchte usw. Sie lächelten alle höflich und nickten ihm zu, als er seine Geschichte beendet hatte. Doch der Mann schaute sie traurig und vorwurfsvoll an. Er hatte offenbar eine traurige Geschichte erzählt, wovon sie kein Wort verstanden hatten. „Hätte er halt mal ordentlich Deutsch gelernt", sagte René trocken. „Er ist schon zwanzig Jahre in Deutschland!"

Alle vier schwebten heute auf einer rosaroten Wolke. Für sie gab es nur Schönes auf der Welt. Deshalb wohl auch das fehlende Verständnis. Sie redeten noch eine Weile über den Vorfall und beschlossen, ihm als Wiedergutmachung ein etwas größeres Trinkgeld zu geben.

Am nächsten Tag, gegen drei Uhr am Nachmittag, kamen als Erste Familie Bernauer mit Cathrin, Claus und Tom am Waldhaus an, bepackt mit Kuchen, Milch und Kaffee in einer großen Thermoskanne. Alles fein säuberlich in einem großen Picknickkorb, der mit einem Küchenhandtuch abgedeckt war.

Tom schaute sich das Waldhaus ganz genau an und sagte: „Chapeau – ihr habt aus der alten Baracke ein richtig schönes

Häuschen gemacht." – „Es freut uns, lieber Tom, dass es dir gefällt", antwortete Claus. Alle waren erstaunt, dass er so gar keine Kritik üben wollte. Das war doch in letzter Zeit der größte
Anteil seiner Kommunikation. „Was nicht ist, kann ja noch werden", meinte seine Mutter leise.

Tom war heute offenbar in eine Phase der Zufriedenheit zu-
rückgefallen. Er meckerte auch nicht über die Tatsache, dass er
Hunger hatte. Das hätte er sich noch heute Morgen nicht nehmen lassen. Nein – er ging zu seiner Mutter und fragte höflich,
ob er ein Stück Kuchen haben könne, er habe großen Hunger!
Ein Verhalten wie früher! Na, geht doch, möchte man sagen.
Er bekam seinen Kuchen und spazierte damit in den Wald. Er
suchte seinen Moosfleck, auf dem er als Kleinkind immer so
gerne gelegen hatte, der aber heute wegen des neuen Unterhol-
zes nicht mehr zu finden war. Vom Hause aus war Tom gar nicht
mehr auszumachen.

Er war gerade im Wald verschwunden, als die Homburgs an-
kamen. Carla, André und die noch schöner gewordene Tochter
Eva. Sie begrüßten einander herzlich: Küsschen links, Küsschen
rechts. Dass Tom auch da war, erwähnten sie aber mit keinem
Wort. Sie lebten zwischen Hoffen und Bangen, dass die beiden
sich wieder vertragen würden. Dass es zu keinem neuen Eklat
kommen würde. Oder dass sie sich endgültig zerstreiten würden und die Eltern dann auch noch daran schuld sein sollten.
Dieses Risiko bestand durchaus. „Die Stunde der Wahrheit wird
nicht lange auf sich warten lassen", unkte René.

Auch Eva war erstaunt, was aus der vergammelten Hütte geworden war: ein süßes, kleines Haus mit Komfort. Eine ganze
Reihe von Erinnerungen zogen an ihr vorbei: Tante Dodo, Tom
und sie beim Brückenbauen über den reißenden Fluss, die Ju-
nikäfer auf ihrer Hand … All das war jetzt schon zehn Jahre
her, aber sie wusste noch jede Einzelheit, stellte Eva in einem
Anflug von Traurigkeit fest.

Vor dem Eingang des Hauses, neben dem Bächlein, hatten
sie sogar eine ebene Fläche angelegt zum Sitzen im Freien. „Das
hat mir als Kind schon immer gefehlt", stellte Eva fest. „Damals

war alles so holprig gewesen mit großen Steinen und Wurzeln. Dauernd stürzte man zu Boden. Aber Tom half mir immer wieder auf die Beine. Daran erinnere ich mich." – „Du warst erst fünf", sagte Carla, „noch so klein. Da kommt einem alles riesengroß vor." „Wahrscheinlich hast du recht, Mama. Es war eine wunderschöne Zeit!"

Es war so ein schöner warmer Sommertag, an dem man am liebsten im Freien sein will. Sie trugen den schon gedeckten Kaffeetisch hinaus vor die Tür und stellten ihn auf das kleine Plateau, das Eva gerade entdeckt hatte. Als sie sechs Stühle drum herum stellten, hätte Eva eigentlich stutzig werden müssen, doch sie hatte nicht mitgezählt.

So kam es, wie es kommen musste. Tom kam aus dem Wald zurück, guckte zunächst gar nicht so genau hin, wer da alles herumstand, und plauderte munter drauflos. Erst als er schon fast die Gruppe erreicht hatte, entdeckte er Eva und Eva auch ihn.

Die Eltern hatten sich schon auf eine fürchterliche Auseinandersetzung zwischen den beiden eingestellt. Sie hatten überlegt, was sie tun wollten, wenn sie zu hysterisch würden oder wenn Tom in seiner Ohnmacht wieder in den Wald flüchten würde und Eva mit ihren unergründlichen Gefühlen die ganze Gesellschaft abkanzeln würde. Sie wussten nicht, wie ihre Kinder reagieren würden. Angst hatten alle vier vor dem, was jetzt kommen würde.

Doch es geschah nichts, gar nichts. Als gäbe es überhaupt keine Probleme zwischen ihnen, begrüßten sich Eva und Tom mit Handschlag und strahlenden Gesichtern.

Die vier Eltern schauten sich an, als würden sie die Welt nicht mehr verstehen. Dennoch waren sie glücklich über diese Wende – wenn es denn tatsächlich eine Wende war. René tippte sich sogar mit dem Zeigefinger an die Stirn, mit dem anderen Zeigefinger deutete er auf die beiden. So wie er gelegentlich auch schon mal mit anderen Autofahrern zu kommunizieren pflegte – der Herr Gerichtspräsident.

An der Kaffeetafel suchten sich Tom und Eva, wie gewohnt, Plätze nebeneinander. Der einzige Unterschied zu früher war, dass sie keinen Kakao oder Limo zum Kuchen tranken, sondern Kaffee, wie Erwachsene.

Ganz vorsichtig schlich sich Mutter Natur wieder heran.

Die Kaffeetafel der Großfamilie verlief in völliger Harmonie, ohne bissige Bemerkungen von Tom. Auch ohne den motzigen Gesichtsausdruck von Eva, mit dem sie in den letzten Monaten ihre Eltern nervte. Die heile Welt war wieder eingekehrt.

Wie bei Groß und Klein üblich, wollten auch sie ihre Erinnerungen wieder auffrischen: Sie wollten wieder in das Vivarium. So geschah es dann auch, sie wanderten alle zusammen die zehn Minuten hinüber zum Tierpark. Dort angekommen, entfernten sich Tom und Eva ganz schnell von den anderen. Sie bogen in einen ruhigen Seitenweg ab.

Carla fragte in die Runde, ob die beiden wohl wieder ihre Gefühle füreinander entdeckt hätten. Cathrin antwortete: „Es ist offensichtlich, dass sich da etwas bewegt. Sie suchen nach einem neuen Weg. Hoffentlich finden sie so einen schönen, wie wir ihn gefunden haben." Alle nickten. Ihre Blicke signalisierten sogar heftige Zustimmung.

Beim Spazieren, vorbei an den Gehegen des Streichelzoos, beobachteten sie einen Hasen, der beständig versuchte, „seine Art zu erhalten". Doch kaum war er auf die Häsin gesprungen, entwischte sie ihm wieder. Erst nach vielen Versuchen besann sie sich offenbar ihrer Pflichten und hielt stand. Die Hinterläufe des mächtigen Rammlers ratterten zehn Sekunden lang auf dem Lehmboden einen Trommelwirbel. Währenddessen begattete sein Körper total gekrümmt, im rasenden Takt seiner Hinterläufe, die Häsin. Dann zitterte er eine Sekunde lang am ganzen Körper und stürzte wie vom Blitz getroffen herunter von der warmen Häsin auf den kalten Boden. Da lag er nun, wie tot, mit ausgestreckten Läufen, was die Häsin allerdings nicht im Geringsten kümmerte. Sie ließ ihren Gatten einfach liegen und hoppelte sofort beschwingt zu dem Löwenzahn, mit dem ein Kind winkte.

„Blauer Riese" stand auf dem Schild. Und: „Sie werden in den Hasenzucht-Vereinen gerne gezüchtet. Sie wachsen schnell und entwickeln laut Angaben der Züchter bei genügendem Auslauf ein zartes, wohlschmeckendes Fleisch."

Claus schüttelte sich: „Igitt, nein, ein blauer Riese möchte ich wirklich nicht sein!" René: „Na ja, bedenke bitte auch mal, du müsstest nicht arbeiten, nur fressen und rammeln – ist doch ein tolles Leben!" – „Nein, nein, da bleibe ich lieber bei meinem gerade beginnenden süßen Leben in unserer Super-de-luxe-Doppelehe", schwärmte Claus. – „Recht hast du", bestätigten Carla und Cathrin wie aus einem Munde, dabei streichelten sie seine Hände.

Auf der anderen Seite des Streichelzoos, auf dem Parallelweg, beobachteten sie ihre lieben Kleinen. Sie standen Hand in Hand ganz dicht aneinandergedrückt wieder bei den spuckenden Lamas, wie vor Monaten bei ihrem ersten gemeinsamen Besuch des Vivariums. Wieder strahlten sie, als hätte Mutter Natur ihnen gesagt, was bald passieren würde.

Bei den Tischen vom Gartencafé angekommen, wo ihre Eltern schon saßen, hatte Tom mit dem rechten Arm Eva an der Hüfte umfasst. Sie sahen aus, als bräuchten sie diesen Köperkotakt, als würden sie „miteinander gehen".

Carla und Cathrin fragten ihre Sprösslinge ganz vorsichtig, ob ihr Eindruck richtig sei, dass sie wieder befreundet seien, so wie früher. Wie aus einem Munde kam die Antwort: „Wir waren doch nie auseinander, warum fragt ihr?"

Die Eltern hatten heute schon so viele Überraschungen erlebt, warum also nicht auch noch diese freudige? Sie waren mit dem Ergebnis des Tages rundum zufrieden. Nicht nur weil Mutter Natur mit ihren Verlockungen wieder mitmischte. Nein, auch weil sie sich damit größere Chancen auf Toms Versetzung im Herbst ausrechneten. Und das nicht ganz unberechtigt. Denn bei ihm traf der dumme Spruch, „dass die Liebe das Gehirn in die Hose rutschen lässt", eben nicht zu. Bei ihm beflügelte die Liebe seinen Geist; Stress ließ ihn hingegen erlahmen!

Nach Cola und Kaffee wanderten sie wieder zurück zu ihrem Waldhaus. Dabei fragte Claus seinen Filius, so von Mann zu Mann, ob das kein neues Problem mit Julian geben würde, wenn er nun wieder mit Eva zusammen sei.

„Nein, nein", meinte Tom, „die waren doch nie zusammen! Julian wollte das zwar immer, aber Eva nicht. Sie kokettierte eine Weile mit dem Gedanken, das weiß ich. Aber ihre Gefühle waren immer nur bei mir. Gerade hat sie mir das im Vivarium erklärt."

„Da bin ich aber froh, wir alle sind froh, mein lieber Tom! Damit wird bei uns wieder Ruhe und Gelassenheit einkehren, das hoffe ich wenigstens. Übrigens habt ihr beide das alles wieder ganz toll hingekriegt, und das ganz alleine", sagte Claus und klopfte Tom wohlwollend auf die Schulter.

Claus' Gedanken wanderten noch ein Stück weiter in die Zukunft: „Was machen wir, wenn Tom auch einen Schlüssel fürs Waldhaus will, weil er genau wie wir alleine sein will mit seiner Eva?" Er hörte ihn schon sagen: „Ihr braucht keine Bedenken zu haben, wir werden dort genauso wenig Verbotenes tun wie hier oder bei Eva in der Wohnung, wenn ihr nicht da seid!"

Zum Glück standen bei den Teenagern diese Fragen noch nicht an. Allerdings könnte sich das sehr schnell ändern, gibt Mutter Natur zu bedenken.

Im Waldhaus räumten sie alles zusammen, jeder packte mit an, den Kaffeetisch abzuräumen und das Geschirr abzuwaschen – so ging es ganz schnell. Sie machten alles dicht, schlossen ab und machten noch schnell ihren Kontrollgang um ihr geliebtes Waldhaus herum. Es war alles in Ordnung, sie wollten gerade abfahren, als Eva bat, sie würde gerne mit Tom fahren und auch noch eine Weile bei ihm bleiben. „Okay, macht so, wie ihr denkt", sagte René lachend und küsste seine Tochter.

Cathrin erinnerte Carla noch schnell: „Sei doch bitte so gut und denke an zwei größere Decken für Freitag, wenn es kalt ist." – „Ja, mache ich, wir telefonieren – tschüss, ihr Lieben", ertönte es aus dem Wagen. Dann fuhren sie los Richtung Weststadt, wo alle wohnen.

Terrassengespräche

In den letzten drei Tagen war so viel Schönes, aber auch Erstaunliches passiert, dass René und Carla das Bedürfnis haben, noch einmal über alles zu sprechen. Eva ist noch bei Tom, sie sind also allein und können ungestört auf der Terrasse sitzen und miteinander plaudern. Mit oder ohne die Oppenheimer Roten, die beleuchteten Burgen der Bergstraße, zu sehen, die Ruhe zu genießen, das ist immer wieder schön für die beiden und ein echtes Erlebnis. Oft haben sie dabei auch erkenntnisreiche Gedanken.

Solch ein Gespräch führt sie nun auch zu ihren neuen Ehepartnern Claus und Cathrin. Unverändert lieben sie sich immer noch. Genauso unverändert pflegen sie ihr Sexualleben, wie früher. Neuerdings bedauern sie gelegentlich, dass Cathrin und Claus nicht dabei sind: „Zu viert ist es einfach noch schöner", finden beide.

„Ich bin ja noch nicht so ganz eingeheiratet in unsere Viererehe", beginnt Carla. „Deshalb freue ich mich wahnsinnig auf Freitag, da ist es endlich so weit. Jeder von uns hat die Einmaligkeit unserer verschwiegenen Gruppe erkannt: Das Erstaunlichste in unserer Ehe zu viert ist doch, dass es keine Eifersucht und keine Missgunst gibt. Auch, dass jeder mit jedem alles teilt. Mit ihm fühlt und denkt, das ist doch das Denkschema von selten guten Eheleuten. Ob es um wirtschaftliches Wohlergehen oder um seelischen Einklang geht oder darum, sexuelle Wünsche zu erfüllen, wie absonderlich diese auch sein mögen – nichts, rein gar nichts führt bei uns zu Problemen. Jeder und jede tut alles, was dem anderen Freude bereitet. So ist es doch bei uns!", sagt Carla. „Es ist die Spitze seelischer und physischer Erfüllungen", fährt sie mit erregter Stimme fort, „das Höchste, was vier Menschen einander ermöglichen können. Ich denke, das ist die reine Liebe. Oder was meinst du, René?"

„Ja Carla, das denke ich auch", antwortet René. „Es ist die Erfüllung reiner Liebe, die wir gesucht und gefunden haben. Wir haben nicht die ‚freie Liebe' gesucht, die leicht zu finden ist. Wie sie noch in den Siebzigerjahren in Woodstock praktiziert wurde. Wo es egal war, wer sie oder er war. Wenn es zum Kopulieren reichte, genügte das schon. Größere Ansprüche wurden da nicht gestellt. Sogar als Liebe und Freiheit wurde dieser Wahnsinn dargestellt. Selbst der zugekiffte Freak mit glasigen Augen im Pace-Shirt, in der einen Hand ein Sternenbanner-Fähnchen, in der anderen eine Whiskyflasche und im Mundwinkel einen Joint, auch er bekam noch schwankend Sex mit der bildschönen, ebenfalls lallenden Chefsekretärin, die nicht wusste, ob sie ihre Pille genommen hatte! Nein, das ist nicht unsere Welt, das ist nicht unsere Vorstellung von Erfüllung. In unsere Viererehe gehören auch Treue und Fairness dazu", sagt René. „Woodstock bei strömendem Regen im Matsch mag eine Spur von romantischem Suppenküchen-Sex gehabt haben", fährt er fort. „Nein, unsere Welt wäre das nicht gewesen! Vielleicht war diese Welt nur durch den sozialen Druck auf die verarmende Gesellschaft der Amerikaner entstanden? Vielleicht trafen sie sich ja zufällig im Matsch eines regendurchweichten Feldes, um im strömenden Regen mithilfe von Whisky ihre Not zu vergessen und sich dabei von bekifften Musikern zudröhnen zu lassen? Alles spricht eher dafür, dass sie schon nicht mehr Herr ihrer Sinne waren oder einem falschen Propheten aufgesessen waren. Was in Amerika, wie man lesen kann, sehr schnell geht!

Es scheint schon sehr amerikanisch, dieses Desaster auch noch als ‚Mythos sexueller Freiheit mit Sternenbanner' verkaufen zu wollen. Im wahrsten Sinne verkaufen, also Geld damit machen! In Wirklichkeit war es doch eine animalische Unsittlichkeit betrunkener Zeitgenossen, die sich hier im Suff schamlos in aller Öffentlichkeit befriedigten. Es war kein Aufbruch in ein helleres, schöneres, befreites Zeitalter! Wovon einige heute noch schwärmen, wenn sie Woodstock hören. Die dunklen Wolken über diesem Land hängen dort heute noch. Nein, in diese Gesellschaft hätten wir nie gepasst! Wir alle vier nicht! Unsere Lösung, zu viert zu einem schöneren Leben zu gelangen, wird hoffentlich von langem Glück geprägt sein. Zugegeben, unser Weg ist auch Neuland. Aber doch mit den Werten bester europäischer Traditionen. Zum Beispiel Verantwortungsbewusstsein.

Im Gegensatz zu Woodstock wird unser Weg in der Zukunft immer mehr Anhänger bekommen – vielleicht sogar schon haben."

„Damit beendet der Herr Gerichtspräsident Dr. René Homburg sein Plädoyer für die Doppelehe", witzelt Carla. Sie kuschelt sich an René: „Schöne Worte hast du gefunden für unsere Liebe. Wir werden darauf achten müssen, dass alles so bleibt, dass unsere Ehe nicht gefährdet wird. Mit Cathrin habe ich auch schon darüber gesprochen. Sie ist der gleichen Meinung: So wie es ist, soll es bleiben. Auch sie wollen ihre Ehe nicht aufs Spiel setzen."

René: „Da haben sie auch vollkommen recht. Keiner von uns will das. Und es ist auch nicht notwendig. Ein Mehr an erfüllten Wüschen wird gar nicht möglich sein! Wir haben in unserer Doppelehe doch alles, wofür andere ihre Ehe verlassen. Eine Steigerung an erfülltem Glück geht nicht mehr. Wir leben dann mit unseren Freunden ein gemeinsames, erfülltes Leben! Meine liebe Carla, du musst dich nicht sorgen", dabei drückt er sie fest an sich, „wenn es nach mir geht, bleibt wirklich alles so, wie es ist. – Soll ich dir eine Decke holen? Es ist kühler geworden!"

„Nein, vielleicht später, René. Aber lass uns noch kurz über Eva, unseren Teenager, sprechen: In den letzten Monaten ist sie körperlich zu einer vollendeten Frau geworden. Sie liebt Tom, das ist seit heute ganz klar und für jeden sichtbar. Sie hat schon lange ihre Tage, ist also fähig, ein Kind zu bekommen. Von Tag zu Tag wird das Risiko größer, dass Mutter Natur ihr den Gedanken geben wird, die Zeit wäre gekommen, sie könne mit Tom schlafen. Tom ist auch schon zu 80 Prozent ein richtiger Mann und er liebt Eva abgöttisch. Doch wie ich unsere Tochter kenne, wird sie ganz alleine bestimmen, wann sie mit Tom schlafen wird. Dann passiert es auch. Nun meine Frage an den allerliebsten Vater, der vielleicht bald der allerliebste Großvater sein wird: Wann reden wir mit Eva über ihre Liebe, über Verhütung und was es dazu noch alles zu sagen gibt?"

René: „Uff, die Frage kommt für mich überraschend. Darüber habe ich noch nicht nachgedacht. Ich glaube, ich kann das gar nicht. Du als Frau weißt doch viel mehr darüber als ich. Also musst du mit ihr reden."

„Nein, nein, davor wirst du dich nicht drücken, mein Lieber. Das machen wir zusammen!"

René: „Nun gut, wenn es denn sein muss. Aber du hast mehr Wissen, also hast du die Verhandlungsführung."

„Okay, wann bitte?", fragt sie. – Keine Antwort. – „Bedenke: Wenn wir es Mutter Natur alleine überlassen, bist du schneller Großvater, als dir lieb ist! Eva muss, bevor sie zum ersten Mal mit Tom schläft, zur Frauenärztin. Dort war sie noch nie! Das wird Diskussionen geben", fährt Carla fort. „Die richtige Pillenstärke muss ihr verordnet werden, das bedarf einer gynäkologischen Untersuchung. Du kannst dir gar nicht vorstellen, was es für ein junges Mädchen bedeutet, sich auf diesen Untersuchungsstuhl zu setzen. Damit sie sich nicht zu sehr schämen muss, ist es besser, schon vor der Untersuchung einmal bei der Ärztin gewesen zu sein. Es sind also viele Dinge zu beachten. Also, wann reden wir mit Eva?", fragt Carla energisch.

Die Sache mit dem Großvater hat René sichtlich aufgeschreckt. „Du hast recht, Carla, wir müssen das Gespräch in den nächsten Tagen angehen. Bitte mach schnellstmöglich einen Termin bei deiner Frauenärztin. Und wenn wir den Termin wissen, sprechen wir sofort mit Eva. Wäre das der richtige Weg, mein Schatz?"

„Ja, das ist der richtige Weg. Der Schock mit dem Opawerden hat dich richtig aufgerüttelt, stimmt's?"

„Jaaaa", stöhnt René.

„Mein lieber René, mich hat der Gedanke, eventuell jetzt schon Oma zu werden, ganz genau so entsetzt wie dich. Omas und Opas gehören in unserer Gesellschaft nun mal zum alten Eisen. Und dabei sind wir gerade auf dem Weg, unser Leben jugendlicher, lustvoller zu gestalten. Bei uns, den Eltern einer jungen Mutter, würde der Oma-Status vom Umfeld noch etwas kritischer wahrgenommen als bei den Eltern des dazugehörenden jungen Vaters. Dagegen wehre ich mich innerlich ganz stark! Das ist auch so eine Diskriminierung der Frau!", schimpft Carla laut. „Ich denke auch, dass Claus und Cathrin schon darüber gesprochen haben, wie sie ihre Großelternrolle noch ein Weilchen hinausschieben können", vermutet Carla. „Ob sie auch schon mit Tom über das Verhüten beim Manne gesprochen haben? Natürlich weiß er schon alles zu diesem Thema ganz genau. Aber mit seinem Vater darüber zu reden, hat doch noch mal eine andere Qualität. Das wird ihm für den Fall aller Fälle eher im Gedächtnis sein!" Carla lächelt, als sie das sagt. „Mit Sicherheit werden sie sich freuen, wenn sie hören, dass wir Eva darauf vorbereiten, im Bedarfsfall das Richtige zu tun. Nämlich die Pille zu nehmen. Womit sie Mutter Natur ein Schnippchen schlagen können, bis sie selbst ein Kind wollen."

„Carla, du bist eine wunderbare Frau. Du bist eine Männer-Versteherin. Dafür liebe ich dich."

Carla: „Genauso wie du Cathrin liebst, wenn ich bitten darf."

„Ja, das tue ich, einverstanden, gerne."

Noch einen Blick hinunter nach Süden zu den beleuchteten Burgen und hinüber zur Wohnung von Claus und Cathrin, wo Toms Fenster dunkel ist. Dann wollen sie zu Bett gehen.

Wenige Minuten später bringt Tom seine verliebte Freundin sicher nach Hause. Circa zehn Minuten stehen sie noch im Hauseigang und knutschen miteinander, bis Eva sich endlich losreißen kann, in den Aufzug steigt und hinauffährt.

Seelenverwandtschaft zwischen Paaren führt häufig dazu, dass sie das Gleiche fühlen, denken und auch reden.

Auch Claus und Cathrin hatten an diesem Abend ein schönes Gespräch auf ihrer Terrasse. Auch sie haben den Tag noch einmal Revue passieren lassen. Der heutige Tag und die gestrige Nacht waren etwas so Außergewöhnliches in ihrem Leben, dass beide das Bedürfnis hatten, darüber zu sprechen.

„Die wundervollen Ereignisse zu bewerten, wird der ganzen ‚Viererkette' ein reines Vergnügen sein", stellt Claus belustigt fest – was er aber ernst meint!

„Natürlich hast du vollkommen recht", sagt Cathrin. „Die erste Nacht zu viert, die aber noch nicht die Hochzeitsnacht sein konnte, hat uns allen gezeigt, wie viel mehr an Lust, Freude und berauschenden Gefühlen vier Menschen zuwege bringen, wenn sie sich lieben und alles gemeinsam machen und teilen.

Ich denke, der ganze Sex funktioniert für einen kleinen Moment, kopfgesteuert, natürlich auch ohne Liebe. Sonst wäre Sex ja nicht käuflich! Doch den wahren Sex mit anhaltender, tiefer Befriedigung und einem großen Glücksempfinden danach bekommt man nur, wenn ganz viel Liebe dabei ist! Wenn alles im Einklang geschieht. Was nichts anderes heißt als Folgendes: Wenn du mit deinem – nein, mit unserem – Liebling in mich eindringst, wenn mir einen Moment lang die Luft wegbleibt, dann fühlen wir beide, dass wir uns vollkommen angenommen haben, uns bestätigt haben. So, wie wir sind, ohne uns verbiegen zu müssen! Das ist die höchste Stufe von Übereinstimmung. Das ist Liebe! Unsere Glückslaute dabei zeugen davon."

„Ja, wir haben Glück", meint Cathrin mit einem zufriedenen Lächeln. „Wir erleben dieses Wunder zur gleichen Zeit mit einem neuen geliebten Menschen und sind glücklich. Mit all den altmodischen Werten wie Treue – ja, auch Treue zwischen uns vieren. Auch Wertschätzung, Rücksichtnahme und Verantwortung – jeder für jeden – gehören dazu. Nur so konnte doch das große Glück entstehen, das wir heute empfinden durften", schwärmt Cathrin.

„Ich will alles tun, damit unser Leben so einmalig schön bleibt", beteuert sie. „Und bitte, mein allerliebster Claus, sorge dafür, dass du nicht wieder ‚krank' wirst. Das würde unsere schönen Zukunftspläne restlos zerstören."

Claus verspricht, was alle vier auch hören wollen: „Diese Viererehe hat meine Krankheit geheilt! Wie könnte ich dieses Wunder freiwillig zerstören? Nein, meine Liebe, du musst keine Angst haben, ich werde alles, was in meiner Macht steht, tun. Okay? – Ich denke, wir sollten jetzt ins Bett gehen. Es war ein langer Tag, nach einer kurzen Nacht. Und morgen in der Frühe müssen wir wieder zur Arbeit."

„Nur noch ein paar Worte zu Tom", bittet Cathrin. „Du hast doch in der Schule täglich Umgang mit Burschen dieses Alters. Kannst du mir erklären, was in so einem Kopf vorgeht, wenn er verliebt ist und plötzlich seine lang verschmähte Liebe doch erwidert wird?"

„Nein, meine liebe Cathrin, das weiß ich nicht. Ich bin zwar auch ein Mann wie Tom, aber ich habe so eine Situation nie erlebt. Es müssen gewaltige Gefühle sein, die er gerade durchlebt. Das wird Veränderungen in seiner Psyche nach sich ziehen. Wahrscheinlich wird er in der Schule wieder besser werden, was ja auch von Vorteil ist – sowohl für ihn als auch für uns. Wichtiger scheint mir jedoch ein anderer Aspekt. Er wird sich nach der gewonnenen Schlacht gegen Julian sehr stark fühlen. Auch Eva wird das bemerken. Sie wird sich ihm stärker zuneigen und auch öffnen. Er wird sie stärker bedrängen, mit ihm zu schlafen. Und bums sind wir Großeltern", sagt Claus lachend.

„Sprich doch bitte gleich morgen mit Carla über eine sichere Verhütung bei Eva. Mit Pille und so. Und ich werde in den nächsten Tagen mit unserem Sohn Tom über seine Verhütungspflicht reden, damit niemand vor lauter Liebe unglücklich wird."

„Du weißt, wenn wir Mutter Natur alleine die Entscheidung überlassen, dann wird sie alles nach ihrem Wunsch gestalten und uns ganz schnell zu alten Großeltern machen. Wir können uns dann nicht mehr liebevoll um unser schönes Waldhaus kümmern. Auch nicht mehr um unsere Liebsten in unsere Doppelehe. Wenn die beiden in so jungen Jahren ein Kind bekommen, dann sind wir gefragt. Das heißt, dass wir uns um unseren Enkel kümmern müssen. Um Säuglingspflege, Krippenplatz, Kitaplatz und alles, was noch dazugehört. Lass uns dem ganz schnell vorbeugen, meine liebste Cathrin."

„Du machst mir Angst, Claus, aber du hast recht."

Waldhaus-Einweihung

Die nächste Woche verging rasend schnell. Am kommenden Samstag sollte die Einweihung des Waldhauses stattfinden. Ausgerechnet in dieser Woche musste Cathrin für die EZB nach Griechenland: beim Finanzministerium in Athen Bücher einsehen, wegen eines neuen Kredits, dem dritten in kurzer Zeit.

Wobei es sich wieder um Milliarden handelte, mit denen wieder einmal der Staatsbankrott abgewendet werden sollte. Am Dienstag flog sie los, erst am Freitag kam sie wieder zurück.

René, Carla und Claus holten Cathrin am Flughafen in Frankfurt ab. Sie sah wunderschön aus, wie sie vor Freude nur so strahlte, in ihrem dünnen Sommerkleidchen, das ihre blendende Figur erkennen ließ – es war eine wahre Wonne, sie anzuschauen. Auch die Herren taten es mit großer Genugtuung.

„So ein Empfangskomitee! Das komplette Doppelpaar, womit habe ich so viel Ehre verdient? Ich freue mich ganz doll, euch alle endlich wiederzusehen!" – Küsschen, Küsschen, Küsschen – dabei umarmte sie alle. René, das Schlitzohr, berührte sie dabei ganz schön unzüchtig, was aber niemand außer Cathrin bemerkte. – „Danke, ihr Lieben, für das Abholen."

Als sie durch die Ankunftshalle schritten, drehten sich viele Köpfe nach ihnen um, sie schauten den zwei Paaren hinterher. Alle vier sahen richtig gut aus. Lässig und elegant gekleidet, sie strahlten alle Menschen an, als hätten sie soeben geheiratet. Zwei tolle Paare wie aus einem Modemagazin, stellte auch Mutter Natur fest, die sich schon Gedanken machte, ob Carla auch an die beiden größeren Decken gedacht hatte, für morgen Abend. Und an ein weiteres Gästebett zur Vergrößerung der Liegefläche, damit sie nicht mehr die ganze Nacht wie die Löffel hintereinanderliegen müssten. Was sie natürlich auch in Zukunft weitermachen wollen ... sich fühlen wollen! Aber auch ausstrecken und sich rekeln können muss möglich sein!

Ja, Mutter Natur achtet sehr genau auf die angewandten Praktiken. Zur Arterhaltung sollen möglichst die mit dem besten Wirkungsgrad eingesetzt werden, wozu die Löffelvariante zählt, wenn sie in der richtigen Reihenfolge hintereinanderliegen.

Sie gingen über die Brücke, durch endlose Gänge hinüber zum Parkhaus. Claus und René unterhielten sich mit Cathrin intensiv über die verlorenen Milliarden der deutschen Steuerzahler an Griechenland. Im Aufzug passierte es. Es war eng, sie standen so dicht beieinander, dass sie sich berührten, was auch niemand zu verhindern suchte. Im achten Stock stieg jemand zu. Carla presste sich an Claus. Sie fühlte ihn deutlich. Dabei dachte sie erwartungsvoll und intensiv an morgen Abend, an das Waldhaus. Sie dachte an seinen schönen Körper und seine prachtvolle Männlichkeit, die sie plastisch in sich fühlte, die sie ausfüllte. Ihr Herz klopfte schneller, ihr Atem wurde hörbar stockend. Ein heißer Schauer lief ihr den Rücken hinunter, durchflutete ihren kompletten Körper samt Beckenboden mit allen Türchen zum Himmelreich. Ein warmes Wohlgefühl erzeugend, drang der Schauer über ihre Vagina tief in ihren Unterleib, wo schon tausend Schmetterlinge flatterten. Sie war so erregt, dass sie nicht mehr zu unterscheiden vermochte, ob das Realität oder Fantasie war. Für eine Sekunde verlor sie die Gegenwart, als sie von einem kleinen Orgasmus geschüttelt wurde.

Carla erschrak. „Wie kann das sein? Ist das nur Fantasie oder Realität?", fragte sie sich noch mal ganz ernsthaft. „Und das in einem Aufzug im Parkhaus?!" Carla fragte sich: „Was führte zu diesem Rausch?" So was hat sie noch nie erlebt! War es ihre lange Abstinenz? Oder das Gruppenfeeling? Denn alle beschäftigten sich in Gedanken ständig damit, meist unterschwellig, was sie alles zu viert erleben wollten. Keinem wurden diese Gedanken zu viel!

Carlas Gedanken und Vorstellungen von dem morgigen Abend hatten sie offenbar überwältigt. Ein Sommernachtstraum eben.

Nur René, der seine Frau gut kennt, konnte erkennen, welches Erlebnis sie gerade im Fahrstuhl hatte. Er bemerkte, dass Carlas Atem etwas heftiger ging. Damit die anderen nichts merken und keine Fragen stellen würden, drückte er sie an sich. Carla war ihm dankbar dafür. Irgendwie fühlte er sogar mit ihr. „Jeder ist eben mit jedem seelenverwandt bei uns! Daran müssen wir immer denken", sagte sich René. Dann klinkte er sich wieder schnell ein in das Gespräch um die Milliarden.

René fuhr langsam Richtung Süden. Die Gipfel der Bergstraße mit ihren Burgen leuchteten noch in der Abendsonne. In den

Tälern war es bereits dunkel. Er hatte das Hardtop zurückgefahren, damit sie die warme, weiche Luft des Sommerabends genießen konnten. Sogar romantische Musik hatte er gefunden.

Claus wie René sind begeistert von ihren Frauen. Sie sehen heute wieder ganz besonders schön, jung und sexy aus. Das Wunderbare: Jeder hat zwei Frauen, wie jede Frau zwei Männer hat. In ihren Gefühlen gibt es keinen „mein Mann und dein Mann" mehr! Auch nicht „meine Frau und deine Frau". Das haben alle schon verinnerlicht und auch danach gehandelt. Nur noch die Gefühle allein bestimmen, „wer mit wem" gerade schrankenlos glücklich sein will.

René fuhr nicht schnell Er hatte seine rechte Hand irgendwo unter Cathrins Kleid vergraben. Carla küsste Claus auf dem Rücksitz. Sie schmiegte sich an ihn und summte die Schnulze im Radio mit.

Plötzlich sagte sie in die Nacht hinein: „Der Samstag wird zeigen, ob wirklich alles so spannungsfrei zwischen uns verläuft, wie wir es möchten und uns erhoffen." Dann sagte sie: „Ich habe also kein Handicap mehr: Wenn es irgendwie geht, möchte ich morgen gerne von meinen beiden Männern gleichzeitig geliebt werden. Cathrin, glaubst du, dass du mir beide für eine halbe Stunde überlassen kannst?"

Cathrin: „Oh, natürlich kann ich das für dich, meine allerliebste Freundin, meine Mit-Ehefrau. Ich denke jedoch, du unterschätzt Claus ein wenig. Wenn er dir eine halbe Stunde lang deine Wünsche erfüllt, dann brauchst du danach wirklich nicht mehr unseren René. Danach brauchst du ganz dringend eine Saustoffmaske, sonst nichts mehr! Wirklich, wie er es dir schon am letzten Samstag prophezeit hat."

„Okay – dann eben nur zehn Minuten. Wenn ich schon zwei Männer habe, dann möchte ich auch einmal beide in mir fühlen.

„Claus und René auf einmal?", fragte Cathrin nochmals. „Von mir aus gerne, aber ich darf zusehen!!"

„Ja, du musst sogar", antwortete Carla, „darauf bestehe ich, ich brauche dich dabei, meine einzige Bettschwester! Beobachte bitte meinen Beckenboden und gib Bescheid, wenn er überlastet wird!!"

Claus und René wie aus einem Munde: „Und wir werden überhaupt nicht mehr gefragt?"

Carla ganz resolut: „Nein, ihr habt keine Stimme mehr. Ab heute machen das eure Frauen ganz alleine unter sich aus. Bitte nicht aufregen, schont eure Kräfte für morgen."

An den undefinierten Lauten Carlas konnten die zwei auf den Rücksitzen erkennen, wo die verspielten Finger von Claus wieder angekommen waren.

Kurz bevor sie an das Haus der Bernauers kamen, fragte André: „Was meint ihr, soll ich nicht lieber gleich weiterfahren ins Waldhaus? Wir könnten für die Feier morgen schon ein paar Vorbereitungen treffen. Zu trinken ist genügend da, aber nichts zum Essen."

Alle waren sofort einverstanden, außer Cathrin: „Nein, das kann ich nicht machen. Tom wartet schon auf mich. Ich war so lange weg. Wie soll ich ihm erklären, dass ich erst zum Waldhaus musste, anstatt nach Hause zu fahren? Seid mir bitte nicht böse. Wirklich, nichts würde ich jetzt lieber machen, als mit euch Lieben im Waldhaus zu feiern. Mir geht es wie Carla. Auch ich möchte euch wieder eng umschlungen dicht an mir fühlen – wie letzten Samstag. Morgen klappt es ganz bestimmt. Wir können ja bei uns oben noch etwas trinken."

Mittlerweile waren sie am Haus von Cathrin angekommen. René antwortete: „Wir verstehen dich sehr gut, meine Liebe. Du warst fast eine Woche weg, Grund genug, wieder nach dem Rechten zu sehen. Und vor allen Dingen deinen Tom ans Mutterherz zu drücken. Das ist heute ganz wichtig. Morgen sind wir wieder wichtig." Cathrin: „Ihr seid wirklich ganz liebe, verständnisvolle Freunde." Claus und Cathrin stiegen aus. „Bis morgen!" – „Ja, bis morgen, wir telefonieren."

Eva wartete schon auf ihre Eltern mit Neuigkeiten aus der Schule: „Stellt euch vor, ich darf jetzt im Schulorchester am Flügel mitspielen. Nach dem Vorspielen wurde ich unter sieben Bewerbern ausgewählt. Ich bin stolz auf mich, ihr auch? Der Musiklehrer stellt schon die Stücke zusammen für ein Konzert im Herbst." Erregt erzählte Eva weiter: „Und stellt euch vor, Tom wird nun doch versetzt. Er hat seine Lehrer überzeugen können, dass sich seine Leistungen in den wichtigen Fächern wieder verbessern. Ist das nicht toll?"

„Ja, sehr gut", meinte Carla, „das ist schön für ihn – der arme Kerl war ja fürchterlich abgestürzt und die Versetzung war mehr als gefährdet. Darüber freuen wir uns wirklich alle. Und über deinen Aufstieg zur Orchestermusikerin ganz besonders."

René rief aus dem Wohnzimmer: „Moment, mein Musikgenie, dafür bekommst du einen ganz dicken Schmatz."

„Übrigens", sagte Eva, „mit Tom habe ich ausgemacht, dass wir morgen Abend auch zur Einweihungsfeier ins Waldhaus kommen. Ihr habt doch immer gemosert, dass wir zu wenig kommen würden – also sagten wir uns, wir machen euch eine Freude und kommen."

Carla zögerte etwas zu lange mit der Antwort.

Eva: „Na, jetzt freut euch aber auch gefälligst!"

René nickte wortlos. Im ersten Moment bekam Carla einen Schreck. Entsprechend verdutzt schaute sie Eva an, was diese zum Glück nicht bemerkte, während sie antwortete, nachdem sie sich wieder gefasst hatte: „Das finde ich ganz toll von euch, dass ihr kommt, danke!"

Resignierende Gedanken schossen Carla durch den Kopf, sie murmelte vor sich hin: „Letzten Samstag musste ich meine Wünsche meinen verrückten Hormonen opfern, diesen Samstag meiner Tochter und ihrem Freund. Hätten die nicht eine Woche länger zerstritten bleiben können? Wird das am Ende immer so weitergehen in unserer Traumehe?", motzte sie vor sich hin. „Dass wir nie wissen, wo wir unsere Eier hinlegen sollen? War das Waldhaus vielleicht doch ein Schuss in den Ofen? Müssen wir unsere Großehe ganz anders organisieren? So richtig zusammenwohnen vielleicht? In einem schönen, großen Haus mit Hunden und Katzen. Auf einem großen Grundstück, wo ich unsere Kartoffeln selbst anbauen kann. Auch die Tomaten, die dann auch wieder nach Tomaten schmecken – ein schöner Gedanke. So ein Haus hatten wir schon einmal und wir haben uns davon getrennt. Heute, zu viert, in der neuen Situation, wäre das wieder das Richtige. Wo unsere Schlafzimmer nebeneinanderliegen, mit einem heimlichen Verbindungstürchen dazwischen. – Ja, das wäre doch die Lösung! Dann könnten uns die lieben Kinderlein nicht mehr unsere Wünsche vermasseln. Sollten wir vielleicht noch einmal über solch eine Wohnform nachdenken? Wenn sich das Waldhaus als untauglich herausstellt, müssen wir das wohl tun! – Auch für Eva und Tom wäre das viel gesünder, wenn beide ihr Zimmer im gleichen Haus hätten", überlegte Carla weiter. „Dann müssten sie sich nicht mehr bei Regen und Schnee auf dem windigen, vergammelten Hochsitz am Rande der Ost-Wiesen herumdrücken."

„Man bedenke nur die Gefahr, wenn das fünf Meter hohe, morsche Ding zusammenbricht! Im Moment schmusen sie ja nur. Aber wehe, sie fangen an mit dem ‚Lieben'. Dann versetzen sie das baufällige Gebilde auch noch in Schwingungen. Gefährlich! Wie lange wird es dann noch stehen? Und was passiert den Kindern dabei?" Carla hatte große Bedenken! Dabei arbeitet die ganze Großfamilie bereits an Verhütungsstrategien!

Wie René beobachtete, nutzen ihre Teenies bei Regen ein anderes trockenes Plätzchen: den rundum offenen Schwanentempel auf der „Mathildenhöhe", damit sie wenigstens ein Dach über dem Kopf haben, wo jedoch jeder zuschauen kann, wenn man nicht schnell genug ist. Trotz der kleinen Hecke auf einer Seite gibt es keinen ordentlichen Sichtschutz. In diesem Schwanentempel wurden in der „Vorpillenzeit" ganze Generationen Kinder, von meist sehr jungen Liebesleuten, sehr schnell auf den langen Weg ins Leben geschickt: immer dann, wenn der Interruptus nicht mehr gelang.

Das Ambiente des runden Tempelchens ist einmalig. Auf fünf mit Schwan-Elementen geschmückten Säulen ruht ein Pagodendach. ... ein Pagodendach, rundum geschmückt mit einem Fries. Der Mosaikboden folgt dem klassischen Jugendstil von H. Behrens, dem Erbauer. Von erlesener Schönheit, ist dieser Tempel Teil des Weltkulturerbes „Mathildenhöhe". Als verliebtes Paar mit Fantasie kann man sich dort oben durchaus als Romeo und Julia fühlen, wenn der heulende Wind, Regen oder Schneetreiben die Gefühle nicht zu sehr abkühlt!

Carla schmunzelte. Ihre Gedanken wanderten zurück zu ihren eigenen jungen Jahre und die Bedeutung des Schwanentempels für sie. Ihre erste Liebe mit richtigen Küssen und ersten Schmetterlingen im Bauch tauchte auf.

Sie wandte sich wieder Eva zu. „Weißt du schon, wann ihr morgen kommen werdet?" – „Nein, irgendwann im Laufe des Abends!" Carla hätte es aus gutem Grund gerne etwas genauer gewusst. Etwas resigniert gab sie sich zufrieden. René schwieg auch.

Obwohl sie über zwei Wochen lang nicht miteinander geschlafen haben, wollte auch heute Abend im Bett keine rechte Lust aufkommen. Sie überlegten noch Alltägliches: „Wir müssen ganz dringend die veränderte Situation für morgen Abend mit Claus und Cathrin besprechen." – „Es war ein langer Tag, lass uns schlafen", sagte Carla. Sie rutschte zurück in ihr Bett. – „Gute Nacht, André." – „Gute Nacht, Carla, du hattest eine anstrengende Woche, schlaf gut, mein Schatz."

Auch Claus und Cathrin erfuhren am späten Abend von Tom, dass er mit Eva am Samstagabend zur Feier ins Waldhaus kommen würde.

Cathrin war sofort klar, dass sie René keine weitere Woche mit Warten würde zumuten können. Und sich selbst auch nicht! Sie schaltete sofort um auf Lösungssuche: „Wer hindert uns daran, unser Hochzeitsfest am Sonntag zu feiern? Nur wir vier, was am schönsten wäre! Was wir doch immer wollten." Weiter meinte sie dazu: „Wir dürften aber dann am Sonntag die Autos nicht vor die Tür stellen und es müsste alles verschlossen sein, damit die Kinder nicht merken, dass wir da sind – falls sie zufällig vorbeikommen sollten."

„Nein, nein, nein", sagte Claus, „das ist wirklich nicht meine Traumvorstellung von unserer Hochzeit: dass wir leise sein müssen, als würden wir etwas Unrechtes tun, dass wir kein Fenster öffnen dürfen, nicht einmal Musik hören dürften. Nein, das hatte ich mir irgendwie anders vorgestellt! Ich glaube, nein, ich hoffe, dass unsere Liebe daran nicht scheitern wird. – Vielleicht wird sie ja sogar daran wachsen? Wer weiß? Sehnsucht ist doch ein starker Antrieb." Claus blickte dabei Cathrin aufmunternd an und dachte laut weiter: „Schon unser größter Dichterfürst und größter Frauenversteher Johann Wolfgang von Goethe verstand von der Liebe gewiss mehr als jeder andere seiner Zeit. Vielleicht hatte er gerade mal wieder Liebeskummer, brauchte Trost und griff zur Feder, als die Worte des Narzissten, verfasst im Liebeskummer, zum Kunstwerk wurden:

Alles geben die Götter, die Unendlichen,
Ihren Lieblingen ganz:
Alle Freuden, die Unendlichen,
Alle Schmerzen, die Unendlichen, ganz.

Cathrin folgte in Gedanken noch eine Weile diesen schönen Worten: „Ich gehe einmal davon aus, dass auch wir Lieblinge der Götter sind, also schenken sie auch uns ‚alle Freuden, die Unendlichen, ganz'."

Claus: „Toll, und wenn ich ihn bitten darf, dann möglichst schon am Samstagmorgen. Oder ab Samstagnacht 1.00 Uhr, wenn die Kinder nach Hause gebracht sind, das wäre auch noch sehr schön. Dann erst wieder Montag ab 20.00 Uhr, aber mit erhöhtem Risiko!"

Diese Gedanken besprach Cathrin mit Claus, noch bevor sie zu Bett gingen. Er war mit ihrem Terminplan einverstanden.

Zeitig am Samstagmorgen rief Cathrin bei Carla und René an: „Hallo Carla, unser Junior-Liebespärchen hat uns ja mächtig dazwischengefunkt. Was sagst du denn dazu?"

„Na, was schon? Kein bisschen Rücksicht nehmen diese Grünhörner auf uns, auf ihre alten Eltern. Aber wir lassen uns nicht unterkriegen – basta!", rief Carla lachend.

„Meinst du, Carla, wir könnten uns um zehn im Café B&B treffen? Dann könnten wir unseren Einkaufsplan für heute Abend abstimmen und bei einer Tasse Kaffee unser Leid klagen sowie auch die Planung für den heutigen Abend besprechen. Und Carla, frag doch bitte René, was er davon hält, dass einer von uns die Kinder spätestens um Mitternacht schnell nach Hause bringt, wir ‚Großen' aber dann noch ein Stündchen oder auch zwei draußen bleiben?"

Carla: „Das sind ja zwei geniale Ideen. Klar, ich komme zum B&B und bringe André mit. Vielleicht kannst du auch Claus mitbringen. Wäre doch schön, wir alle vier zusammen beim Einkaufen – ‚das Doppelehepaar bei den Hochzeitsvorbereitungen' – das fände ich einmalig!"

Beide lachten so laut, dass ihre Ehemänner zu ihnen kamen und neugierig gestikulierend fragten, wer denn am Telefon sei.

Das B&B, ein vornehmes österreichisches Café mit seiner besonderen Kaffeehauskultur, liegt im Stadtzentrum im Karree, in einem großen Innenhof von vier Geschäftsstraßen. Seitdem es auch hierzulande Mode wurde, wie in Italien im Freien zu sitzen, hat auch das B&B zwanzig Tische mit großen Sonnenschirmen draußen stehen. Sogar wärmende Decken werden an kühlen Tagen gereicht.

Schon um 10.00 Uhr morgens saßen bereits Gäste in der Sonne und frühstückten.

Als die vier jugendlich aussehenden Vierziger aus verschiedenen Richtungen auf ihren teuren Bikes sportlich-elegant anrollten, bemerkten ältere Gäste, nicht ganz frei von einem neidischen Unterton: „Aha, da kommen sie, die Schönen und Reichen – aber gut aussehen tun sie schon!"

Die überaus herzliche Begrüßung der vier mit langen Umarmungen und innigen Küssen machte die älteren Herrschaften noch ein wenig neugieriger.

Am heftigsten tuschelten zwei ältere, sehr füllige Damen, die nebenbei ihr De-luxe-Frühstück verzehrten. Es ist das Spitzenprodukt des Cafés B&B: 2 Semmeln, 1 Salzbrezel, Kaffee/Tee unbegrenzt, Marmelade, Butter, Käse, Schinken, Wurst, Ei gekocht oder Speck und Eier, 2 Gläser Sekt und eine große Portion Sachertorte. Diesen letzten Gang ihres opulenten Frühstücks schaufelten sie gerade voller Genuss in sich hinein. Ihre schmächtigen Männlein, hager und ausgetrocknet, faltig wie ein Blasebalg, saßen daneben. Bei einem Glas Mineralwasser schauten sie wortlos ihren Frauen zu beim Vertilgen der ungeheuren Mengen. Nur die Frauen redeten miteinander. Ihre Gesichter waren stark gerötet, aber absolut faltenfrei – wenn man von den drei Speckfalten ihres Dreifachkinns einmal absah.

Carla fragte sich, ob es in dem langen Leben der Männer neben diesen Frauen jemals einen Tag für sie gab, an dem sie selbstbestimmt sagen konnten: „Ja, ich werde meinen Wünschen folgen und auf der Stelle einen Sohn zeugen." – Wohl kaum!

Carla beobachtete die beiden Paare kritisch und fragte sich, ob diese vier auch schon vor fünfundzwanzig Jahren diese kontrollierte, öde Lebensweise pflegten. Bestimmt nicht, sagte sie sich. Also stellte sie sich die Frage, warum sie so wurden, wie sie heute sind.

Carlas Antwort: „Mutter Natur ist schuld daran! Hätte sie auch diesen Menschen, so wie uns, die wunderschönen Gedanken zur Arterhaltung geschenkt, wären sie doch nie auf den Gedanken gekommen, sich so gehen zu lassen, sich so vollzufressen!"

„Sie hätten weiter für sich und ihren Körper geworben. Sie hätten sich nicht so vernachlässigt. Sie hätten weiterhin schön sein wollen und offen, wenn sie ein Mann angesprochen hätte. Immer in Erwartung aufkommender Liebesgefühle. Insbesondere im Frühling, wenn der Druck zur Arterhaltung die Köpfe, die Herzen, aber auch die Unterwäsche bisweilen sehr strapaziert", sinniert sie lächelnd.

Sie wanderte in Gedanken in die Zukunft. Sie wollte gerne wissen, wie sie sich ihre Lieben aus ihrer Viererehe in fünfundzwanzig Jahren vorzustellen habe. Wenn sie so alt sein würden wie diese Herrschaften heute. Ganz bestimmt sehr viel besser als die Tischnachbarn da drüben, glaubte Carla. Na ja – sie hoffte es. Diabetes Typ 2, Prostata oder Menopause – solche Gedanken schob sie ganz schnell zur Seite.

Schwester Karin

Zwei Tische weiter hatten sie Platz genommen. Carla und Cathrin bestellten Kaffee und Tee. Die Herren jeder das kleine Kraxel-Frühstück – das ohne Sekt und ohne Torte!

Sie machten sich Notizen, was sie für die Feier am Abend noch benötigten. „Was trinkt eigentlich die heutige Jugend bei besonderen Anlässen?", fragte Carla. „Eva immer noch Limo und Milch …" – Da brummte und vibrierte Claus' Handy in dessen Hosentasche und unterbrach Carla.

Seine Schwester Karin meldete sich. Schluchzend und stockend berichtete sie, dass ihre Mutter in der vergangenen Nacht gestorben sei. Etwa um acht Uhr am Abend habe sie oben im ersten Stock in Mutters Wohnung ein Poltern gehört. Schnell sei sie oben gewesen. Da lag sie am Boden im Flur vor der Toilette. Sofort habe sie Notarzt und Krankenwagen gerufen. Beim Warten habe sie gesehen, dass ihre Mutter noch normal atmete und auch das Gesicht ganz normal aussah. Wenige Minuten später kam schon der Notarzt. Er diagnostizierte einen Schlaganfall und gab ihr sofort eine Spritze. Es ging alles rasend schnell. Schon im Krankenwagen hängten sie Mutter an den Tropf. Karin war sehr erregt. Sie musste ein paarmal tief durchatmen, bevor sie weitereden konnte. „Im Krankenwagen fuhr ich mit in die Klinik. Zum Glück haben wir hier in Heidelberg eine ausgezeichnete Schlaganfall-Universitätsklinik mit hervorragendem Ruf. Also war ich beruhigt. Nach weiteren Untersuchungen beschwichtigten mich auch die Ärzte. Auf der Intensivstation durfte ich noch eine Weile bei ihr bleiben. Sie hing an vielen Kabeln,

Schläuchen und Geräten, und sie schlief. Der Stationsarzt riet mir, ich solle nach Hause gehen, im Moment sei alles im grünen Bereich, jetzt hieße es abwarten. Sollte sich etwas ändern, würden sie mich sofort anrufen. Ich tat wie geheißen und fuhr heim.

Gegen 3.30 Uhr bekam sie einen zweiten Schlaganfall, den sich nicht mehr überlebte. Ist das nicht schrecklich? Nun sind unsere beiden Eltern tot. Bitte, Claus, komm so schnell wie möglich hierher und hilf mir bei den tausend Dingen, die jetzt getan werden müssen – bitte."

Claus war sichtlich geschockt. Er versprach seiner Schwester so schnell wie möglich zu kommen, heute noch oder morgen. Sie weinte, er tröstete sie noch, so gut er konnte, und legte auf.

Betroffen schaute Claus in die Frühstücksrunde. Langsam fing er an, die traurigen Nachrichten seiner Schwester wiederzugeben. Am Ende fragte er: „Was soll ich machen?"

„Was für eine Frage, Claus! Hinfahren musst du, und zwar sofort!", riet René.

„Ja, ja, das ist aber für mich nicht ganz so einfach."

Alle schauten Claus fragend an.

„Ich will es euch erklären: Beim letzten Besuch meiner Mutter bei uns im Frühjahr, ihr erinnert euch, es war in der Zeit von Evas Konfirmation, da war sie schon unheilbar krank. Doch an so etwas dachte keiner. Tom hatte ihr damals klarmachen wollen, dass man in ihrer Jugend noch ein ganzer Kerl sein musste, um ein Mädchen, das man liebte, zu erobern. Dem hatte Oma auch zugestimmt. Dass man jedoch heutzutage ein Weichei sein müsse, um dieses Ziel zu erreichen, wollte sie ihm nicht glauben. Und wie sich zeigte, hatte sie recht!

Ich weiß natürlich, dass ich nach Heidelberg muss, um meiner Schwester beizustehen. Auch um mit ihr die Beerdigung vorzubereiten. Für ihre Kinder wird es auch schwer sein, wenn plötzlich ihre Oma nicht mehr da ist. Karin geht arbeiten, sie aßen täglich bei Oma zu Mittag.

Was mich im Moment emotional bremst, hinzufahren, ist die Tatsache, dass wir uns nie gut verstanden haben. Ich habe Angst vor der Begegnung! So einfach ist das. Dieses Zerwürfnis zwischen uns ist ausschließlich der autoritären Erziehung meines Vaters geschuldet. Er lebt schon lange nicht mehr. Ich weiß, man darf Toten nichts Negatives nachsagen, aber es war tatsächlich so, er hat, für jeden sichtbar, meine zwei Jahre ältere Schwester immer bevorzugt. Sein Anspruch bei mir, seinem Sohn, war, alles mit Härte durchzusetzen oder abzulehnen. Das war auch allen in unserem Umfeld bekannt. Jeder wusste, dass meine Schwester sein Liebling war. Alles, was sie wollte, bekam sie von ihm problemlos, während ich für jede Kleinigkeit endlose Kämpfe ausfechten musste. Ich könnte euch hierfür tausend Beispiele nennen, ob Führerschein, Studium, Freunde, Heirat oder sonst was.

So entstand bei mir auf die Dauer ein Neidkomplex, den sie mir bei jeder Auseinandersetzung unter die Nase hielt. In diesem zerstrittenen Zustand wurden wir erwachsen und suchten auch nie eine klärende Aussprache. Auch nicht, als unser Vater gestorben war. Wir gingen uns einfach aus dem Wege.

Meine Mutter versuchte immer wieder, bei meinem Vater für mich gut Wetter zu machen. Bei seiner Sturheit konnte das nicht gelingen. Und bei jedem Familientreffen versuchte sie ihre Kinder, also uns zwei Streithähne, zu versöhnen. Auch ohne Erfolg.

Im gleichen Jahr, als mein Vater starb, ging Karins Ehe in die Brüche. Mit ihren zwei kleinen Kindern zog sie wieder in unser Elternhaus. Mutter war froh darüber, sie war nicht mehr alleine im Haus. Meine Schwester mit ihren Kindern zog in die größere Parterrewohnung und Mutter in die kleinere im ersten Stock.

So ging das einige Jahre ganz gut. Und nun muss ich einen Schritt tun, der mir nicht leichtfällt. Einerseits habe ich schon brüderliche Gefühle für sie. Andererseits aber auch noch Groll gegen sie, aus der Vergangenheit. Ich hoffe, ihr versteht mich."

„Natürlich verstehen wir dich", sagte Carla. „Es tut uns schrecklich leid, dass deine Mutter gestorben ist. Aber vielleicht öffnet sich dadurch eine neue Tür zu deiner Schwester. Das wünschen wir dir so sehr."

„Cathrin, wie denkst du? Was soll ich machen?", fragte Claus.

„Natürlich heute noch hinfahren. Wie du weißt, ist es auch mir nicht gelungen, eine gute Beziehung zu deiner Schwester

Karin aufzubauen. Deshalb denke ich, du solltest erst einmal alleine mit ihr alles Notwendige besprechen. Heute ist Samstag, wir alle haben frei – ach ja, heute soll ja unser Waldhaus eingeweiht werden – du kannst also sofort losfahren und am Abend wieder hier sein, wenn es die Umstände erlauben", schlug Cathrin vor, „es sind ja nur vierzig Kilometer!"

Cathrin glaubte mit ihrem feinen Instinkt unterschiedliche Wünsche in der Runde wahrgenommen zu haben bezüglich des Abends. Wünsche, die eigentlich jeder hat: ganz eng zusammen zu sein und mit jedem seine starken Gefühle austauschen. Das ist doch das höchste Ziel aller Ehepartner.

In der besonderen Situation, in der sich die vier mit dem Trauerfall befinden, glauben natürlich Carla und René, die Nichtverwandten, dass Claus und Cathrin als direkt Betroffene in ihren Liebesgefühlen gebremst sind. Und dass sie darauf Rücksicht nehmen wollen, Rücksicht nehmen müssen. Bedenken, die sich schnell als überflüssig erweisen werden.

Cathrin machte Claus nochmals Mut für das, was auf ihn zukommen würde. „Bedenke immer: Ich bin bei dir, Carla ist bei dir und René ist bei dir. Nicht nur in Gedanken unterstützen wir dich. Auch in allen praktischen Dingen, du musst nur sagen, wie und wo wir helfen können. Und" – sie schaute auf René – „auch in juristischen Fragen, die in solchen Fällen leider immer wieder auftauchen, kann dich René gut beraten!" Claus nickte.

„Mir scheint, dass sich unsere Freundschaft erstmals so richtig bewähren wird", glaubte Cathrin. Claus antwortete dankbar: „Das tut gut zu hören. Ihr wisst gar nicht, wie froh ich bin, euch drei um mich zu haben. Allein dass ihr da seid, hilft mir schon sehr. Übrigens, nicht nur heute an diesem ganz besonderen Tag!"

„Noch etwas zu unserer Feier heute Abend", fuhr Claus fort. „Wir sollten den Termin trotz Trauerfall beibehalten. Schon der Kinder wegen, die sich doch so sehr darauf freuen. Für uns vier bedeutet der Abend ja sehr viel mehr als nur das Richtfest unseres ersehnten Waldhauses. Es wird auch unsere Hochzeit sein. Ja, genau so, wie vor langer Zeit geplant.

Unsere Hochzeitsfeier zur späten Stunden darf nicht schon wieder ins Wasser fallen. Ich habe mich auf diesen Abend genauso wahnsinnig gefreut wie ihr. Wenn ihr die Kinder nach Hause gebracht habt und ich noch nicht zurück bin, wartet nicht auf mich. Ich komme als Vierter im Bunde ganz bestimmt zu unserer Hochzeitsfeier. Ich klopfe dreimal ganz laut an der Tür – lasst mich nicht zu lange da draußen warten!

Noch mal, mein dringender Appell: Lasst den Abend nicht ausfallen! Alles hat seine Zeit. Es gibt Dinge im Leben, die an Raum und Zeit gebunden sind. Sie lassen sich nicht verschieben, ohne dass sie Schaden nehmen."

Claus wurde nachdenklich und poetisch: „Wie ihr alle wisst, gehört die Liebe nun mal zum Empfindlichsten, was wir haben. Ohne deren rechtzeitige Erfüllung ergeht es der Liebe genauso wie dem Gänseblümchen, das seine strahlende Blüte am langen Stängel freudvoll der Biene entgegenstreckt. Der Stängel wird jedoch kraftlos und kippt um, wenn er kein Wasser mehr findet! So darf es uns nicht ergehen!

Nachdem ich mich nun als großer Poet geoutet habe, mache ich mich auf den Weg nach Heidelberg. Wenn es euch recht ist, überlasse ich euch die ganzen Einkaufs- und Planungsangelegenheiten für den heutigen Abend."

Er küsste seine beiden Frauen jeweils mit vollem Körperkotakt und sehr innig – was die kräftigen Damen zwei Tische weiter mit größter Aufmerksamkeit verfolgten. Er umarmte auch René, schwang sich auf sein Fahrrad und alle winkten ihm strahlend hinterher.

Bevor die drei nach der Rechnung riefen, unterhielten sie sich noch eine ganze Weile. Alle waren erstaunt über Claus' starkes Verhalten. Keine Spur mehr von Schwäche und Zaghaftigkeit, was sie immer als Risiko bei ihrem Vorhaben empfunden hatten. So hatten sie ihn kennengelernt, jetzt war er ein ganz anderer. Cathrin meinte jedoch: „Es gab in der Vergangenheit immer wieder solche starken Phasen, dann ist er auch beruflich vorangekommen. Ich wünsche mir und uns, dass er jetzt immer so bleibt. Vielleicht haben wir alle dazu ein wenig beigetragen – wie er selbst sagte."

„Claus wird jetzt schon in Richtung Heidelberg unterwegs sein", vermutete Cathrin, „lasst uns noch unsere Besorgungen machen, unsere Kinder haben Hunger!"

Verhütung

Seitdem Eva und Tom wieder miteinander „gehen", wie sie das ganz altmodisch nennen, werden sie immer mehr zu einem richtigen Liebespaar. Sie gehen nur noch Hand in Hand, sie mögen die gleichen Filme und das gleiche Essen. In den letzten Wochen haben sie eine wundervolle Erlebnisreise gemacht: Sie haben den Körper des jeweils anderen bis in die letzten Winkel erforscht. Natürlich immer nur im Halbdunkel, was Tom gar nicht so recht war.

Mutter Natur war die Dunkelheit sehr recht. Sie wusste ganz genau, dass Liebe im Dunkeln besonders gut funktioniert. Im Zweifelsfalle verweist sie immer auf den Regenwurm! Hauptsache die Wege zur Arterhaltung werden vorbereitet und begehbar gemacht – darüber freut sie sich jetzt ganz besonders.

Tom arbeitet täglich mit heißen Küssen, fliegendem Herzen, zärtlichen Händen und flinken Fingern auf dem Weg zur Glückseligkeit. Er kennt schon ganz genau die Stellen an Evas Körper, bei deren Berührung ihre Küsse immer intensiver werden. Er bildet sich sogar ein, dass sie fordernder werden. Doch damit kennt er sich noch nicht genug aus. Was aber währenddessen an seinem Körper emporwächst, erstaunt ihn selbst. Er wird täglich länger und er hofft im Stillen, dass er auch noch etwas dicker wird. In wenigen Jahren, so glaubt Mutter Natur, wird er seinem Vater alle Ehre machen. Und das will etwas heißen!

Eva ist allerdings beim ersten, zögerlichen Umfassen von Toms Heiligtum erschrocken zurückgezuckt. Sie hatte so etwas natürlich auf Bildern und im Internet schon gesehen. Aber die Wirklichkeit ist etwas völlig anderes. Denn was sie hier im Dunkeln in ihrer Hand hielt, schien ihr einfach viel zu groß! Wie soll es damit überhaupt funktionieren, fragt sie sich. Sie kennt doch ihren Körper: „Der passt doch da niemals da rein!" Im ersten Schreck befahl sie Tom, sofort aufzuhören und wieder alles einzupacken. „Ich möchte nach Hause!" Was Tom auch sofort und ohne Murren befolgte.

Ohne dass er es verhindern konnte, führte die Berührung seines Emporkömmlings durch Evas zarte Hände zum Verlust langer Ketten tropfenden Spermas! Danach drängten sich ihm Ängste auf: Wenn nur ein kleiner Teil seiner klebrigen DNA-Flüssigkeit an Evas Finger hängen bliebe und so in ihre Himmelpfote gelangte, was Mutter Natur natürlich gerne möchte, dann würde es seinen wieselflinken Spermien überhaupt kein Problem bereiten, die lange Strecke zu ihrer fruchtbaren Eizelle zu überwinden. Tom könnte so, trotz all seiner Enthaltsamkeit, Vater werden! Puh – sehr heiß wurde es ihm, als ihm diese Gedanken durch den Kopf schossen. Tom fragte sich: „Oxydieren die Spermien am Sauerstoff der Luft? Das wäre mein Glück!" Er konnte sich diese Frage nicht beantworten, das belastete ihn.

Er steht immer unter Hochdruck, wenn er mit Eva zusammen ist. Aber bei diesem Gedanken kam er richtig ins Schwitzen. Angstschweiß stand ihm auf der Stirn, ja sein ganzer Körper war schweißgebadet. Sein Herz raste, nun nicht mehr vor Liebe, sondern vor panischer Angst. Und sein Sex-Bedürfnis war wie weggeblasen. Schlapp war sein ganzer Körper. Er hing wie ein geschlagener Krieger auf seinem Rad.

Eva hatte ihm natürlich nicht gesagt, dass sie schon seit zwei Monaten die Pille nimmt. Hätte sie das getan, wäre sein Drängen schon längst erfolgreich gewesen, das weiß sie ganz genau. Was sie so verhindern konnte.

Dennoch ist ihr bewusst, dass es in allernächster Zeit passieren wird. Das will sie ja auch! Trotzdem zögert sie noch. Sie weiß selbst nicht so recht warum.

Leider ist der eine oder andere Slip von Eva an Bein und Bund ein wenig eng, das Gummiband etwas zu stramm, was an Toms rechtem Handgelenk auch schon mal Scheuerstellen hinterlässt. Auch ihre hellblauen engen Jeans, die sie so gerne trägt, machen ihm zu schaffen. Ganz besonders wenn er den Reißverschluss nicht öffnen darf, was sie stur von ihm fordert. Auch der lästige Knopf oben am Bund muss zubleiben. Und wenn Cathrin, seine Mutter, nach den roten Stellen fragt, erklärt er, seine Tennishose sei schuld: Die Taschen seien so eng, aus denen er die Tennisbälle holen müsse. Ungläubig schüttelte Cathrin den Kopf. „So was habe ich noch nie gehört, ich spiele doch auch Tennis – da ist doch an der Hose etwas nicht in Ordnung, da muss ich nachschauen!"

Ihr sentimentaler Ort, um Zärtlichkeiten auszutauschen, ist ein ganz außergewöhnlicher Ort am Waldrand. Dort, wo sie garantiert immer allein sind, wächst ihre Liebe zu einer starken Sehnsucht heran. Dennoch scheidet er für Toms geheime Wünsche aus: er ist zu klein!

Dieser einmalige Ort, der ihnen auch noch in fünfzig Jahren überwältigende Gefühle auslösen wird, ist der uralte, baufällige Hochsitz am Rande der Ost-Wiesen, nur zwei Kilometer vom Waldhaus entfernt, mit dem Fahrrad in wenigen Minuten zu erreichen. Das dichte Unterholz drum herum erlaubt nur dem Wild, sich den beiden geräuschlos zu nähern. Entsprechend sicher fühlen sie sich hoch oben in vier Meter Höhe.

In ihrem Liebesnest sind sie garantiert allein, niemand kann sie beobachten. Das ist ganz wichtig für die beiden: für ihre Träume, in denen ihre Gefühle wachsen. In der Ruhe dort oben reifen Entscheidungen. Täglich klettern sie über die morsche Leiter mit klopfenden Herzen hinauf. Sie schmusen, erleben den immer stärker werdenden Drang, miteinander zu schlafen. Vom anderen angenommen zu sein, sich endlich zu vereinen und zufrieden zu sein, das beherrscht ihr Denken.

Hier reden sie auch von der Zukunft und stundenlang von ihrer Liebe: dass sie zusammenbleiben werden – für immer!

Das sie es nicht so machen werden wie viele andere: zum ersten Mal miteinander schlafen, um dann sofort nach einem anderen Partner Ausschau zu halten. Nein, das werden sie nicht machen! Auch dies haben sie sich auf dem Hochsitz ganz fest versprochen und mit einem atemraubenden Kuss besiegelt.

À la bonne heure, Mutter Natur! Sie beobachtet alles sehr genau. Sie hat wieder einmal eine ganz große Liebe in ganz junge Herzen gepflanzt, um ihrem Job „zur Arterhaltung" den größtmöglichen Erfolg zu garantieren.

Doch Eva wurde schon vor einem Monat von ihrer Mutter Carla in das Kontraprogramm zu Mutter Natur eingewiesen: in die Verhütung der Arterhaltung.

Mit ganz vorsichtigen und liebevollen Worten sprach Carla damals von ungewollten Folgen ihrer großen Liebe zu Tom. Was Eva auch sofort verstand. Sie hatte schon selbst über diese Problematik nachgedacht. Als hätte sie auf die Worte ihrer Mutter gewartet, kam sofort ihr Hinweis auf die segensreiche Möglichkeit der Pille. „Genau", sagte Carla, „du hast das Problem richtig erkannt. Lass uns doch morgen zu meiner Frauenärztin gehen, damit sie dir die Pille verschreiben kann. Ich bekomme sofort einen Termin. Dann gehen wir zusammen hin. Natürlich nur, wenn du willst, und nach einer Stunde sind wir wieder zu Hause." Eva sagte nichts, strahlte aber wie ein Honigkuchenpferd und nickte heftig, als sie ihre Mutter umarmte.

Noch vor wenigen Monaten, als Mutter und Tochter ganz theoretisch über die Pille sprachen, mit Arztbesuch und notwendigem Hormonspiegel für die richtige Pille, lehnte Eva dieses Prozedere noch kategorisch ab. Ihre Begründung dazu war ganz simpel: „Wegen eines blöden Kerls setze ich mich doch nicht auf diesen ekelhaften Stuhl – ich würde vor Scham im Boden versinken!"

Die richtige Liebe kam angeflogen und jeder Einwand war vergessen.

Auch Tom wurde von seinem Vater, für den Fall aller Fälle, in einem dreiminütigen Schnellkurs in die richtige Anwendung eines Präservativs eingewiesen. Nach ein paar mageren Ansätzen, wie man das Kondom „richtig darüber abrollte", und nach vielen Fremdwörtern kam er zu dem lehrreichen Schluss: „Du kannst dir bestimmt schon denken, wie das alles gemacht wird." Das war auch schon alles, was Claus in puncto Verhütung seinem Sprössling zu sagen hatte – der Mathe- und Physiklehrer, der tagtäglich sehr viel kompliziertere Dinge äußerst präzise zu erklären vermochte. Tom nickte etwas verlegen – und damit war das Aufklärungsgespräch beendet.

Alt werden

Erst eine ganze Weile später dämmerte es Tom, was sein Vater mit „vaginaler Interaktion" gemeint haben könnte. Als er dieses Aufklärungsgespräch Eva erzählte, sagte er: „Ich glaube, mein Vater war viel aufgeregter als ich." – Auch Eva lachte. Sie stellten sich vor, wie schwierig es für einen alten Menschen, wie seinen Vater, sein musste, ein solches Gespräch mit einem total aufgeklärten jungen Mann, wie seinem Sohn, führen zu müssen.

Für Tom, wie für Eva, waren ihre Eltern bereits zum Neutrum degeneriert. Weit weg von Liebe oder gar Sexualität: „Das muss man verstehen", sagten sie sich, „unsere Eltern sind schließlich alt. Beide bereits über vierzig, das erklärt doch so manches!! Da kann man vieles nicht mehr, zumindest nicht mehr so richtig", stellten sie mitleidsvoll fest. Fürsorglich meinte Eva noch: „Darauf sollten wir in Zukunft mehr Rücksicht nehmen – wir werden schließlich auch einmal alt sein."

Toms erotische Gedanken

Einige Tage später saß Tom allein auf der Terrasse und wartete auf sein Mittagessen. Cathrin hatte am Vorabend Gulasch vorbereitet. Seine Eltern waren mit den Rädern in der Stadt zum

Einkaufen gefahren, gemeinsam mit Evas Eltern. Diese vier machen in letzter Zeit so ziemlich alles gemeinsam. Das kannte er bis jetzt von seinen Eltern nicht. Es kam ihm zwar etwas komisch vor, er hatte aber nichts dagegen, weil er damit einen ungehinderten Zugang zu seiner Liebe hatte. Er schaute hinüber zu Evas Fenster. Sie war noch in der Schule, ihr Fenster würde sonst offen stehen.

Seine Gedanken sind wie immer bei ihr. Seine Liebe zu Eva wird immer mächtiger. Das fühlt er deutlich an dem immer stärker werdenden Herzklopfen, wenn er an Eva denkt. Die Leidenschaft quält ihn aber auch ganz massiv. Seine unübersehbare sexuelle Erregung schon beim kleinsten Gedanken an sie, mit genauen Vorstellungen darüber, „wie sie es machen müssen", um ihr großes Glück zu finden. Diese Gedanken hat er ständig im Kopf. Erotische Träume plagen ihn Tag und Nacht. Er befindet sich in einem sexuellen Notstand – in einem chronischen Notstand –, der bekanntlich bei sechzehnjährigen jungfräulichen Burschen mit extrem erotischen Vorstellungen beim Onanieren zu gewaltigen Ergüssen führt. Im Bett liegend, könnte er dann immer fast die Zimmerdecke erreichen! Viele Papiertücher braucht er dann.

Notstand am Hochsitz

Dieser Notstand zwingt ihn, nach einem geeigneten Plätzchen für den kommenden Liebesrausch zu suchen. Noch nie hat er in seinem Leben so weit in die Zukunft gedacht wie unter dem Druck des ansteigenden Testosterons.

Da fällt ihm der Hochsitz – oder Hochstand oder wie das Holzgestell der Jäger auch immer heißt – wieder ein, auf dem sie gestern am späten Nachmittag erneut waren. „Den kann niemand einsehen, das ist wunderbar, aber ist er auch groß genug *dafür*?", fragt er sich. Er schätzt, dass er 1,5 Meter mal 1,5 Meter misst. Platz genug zum Reden, zum Küssen, aber auch *da-*

für? Der Boden besteht aus krummen, buckligen, aufgenagelten Asthölzern aus dem Wald. Darauf kann man sich nicht legen oder gar knien. Das mit dem Knien erregt ihn ganz besonders. Auch der festgenagelte, blöde, kleine Jägersitz nimmt Platz weg zum Liegen. Wenn sie sich diagonal in den Kasten legen könnten, ginge es eventuell. Doch da ist auch noch das blöde Bänkchen, das stört. Auf dem haben sie beide nur dann Platz, wenn Eva eng umschlungen auf seinem Schoß sitzt, was für Tom allerdings meist auch etwas Schmerzhaftes hat. Denn seine sofort auftretende, reflexhafte Anschwellung hat dann keinen Platz mehr in seiner Unterhose. Er kann dann mit seinen Gedanken noch so viele Befehle zu ihm schicken – er wird einfach nicht mehr kleiner! Meist springt er dann aus der Unterhose und seine hochsensible Eichel scheuert wieder schmerzhaft am rauen Jeansstoff. Beim Radfahren ist das besonders schlimm!

Tom will gar nicht an die Schwierigkeiten denken, die sich außerdem noch ergeben: Es sind die Flecken auf der Innenseite der Hose! Damit Mutter sie nicht bemerkt, muss er sie selbst beseitigen. Daraus entstehen neue Probleme: Die Hose ist an den verfänglichen Stellen lange Zeit nass! Die Ausreden dazu überfordern Tom gelegentlich!

„Hinlegen auf dem Hochsitz" kann er sich glatt abschminken. Wie gesagt: Er ist einfach zu groß, seine Länge hat am Boden keinen Platz. Eventuell noch diagonal, doch der verflixte Hocker stört! „Dort oben geht es also definitiv nicht", sagt sich Tom. Auch wenn er sich den Knüppelboden vorstellt, verschärft das noch die Situation.

Und einfach so auf dem Waldboden? Geht natürlich auch. Aber jeden Moment kann jemand kommen. Nein, er möchte es nicht auf die Schnelle tun. Und Eva bestimmt auch nicht. Aber wo wäre ein ungestörter Ort?

Zu Hause in seinem oder in Evas Zimmer wäre eine sehr gute Möglichkeit. Allerdings nur, wenn die Eltern spazieren gehen oder sich im Waldhaus aufhalten. Meistens sind sie ja zusammen unterwegs, wenn sie essen oder in die Oper gehen – was so alte Menschen eben gerne tun. „Da muss sich doch ein Zeitfenster für uns auftun", überlegt Tom. „Dann würde *es* gehen, wenn auch mit Risiko. Oder wir schicken sie einfach ins Kino! Das haben sie doch früher auch mit uns so gemacht, wenn sie uns loswerden wollten."

Dann kommt ihm die geniale Idee: „Tagsüber, wenn alle arbeiten, ist das Waldhaus doch der sicherste Ort. Ich muss mir nur den Schlüssel beschaffen. Dort hätten wir jeden Luxus und absolute Sicherheit."

„Im Übrigen ist es ja so", überlegt Tom weiter, „unsere Eltern haben uns über Verhütung aufgeklärt, weil sie von unserer Liebe wissen. Also wissen sie auch von dem nächsten, ganz natürlichen, nun bevorstehenden Schritt: dass wir miteinander schlafen werden! Eigentlich müssten sie, dem kausalen Zusammenhang folgend, uns nun vorsorglich eine adäquate Räumlichkeit für unser Liebesleben bereitstellen. So wie sie uns ein Kinderzimmer bereitgestellt haben."

„Hoppla", denkt Tom, „für unser Liebesleben würden wir also auch unseren Eltern die Verantwortung zuschieben? Ist das nicht ein wenig vermessen?", fragt er sich. „Na ja, das wäre dann wohl doch etwas zu viel verlangt", glaubt Tom. „Dennoch, sie müssten sich fragen, wo werden Eva und Tom miteinander schlafen? Auf einer Parkbank? Im hohen Gras der Lichtwiese? Mit all den Risiken, verletzt und beraubt zu werden?"

Tom denkt weiter: „Für meine Kinder wäre mir das Risiko als Vater zu groß, dass sie in die Hände von Strauchdieben geraten. Ich würde wie bisher weiter ihr Leben beschützen. So gut es geht. Auch in der Zeit ihrer ersten, jungen Liebe. Natürlich nicht lauthals darüber reden, das könnte rechtliche Folgen haben! Ich würde ihnen aber ganz fest zusagen, von wann bis wann sie garantiert ungestört in der Wohnung oder im Waldhaus sein können. Damit wären sie optimal geschützt und könnten ihre Liebe angstfrei erleben." So philosophiert Tom weiter – immer sein Ziel im Auge!

Seine Gedankensprünge in die Zukunft spiegeln deutlich seine Wünsche in der Gegenwart. „Hier wurde wieder einmal der Wunsch zum Vater des Gedankens", sagt sich Tom. Und Mutter Natur freut sich über sein zielstrebiges Denken.

Alles dreht sich bei ihm nur noch um seine Liebe zu Eva. Es vergeht keine Nacht – im Besonderen kein früher Morgen –, wo er nicht den handfesten Beweis in den Händen hält, dass er imstande ist, gemeinsam mit Eva das Menschengeschlecht zu erhalten. Und das möglichst bald, bitte schön!

Und Mutter Natur weiß aus Erfahrung: Da muss sie nichts mehr tun, da läuft alles wie geschmiert und von ganz allein.

Tom mit seinen zielorientierten Paarungsüberlegungen beruhigt sich mit dem frommen Wunsch: Die Natur, meine Eltern oder Eva wird es schon richten. Er weiß sehr genau, dass die Erfüllung seiner Wünsche ganz allein von Evas Gefühlen und ihren Entscheidungen bestimmt wird.

„Schließlich ist Eva noch Jungfrau, was sie als ein sehr hohes Gut empfinden wird. Wenn sie sich entschließt, eine Frau zu werden – meine Frau zu werden", überlegt Tom, „dann verliert sie ja dieses Gut, sie schenkt es mir!" – „Hui", sagt er sich, „das mit dem ‚Frauwerden' ist aber psychologisch eine ganz schön schwierige Sache!"

„Beim Manne ist das doch alles sehr viel einfacher", sinniert er auf der Terrasse mit knurrendem Magen weiter. „Er muss nichts verlieren beim ‚Mannwerden'! Wenn seine Keimdrüsen anfangen, Samen zu produzieren, und er beim Onanieren einen Orgasmus bekommt und dazu ein paar Tropfen Erbgut herauspurzeln, dann ist er ein Mann geworden. Basta! So einfach ist das!"

Endlich kam seine Mutter Cathrin nach Hause. Sie erzählte ihm, dass sein Vater nach Heidelberg gefahren sei, Oma sei gestorben. Als sie die ganze Geschichte erzählt hatte, war Tom im ersten Moment richtig betroffen. Doch dann meinte auch er, dass es für Oma vielleicht so besser sei, als nur unter Schmerzen weiterzuleben. Sie sprachen noch eine Weile über Geschichten mit Oma, als Tom abrupt feststellte: „Ich habe einen mächtigen Hunger." Durch diese Bemerkung fiel Cathrin wieder einmal auf, dass Toms Bindung zu seiner Oma in Heidelberg längst nicht so stark war wie die zu seiner anderen Oma, zu ihrer Mutter.

Cathrin bereitete schnell das Essen zu und nach fünfzehn Minuten saß sie mit Tom am Mittagstisch. Tom aß schweigend und blickte unverdrossen hinüber zu Evas Fenster.

Sie vermied es, nochmals über Oma zu sprechen. Es bereitete ihr schon einige Probleme, dass sie ausgerechnet heute feiern wollten. Alles war vorbereitet gewesen, als heute Vormittag die Nachricht kam. Was hätten sie tun sollen? Wieder verschieben? Alle sechs haben dann doch beschlossen, die Feier nicht zu verschieben. „Also bleibt es dabei", sagte sich Cathrin. „Wir müssen ja nicht so laut feiern", beschwichtigte sie sich selbst.

Liebe Leser, ist es unter den gegebenen Umständen dennoch erlaubt, sich für die Einweihungsfeier bzw. Hochzeitsfeier am Samstag zu entscheiden? Oder hätten sie sich für eine weitere Verschiebung entscheiden sollen?

Samstag

Zwei Stunden vorher, noch in der Stadt, klingelte bei Cathrin das Handy. René, Carla und Cathrin waren noch dabei, die restlichen Besorgungen für die Feier am Abend zu erledigen. Claus meldete sich: Er sei schon in Heidelberg bei seiner Schwester und dass er ganz bestimmt noch heute am Samstagabend zurückkommen werde. Bis 22.00 Uhr werde er bei Karin bleiben, das wären dann sieben Stunden zum Reden, Trösten und Planen. Das reiche ihm wirklich. Sie wüssten ja, wie er zu seiner Schwester stehe. Etwa um 23.00 Uhr sei er wieder da. Er könne ja morgen am Sonntag und die nächste Woche wieder hinfahren und helfen. Heute wolle er unbedingt mit ihnen zusammen sein, berichtete Cathrin den anderen.

Gemütlich fuhren die restlichen drei aus der künftigen Doppelehe gegen 16.00 Uhr mit Renés Wagen zum Waldhaus. Voll bepackt mit verschiedenen Salaten, auch Kartoffelsalat für die Kinder, Würstchen, Roggenbrot, Kuchen und allerlei Getränken. Offenes Feuer war im Wald verboten, also auch das Grillen mit Holzkohle. Ein kleiner Elektrogrill in der Hütte für die Würstchen würde es aber auch tun.

Ganz in der Nähe im Fußballstadion war offenbar ein Tor auf der falschen Seite gefallen, denn die eine Hälfte der zwanzigtausend Zuschauer jubelte, der Rest grölte und pfiff.

Sie hatten Tisch und Stühle draußen vor die Tür gestellt und machten es sich gemütlich. Als Erstes kochte Carla Kaffee. Dazu aßen sie von Carlas selbst gebackenem Nusskuchen mit dicker Glasur aus Puderzucker und Zitronensaft. Allerhöchstes Lob erntete sie dafür.

Carla hatte sich auch ihre Tageszeitung mitgebracht. Laut las sie vor, dass schon wieder Milliarden für Griechenland fällig würden, wenn nicht binnen einem Monat die griechischen Sparmaßnahmen fruchteten. Sie schüttelte missbilligend den Kopf und las weiter ihre Zeitung. Die anderen unterhielten sich über die Eurokrise.

Nach kurzer Zeit sind René, der Gerichtspräsident, und Cathrin, die Bankerin der EZB, in ein heftiges Streitgespräch zu diesem Thema verwickelt. Er kritisiert, dass die EZB die Zinsen zu niedrig halte. Und das nur aus einem einzigen Grund: weil einige Länder, die in der Vergangenheit auf Pump in Saus und Braus gelebt haben und nun ihre Zinsen für ihre gewaltigen Schulden nicht mehr bezahlen wollten, nun nach Hilfe schreien, dass andere ihre Schulden bezahlen sollen! Zum Beispiel auch der deutsche Sparer! Denen müsse geholfen werden, meinte der italienische EZB-Präsident.

Damit sie gar keine Zinsen mehr zahlen müssen, wurden von ihm vor zehn Jahren die Zinssätze auf 0,0 Prozent gesenkt. Zu Lasten der deutschen Sparer! Sie wollten eigentlich später als Rentner von den Zinsen ihres ersparten Geldes leben. Das können sie nun nicht mehr! Aber das kümmert die anderen Europäer nicht die Bohne! Diese Ungerechtigkeit erlässt den Schuldenländern zig Milliarden an Zinsen! „Ist das gerecht, liebe Cathrin? Das ist eine Maßnahme, die nach den EU-Statuten überhaupt nicht zulässig ist!", moniert René. „Diesen Gaunern gehört doch nicht geholfen, die gehören ins Zuchthaus!

Die EZB wie auch die deutsche Regierung nehmen billigend in Kauf, dass dadurch den deutschen Sparern jährlich zwanzig Milliarden Euro von ihrer Altersvorsorge verloren gehen. ‚Empörungslos' nehmen die Deutschen diese Missachtung ihrer Rechte hin. Man muss es nochmals deutlich sagen: Die deutschen Sparer finanzieren damit die Schulden der Südländer."

Es ist schon eine Frechheit von unserem italienischen EZB-Präsidenten, diese schreiende Ungerechtigkeit gegenüber den Deutschen als einen Akt der Gerechtigkeit darzustellen.

René fragt: „Liebe Cathrin, wann wird dieser typische Banker aus Italien, dein Chef, der auch Mitglied der Mafia sein könnte, endlich in die Wüste geschickt?"

Staunen

Cathrin ist erstaunt über die Heftigkeit, mit der René seine Meinung geäußert hat. Viel zu vorwurfsvoll, als ob sie etwas damit zu tun hätte. Deshalb antwortet sie etwas beleidigt: „Lieber René, ich bin für Wertpapierkäufe in der EZB zuständig und für sonst gar nichts. Soviel ich weiß, hat er eine Amtszeit von acht Jahren, wovon erst fünf abgelaufen sind. Im Übrigen saßen alle siebzehn Präsidenten der Nationalbanken mit am Entscheidungstisch, wenn die Zinsen wieder einmal gesenkt wurden. Es sind also die Politiker Deutschlands, mit der Kanzlerin an der Spitze, sowie die anderen Politiker der Eurostaaten, die ihm die Freiheit des Handelns übertragen haben. Vielleicht waren sie etwas leichtfertig, kann sein! Sein Heimatland, das Vorteile daraus zieht, sieht das, so wie alle Südländer, bestimmt ganz anders. Es würde also schwierig werden, ihn rauszuschmeißen. Denn das ginge nur, wie du weißt, mit einstimmigem Beschluss."

René merkt, dass er das Gespräch vielleicht doch etwas zu heftig angegangen hat, und lenkt ein: „Entschuldige bitte meine Heftigkeit, liebe Cathrin. Es wurmt mich aber gewaltig, dass unseren Vätern und Müttern ein Teil ihrer angesparten Altersversorgung, nämlich zwanzig Milliarden pro Jahr, geklaut wird! Auch wir, unsere Kinder und Enkelkinder werden noch für die Fehler anderer Länder in Europa bezahlen müssen!

Hier findet doch offensichtlich ein Krieg mit anderen Mitteln statt, wenn die Menschen auch nicht mehr direkt mit Bomben und Kugeln umgebracht werden. Auch wenn ihre Häuser nicht mehr mit Granaten zerstört werden und die Infrastruktur erhalten bleibt. Alle zerstörten Bauten in früheren Kriegen mussten hinterher wiederaufgebaut werden. Meistens waren die Deutschen ja auch selbst schuld an den Zerstörungen. Diese selbst verschuldeten Fehler hatten zur Folge, dass mindestens zwei Generationen in Deutschland in die Armut geschickt wurden.

Die Deutschen haben daraus gelernt und haben keine Fehler mehr mit Kriegsfolgen gemacht. Sie waren sparsam, tätigten keine unnötigen Ausgaben und arbeiteten hart. So konnten sie sich wieder zum Wirtschaftsprimus in Europa hocharbeiten. Sie konnten Geld sparen fürs Alter.

Während andere große Sprüche klopften, auf der faulen Haut lagen und sich mit gepumptem Geld jeden Luxus genehmigten, arbeiteten die Deutschen für ihre Altersversorgung. Heute schreien diese Hochstapler nach Hilfe, nach dem Geld der nordeuropäischen Sparer. Sie können nicht einmal mehr ihre Zinsen bezahlen, geschweige denn ihre Schulden. Herr Dragi, dein Chef, hat Verständnis für sie. Er ist eben auch ein Italiener!

Was ist der Unterschied zu früheren Kriegen? Es werden keine Menschen mehr direkt durch Gewehrkugeln getötet! Das stimmt. Aber in einigen Jahren werden genauso viele Menschen an Armut und Hunger sterben!

Mit ungeheurer Fantasie versuchen sie nun ihre Schulden auf die deutschen Steuerzahler abzuwälzen und die EZB ist ihnen dabei auch noch behilflich. Sie zettelten unter Anleitung der USA und Großbritannien eine Finanzkrise an, die einzig ihrer Bereicherung diente und die bei genauerer Betrachtung zu einem Finanzkrieg wurde, in dem mit jeder denkbaren List, mit

Finten und Gaunereien, wie in den früheren Kriegen auch, gekämpft und gemordet wird. Es werden zwar keine Häuser mehr zerstört, aber umso mehr menschliche Existenzen."

René hat sich in Rage geredet und fährt fort: „Es wird immer wahrscheinlicher, dass wir Deutschen, ohne jede Schuld, zu den Leidtragenden in diesem Finanzkrieg gemacht werden. Die EZB wird uns zwingen, die unter Druck zugesagten dreihundert Milliarden Euro – so viel hat bisher nicht einmal ein Krieg gekostet (!) – tatsächlich an die Südstaaten Europas auszuzahlen. Und das Tragische dabei: Das Geld der deutschen Steuerzahler wird nicht einmal bei den lotterhaft wirtschaftenden Südstaatlern bleiben, es wird sofort von den Gläubigerbanken in den USA und Großbritannien kassiert werden. – Britische und amerikanische Banken mit deutschem Steuergeld subventionieren, während die deutsche Bevölkerung verarmt?!

Erzähle mir noch mal einer etwas über die Vorteile, die wir angeblich durch die EU haben. Bei genauer Betrachtung sind es doch nur Nachteile. Und für diesen Wahnsinn sollen meine Eva und dein Tom in die Armut geschickt werden? So wie nach allen Kriegen die Geschlagenen, die Verlierer in die Armut geschickt wurden? Diese beiden sind doch, wie wir alle, zweifelsfrei ohne die geringste Schuld an dieser Finanzschweinerei. Trotzdem sollen wir alle zahlen bis zur Verarmung? Die Gauner liegen derweil wieder auf der faulen Haut, kassieren uns ab, verarmen nicht und lachen sich eins ins Fäustchen! So wie es unlängst von Großbritanniens Banken herübertönte!

Für mich ist das Betrug und Ausbeutung von Unschuldigen durch fremde Staaten. Eine Not erzeugend, wie nach einem Kriege. Dazu ist es auch noch ein krimineller Krieg.

Wenn das unser Europa sein soll, dann kann ich nur hoffen, dass es wieder zerfällt, bevor wir die dreihundert Milliarden Euro (300.000.000.000 €) Kredite an die Schuldenländer verloren haben!

Die ‚empörungslosen Deutschen‘, so werden sie schon in Europa genannt, schlucken offenbar jede Ungerechtigkeit, jede Erpressung und zahlen auch noch alles, was andere Länder verprasst haben, einschließlich deren Zinsen!

Ohne Nationalist zu sein, darf man sagen: Den deutschen Politikern mangelt es offensichtlich an einer gesunden Portion Nationalstolz! Sie lassen ohne Gewissensprobleme jeden fünften Rentner in der Armut verkommen! Ihr Leben lang haben diese Menschen gespart und nun ist ihr Geld weg! Meinst du nicht auch, Cathrin, dass dies ein grobes Unrecht ist?", fragt René.

Cathrin schaut René lange und nachdenklich an, als er geendet hat. Sicher hat er in vielen Punkten recht, stellt sie fest. Und er hat sich in Rage geredet, das kann sie verstehen. Dass er aber so hart und vorwurfsvoll mit ihr spricht, als wäre sie an dem ganzen Dilemma der EZB schuld, dafür hat sie überhaupt kein Verständnis.

So hat sie ihren René noch nicht kennengelernt. Verärgert überlegt sie einen Moment lang, sich wortlos von ihm abzuwenden und nach Hause zu gehen. Sie bleibt dann doch, überlegt aber, wie sie ihm sein ungerechtes Verhalten deutlich machen kann.

Als René fragt: „Was ist los?", antwortet Cathrin nicht. Bisher war nie ein böses Wort zwischen ihnen gefallen. Sie glaubt, dass sein harter Ton seiner Angst um die Kinder geschuldet ist. Das kann sie verstehen. Dennoch darf er nicht so mit ihr reden.

Nach weiteren Minuten hat sich ihr Zorn etwas abgeschwächt. Nun möchte sie diese Verstimmung zwischen ihnen gerne wieder aus der Welt schaffen. Sie möchte mit René ein klärendes Gespräch führen. Da ist aber Carla dabei, vor ihr möchte sie ihren ersten Streit mit René nicht so gerne ausfechten. Sie weiß, dass Carla eine wunderbare, verständnisvolle Frau ist, die bestimmt auch volles Verständnis dafür haben wird, wenn sie sich mit René für eine halbe Stunde zu einem klärenden Gespräch in das Waldhaus zurückziehen wird.

Wie vermutet, hat Carla nichts dagegen, ganz im Gegenteil. Sie hat Renés endlosen Monolog zwar mitbekommen, doch wie es bei Eheleuten schon mal vorkommt, war sie mental nicht wirklich präsent – sie hat währenddessen in ihrer Zeitung gelesen.

Deshalb hat sie auch nicht bemerkt, dass zwischen Cathrin und René eine Verstimmung aufgekommen ist.

So hat Carla Cathrins Wunsch nach ungestörter Ruhe mit René im Waldhaus total falsch gedeutet, aber sie findet es wundervoll. Freudig umarmt und küsst sie Cathrin. Sie empfiehlt den beiden, sofort ins Haus zu gehen, und wenn die Kinder früher kämen als geplant, würde sie Bescheid geben. Cathrin will noch sagen: „Nein, nein, so war das nicht gemeint, wir wollten nur reden, heiraten wollen wir doch alle zusammen", aber da schiebt Carla die beiden auch schon durch die Tür ins Waldhaus.

Geschafft!

Allein in der Hütte, saßen sie nun auf dem Sofa mit großem Abstand zwischen sich. Nach einer Weile unangenehmer Stille begann Cathrin ihre Verstimmung zu erklären: dass seine Worte sie traurig gemacht, wütend gemacht und verletzt haben. Dass sie am liebsten nach Hause gehen wolle, dass er so nicht mit ihr reden dürfe. Sie sagte ihm alles, was ihr nicht gepasst hatte, was sie als einen persönlichen Angriff auf ihre Person empfunden hatte.

Es war einer der Momente im Leben, wo nur ein einziges falsches Wort ausreicht, um das Leben in eine andere, möglicherweise in eine falsche Richtung zu stoßen.

René fühlte diesen Moment. Er erkannte, dass er unfair zu ihr gewesen war. Er wusste auch, dass seine harten Worte gar nicht Cathrin gegolten hatten, sondern den verantwortlichen Politikern!

Was tun? Er sah eine Katastrophe auf sich zukommen und erschrak heftig. Der Gedanke, Cathrin, die er liebte, zu verlieren, trieb ihm den Angstschweiß aus allen Poren.

Aber auch Cathrin war mit ihren Vorwürfen nicht glücklicher geworden. Auch sie bekam Herzklopfen, wenn sie daran dachte, René zu verlieren. Nun möchte sie ihr Gesagtes gerne ungesagt machen. Aber wie?

Mutter Natur wusste auch in dieser gefährlichen Phase einer großen Liebe den bestmöglichen Rat: Sex.

Sie schauten sich nur ganz kurz in die Augen, sprangen auf, umarmten und küssten sich, mit einer nie gefühlten Leidenschaft.

Beide hatten erkannt, dass ihre Meinungsverschiedenheit sofort beseitigt werden musste. Was dann folgte, nennen die Sexualpsychologen „Versöhnungssex", der deshalb so großartig sei, weil damit die Hoffnung verstärkt werde, die Verbindlichkeit wiederherzustellen. Zu wissen, wieder angenommen zu sein. Will heißen: nicht nur Liebe und Wohlbefinden im Geiste zu empfinden, sondern auch ganz körperlich, handfest und eng umschlungen am Körper des/der Geliebten. Die Haut, die Wärme des anderen zu fühlen, sich in ihm bzw. ihr wohlfühlen zu dürfen, das ist Liebe.

Mit „ein Fleisch sein" beschreibt die Religion diesen wunderbaren Prozess, diesen Zustand der vaginalen Interaktion zur Arterhaltung.

Das Privileg dazu kann in seiner vollen Tiefe nur eine liebende Frau verschenken. Sie will sich ihrem Geliebten öffnen, ihm erlauben, in sie zu kommen. Sie will mit ihm „eins sein", mit himmlischen Lustgefühlen bei einem gemeinsamen Orgasmus seinen Samen in sich aufnehmen, damit ein Kind entsteht, dessen Vater nur er allein sein soll. Das ist für beide das höchste Glück auf Erden! Sie haben nonverbal kommuniziert, dass sie sich angenommen haben und zusammenbleiben wollen. Nur noch ein kleiner Schritt hin zu einer religiösen Fiktion!

Ohne viel mehr Worte als „Ich liebe dich und ich brauche dich", und das immer wieder keuchend, rissen sie sich in ihrer Erregung, im urgewaltigen Drang zueinander, die Kleider vom Leib und sanken auf die noch hastig ausgebreitete Decke am Boden vor der Couch. Für das Umklappen der Rückenlehne zu einem Bett war keine Zeit mehr!

Ein Bild wie aus einem dramatischen Liebesfilm, wo dann aus Scham oder Angst vor der kirchlichen Filmkontrolle die Kamera ganz schnell zur Seite schwenkt und die hastig weggeworfenen Klamotten filmt.

Die Sex-Enthaltung zwischen Cathrin und René über die vielen Monate, seit sie sich kennen, ließ ihr Verlangen zu einem Sex-Rausch ausarten. Kein Fleck ihrer Körper blieb ungeküsst. Ihre Zungen brachten ein furioses Liebesspiel zustande, das ihre Lust immer weiter steigerte. Ihre Körper lagen so übereinander, dass ihre Zunge seinen prächtigen Phallus in ihrem Munde umspielen konnte und gleichzeitig seine Zunge in ihrer Vagina wühlen konnte. Also ihre Klitoris bis zum Wahnsinn stimulierte. Sie genossen mit den Augen die Schönheit ihrer Körper. Bisher hatten sie immer nur ganz flüchtig kleine Ausschnitte sehen dürfen. Hauptsächlich Cathrins Brüste hatten es René angetan. Sie waren groß, nicht zu groß, fest und wunderbar rund geformt. Zart glitten sie über sein Gesicht, das er immer wieder darin vergrub, indem er sie von zwei Seiten streichelnd an sein Gesicht drückte.

Länger konnten beide nicht mehr warten.

„Komm, es wird geheiratet!", rief Cathrin laut und strahlend.

Mit einem Schwung saß sie auf ihm, griff unter sich und zeigte René den richtigen Weg in ihr Heiligtum. Er hatte Cathrin mit beiden Händen in der Taille gepackt, hob sein Becken an und schob seinen Penis, mit einem göttlichen Wohlgefühl für beide, tief in ihre heiße Vagina, die ihn eng umschloss. Dabei stöhnten beide ziemlich laut. Sie schauten erschrocken nach der Tür – es blieb ruhig. Carla hatte wohl nichts gehört. Und wenn doch, dann wäre sie bestimmt diskret – die Liebe!

Sie wälzten sich lustvoll bei ihrem ersten Liebesakt auf dem harten Fußboden. Cathrins Knie hatten schon etwas gelitten, als sie oben war. Nun war René oben, seine Knie waren auch schon wund gescheuert. Deshalb beschlossen sie, nun doch die Schlafcouch zu einem Bett umzuklappen. Sie vergaßen auch nicht das Betttuch aufzulegen – wegen der Flecken!

Nun hatten sie Platz genug, auch für etwas ausgefallenere und verwegene Spielarten, die Cathrin laut stöhnend schon zwei Orgasmen geschenkt hatten. Dabei konnte sich René nur mit äußerster Disziplin zurückhalten, nur ganz wenig Erbgut vermochte er nicht zu stoppen. Er zog sich zwar blitzschnell zurück, doch nicht schnell genug, eine kleine Menge verblieb bei Cathrin. Jedoch nicht so viel, dass sie ihre kleine Hochzeitsfeier hätten beenden müssen. Aber immerhin so viel, dass seine superstarken, flinken Spermien ohne die Pille ganz gewiss Ärger gemacht hätten.

Wenn Sie, liebe Leserin, noch etwas mehr über die wunderbaren, verwegenen Spielarten von Cathrin wissen möchten, schreiben Sie uns, wir reichen es gerne an Cathrin weiter!

Doch nun wurde es wirklich gefährlich für Renés Erbgut. Cathrin wollte es unbedingt haben. Als René aus dem Bad kam, blieb er – höchst erregt – zwei Meter vor dem Bett stehen. Seinen Penis hoch aufgerichtet, bewunderte er mit begehrlichen Blicken den aufreizend vor ihm liegenden, erwartungsvoll geöffneten Körper Cathrins. Sein Blutdruck, sein Puls und sein schneller Atem für höheren Sauerstoffbedarf waren bereits angepasst an die zu erwartende Höchstleitung. – Wunderbar, wie Mutter Natur das steuert!

Auf dem Rücken liegend, mit ausgebreiteten Armen, strahlte sie ihn verführerisch an und flüsterte: „Komm schnell in mein Paradies, mein Präsident." Als er sich nicht sofort auf sie stürzte, drehte sie sich aufreizend langsam auf den Bauch, zog ihre Beine an, hob ganz langsam ihren makellos geformten Po immer höher und streckte ihn einladend René entgegen, der langsam immer näher kam. Dabei stützte sie sich auf ihre abgewinkelten Arme, damit er auch ihre Brüste gut sehen und greifen konnte. Er war wie paralysiert, bewegte sich ganz langsam auf den Quell höchsten Glückes zu. Noch konnte er sich zurückhalten. Sie rutschte genauso langsam rückwärts bis zur Bettkannte, an der René stand. Als Cathrin mit ihrem leicht geöffneten, schon glänzenden Himmelstürchen nur wenige Zentimeter vor Renés tropfendem, stocksteifem, nach vorne drängendem, knochenhartem Prügel anhielt, da passierte es:

René konnte nicht mehr anders, er fasste Cathrin mit beiden Händen fest in den Hüften, zog sie zu sich und stieß ungestüm mit einem sehr lauten, lang gezogenen Laut tief in Cathrins Heiligtum, was sie mit einem ähnlichen Laut ihrer aufgestauten Lust bestätigte. Sie waren schon ein Stück im Himmel angekommen. Nur nach wenigen Minuten stürmischster Interaktion in dieser bequemen Stellung, die Stöße aber so geführt, dass sein Penis ständig auf ihren empfindlichen Lustknöpfen rieb, wurden beide abrupt von einem Orgasmus mit übernatürlicher Stärke geschüttelt. Zuckend, stoßend schoss der heiße Strom Erbgut von René mit dem Druck der Urgewalt tief hinein in Cathrin. Dorthin, wo sie es unbedingt haben wollte. Wo es Mutter Natur auch immer haben will. Dorthin, wo die Art erhalten wird, in Cathrins schützende Bruthöhle, für ein neues Menschenkind.

Genau so stürmisch und lustvoll hatte Cathrin sich ihre Hochzeit gewünscht. Sie drückte ihr Angekommensein im Himmel mit mehreren lang gezogenen Lauten aus, die ihr Wohlbefinden bekundeten. Ihr Gehirn schien „ausgeschaltet", und als René mit seiner urwüchsigen Kraft und Größe in Cathrin eindrang und das selig machende Gefühl, „eins zu sein", auslöste, da stockte Cathrin tatsächlich der Atem.

Sie haben in der Urkonversation, wie schon vor fünfhunderttausend Jahren, also ohne Sprache, allein durch richtiges Berühren mit den richtigen Gefühlen einen seelischen Gleichklang hergestellt. Sie haben sich gegenseitig in ihre eigene Welt aufgenommen und bestätigt. Ein göttliches Glücksempfinden durchflutete beide.

Lange lagen sie noch kuschelnd, küssend und streichelnd beieinander und ineinander. Verschlungen bestätigten sie sich ihre wundervolle Liebe. Sie waren glücklich!

Cathrin auch deshalb, weil ihr Wunsch sich erfüllt hatte: dass sie jeden Tropfen von René behalten konnte – na ja, bis auf Weiteres, möchte man sagen.

Beide hatten aber noch nicht genug. Cathrin sprach schon wieder davon, dass die große Viererhochzeit am heutigen Abend vielleicht noch erotische Überraschungen bringen könnte. Claus, ihr anderer Mann, der noch in Heidelberg weilte, aber bald zurückkommen würde, wüsste jetzt ganz genau, wovon sie sprach, wovon sie schwärmte. Er kannte ihre anale Vorliebe.

Von der Verstimmung, die René durch seine schroffe Rede und seine ungerechten Vorhaltungen ausgelöst hatte, war nichts mehr zu spüren. Beide waren vollendet versöhnt und im höchsten Maße zufrieden, als sie nach einer Stunde eng umschlungen aus dem Waldhaus kamen.

Carla, die derweil Wache hielt, hatte ihnen die notwendige Ruhe und Sicherheit gegeben, damit sie ihr Glück voll auskosten konnten. Und die Theorie von dem einzigartigen Versöhnungssex wurde einmal mehr bestätigt.

Carla hatte die lauten Gesprächsteile lächelnd mithören können. Ein Fenster war nicht fest verschlossen und Cathrin hat eine kräftige Stimme! Carla wusste genau, wann ihr Mann stöhnt und wie er dabei stöhnt! Sie sind schließlich fast achtzehn Jahre verheiratet.

Das Gehörte ließ bei Carla keinen Groll aufkommen. Ganz im Gegenteil, sie erfreute sich daran. Sie staunte über sich selbst. In der Vergangenheit war sie schon stinksauer, wenn ihr René einer anderen Frau zu auffällig hinterherschaute. Jetzt, in ihrer Doppelehe, sind diese übertriebenen Schutzfunktionen überflüssig geworden: Jeder liebt jeden!

Das Zuhören erregte sie allerdings so stark, dass sie lachend den Wunsch äußerte, sofort mit den beiden wieder zurück in das Haus zu gehen, wer auch kommen möge! Ob Kinder oder Nachbarn, die mittlerweile auch von dem Wochenendhaus wussten.

Die drei umarmten sich liebevoll. René und Cathrin versprachen Carla, die bisher immer fast leer ausgegangen war, dass sie heute in der Hochzeitsnacht mit besonders viel Liebe und Zärtlichkeit von ihren beiden Ehemännern wie auch von Cathrin bedacht würde.

Können Sie, liebe Leser, die gewaltige Toleranz verstehen, mit der diese wundervollen Menschen imstande sind, miteinander umzugehen?

Gerade beim Sex sind doch die meisten Menschen mehr oder weniger große Egoisten – was ja irgendwie auch verständlich ist!

Es war später Nachmittag geworden, das Fußballspiel im nahen Stadion war offenbar beendet, es war ruhig geworden. Die Sonne drang gelegentlich durch das dichte Blätterdach der mächtigen Buchen. Die Strahlenbündel erzeugten dann auf dem Moos huschende, leuchtende Flecken wie in einem Kaleidoskop. Und wenn das Bächlein getroffen wurde, dann funkelte es, als würden Diamanten aufblitzen.

Sie setzten sich wieder zu Carla an den Tisch draußen vor der Tür, wo es meist sonnig war. Es war 18.00 Uhr, sie überlegten, wann wohl die Kinder kommen würden. Carla meinte, das hänge von ihrem Hunger ab. Sie könnten in zehn Minuten, aber auch erst in drei Stunden hier sein. „Wir sollten uns nicht von ihnen den Abend gestalten lassen." – „Das tun wir ja auch nicht!", fand Cathrin. „Und ich bin gar nicht so fürchterlich böse, wenn sie bald wieder gehen – nachdem sie gegessen haben." Alle murmelten zustimmend und Carla sagte: „Ja genau, schließlich wollen wir nicht nur die Hauseinweihung, sondern auch noch unsere Hochzeit feiern."

Cathrin machte sich schimpfend an ihrem neuen Smartphone zu schaffen. Sie war noch nicht ganz vertraut mit diesem Wunderwerk der Technik, das angeblich alles konnte, außer Zitronen auspressen. „Ich werde jetzt versuchen, Claus anzurufen, mal hören, wann er hier sein will."

Claus meldete sich mit frischer Stimme, was Cathrin signalisierte, dass sie getrost über den Abend reden konnte. Er freue sich schon darauf – ob sie auch genügend Wein gekühlt hätten, galt seiner besonderen Fürsorge. „Ja, haben wir – und wann kannst du hier sein?", fragte Cathrin. – „Ich will gegen acht losfahren, wäre also um neun, halb zehn bei euch." – Cathrin: „Wie schön, dass du das so einplanen kannst. Wir freuen uns schon alle auf dich. Bis nachher, tschüss." – „Tschüss."

Eva und Tom

Tom und Eva kamen um acht mit einem „Bärenhunger", wie sie sagten. Ihr Verhalten, wie sie miteinander umgingen, war heute noch zärtlicher als sonst. Die letzten Wochen waren sie schon vollkommen ohne Streitereien ausgekommen. Aber heute strahlten sie extrem in einer Verliebtheit, die beide Mütter nachdenklich machte.

Carla und Cathrin besprachen das Phänomen ihrer jung verliebten Turteltauben. Carla überlegte laut: „Mir erscheint meine Welt nur dann so rosarot und meine Zufriedenheit nur dann so groß wie ihre heute, wenn ich befriedigt aus dem Bett komme!" – Cathrin: „Das sieht mir auch jeder an. Mein Mann sagte einmal neckend, ich würde dann glücklich-dumm ausschauen." Beide erschraken über den Gedanken, dass ihre Kinder eventuell schon so weit waren. Es wollte ihnen nicht in den Kopf gehen, dass sie, die Kinder, eventuell schon Mann und Frau sein sollten. Und dass sie, ihre Mütter, jederzeit Großmütter werden könnten.

Cathrin fragte: „Meinst du wirklich, die beiden haben es probiert?" – Carla: „Na ja, verstehen könnte ich sie. Sie wollen es beide, das wissen wir doch. Und die geschützte Möglichkeit dazu bieten wir ihnen auch: Heute waren sie wieder den ganzen Nachmittag alleine. Von zwei bis um sieben, das sind fünf Stunden. Sie waren entweder bei uns oder bei euch. Sie können es sich sogar aussuchen, wo sie alleine sein möchten. So gut hätten wir es früher auch haben mögen, meinst du nicht auch, Cathrin?" – „Da hast du recht. Wir haben bei unserem Liebespaar aber auch mit der größtmöglichen Vorbeugung gegen ungewollten Kindersegen gesorgt: mit der Pille, Kondomen und Aufklärung. Ja, wir haben unsere Pflicht erfüllt!", bestätigten sich die beiden Mütter gegenseitig.

Bis jetzt hatten sie nur eine Vermutung, dass es heute „passiert" sein könnte. Doch Carla wollte es genauer wissen.

Draußen war es noch hell, also sagte sie zu Eva: „Komm mal mit, ich zeige dir ein Vogelnest mit Eiern. Du kennst dich doch aus. Wir haben schon gerätselt, welche Vogelart das sein mag." Sie gingen am Bächlein entlang, Richtung Lichtwiese, als Eva fragte: „Wo ist denn das Nest?" Carla legte den Arm um sie und sagte, es gebe gar kein Nest. „Ich wollte nur etwas mit dir bereden, was die anderen nicht hören sollen." Eva blickte sie fragend an. „Und was möchtest du bereden?" Carla, etwas verlegen: „Du und Tom, ihr seid doch ein richtig schönes und auch glückliches Paar." Eva nickte. „Heute allerdings seht ihr ganz besonders glücklich aus. Keiner hat Geburtstag, ihr habt keine Einser geschrieben, es muss also einen anderen, einen schöneren Grund geben."

Ihr Evchen errötete über und über. Carla nahm sie in die Arme und fragte: „Könnte es sein, mein Schatz, dass euch heute Mittag, als ihr alleine zu Hause wart, das große Glück begegnet ist? Dass du nun kein Mädchen mehr bist, sondern eine glückliche junge Frau geworden bist?"

Eva, immer noch hochrot, strahlte wie ein Honigkuchenpferd, nickte heftig und umarmte ihre Mutter überglücklich: „Ja Mama, du hast es erraten."

Carla merkte, dass Eva eigentlich noch etwas sagen wollte, es aber nicht tat. Nachbohren mochte Carla auch nicht. Das Wichtigste hatte sie ja erfahren!

Einzelheiten

Hier die Einzelheiten dieses absolut einmaligen, sich nie mehr wiederholbaren Erlebnisses: der heikle Schritt Evas von der Jungfrau zur Frau. Mit gewaltigen mentalen Risiken, Veränderungen, mit körperlichen Schmerzen, aber auch mit gewaltigen Freuden, auf die beide so lange gewartet hatten. Wie all das geschah, geht niemand etwas an! Außer Tom und Eva. Auch nicht Evas Mutter? „Nein, auch sie nicht!", meint Mutter Natur.

Allerdings, wenn man wissenschaftlich indiskret sein wollte, könnte man auch Mutter Natur befragen. Sie ist bekanntlich überall anwesend, wo es um die Arterhaltung geht. Sie allein sorgt dafür, dass es dazu kommt, und nur sie gestaltet das Prozedere der Arterhaltung. Sie ist neben Gott – wenn es ihn denn gibt – das wichtigste, übernatürliche Wesen der Menschheit.

Nach Aussagen von Mutter Natur stellt sich die Krönung ihrer Arbeit an einem schönen Samstagnachmittag eines heißen Sommertages wie folgt dar:

Im Kinderzimmer

Tom hatte sich nach der Schule, wie so oft, mit Eva in der Innenstadt verabredet, um bei der schweißtreibenden Temperatur von 32 Grad Celsius beim Italiener Eis zu essen. Danach fuhren sie zu Eva nach Hause. Ihre Eltern waren, wie verabredet, schon zum Waldhaus gefahren.

Wie üblich lagen sie auf Evas Bett und schmusten. Heute jedoch viel heftiger als sonst. Eva erlaubte den ständig suchenden Händen von Tom heute sehr viel mehr als sonst. Ihre Shorts waren hauchdünn und dehnbar. Heute durfte er mit seinen Fingern ihr Heiligtum, ihr samtweiches Vlies streicheln. Sie öffnete sogar etwas ihre Schenkel, damit er besseren Zugang zum heiligen Türchen bekam, das er auch streichelte.

Dieses Liebesspiel mit tausend Küssen gefiel Eva immer besser. Doch immer wenn er mit einem Finger etwas eindrang, was Eva auch gerne mochte, und ihr Lustknöpfchen berührte, zuckte sie zusammen und schloss schnell ihre Schenkel. Ihre Küsse wurden aber umso heißer, je öfter er diese Stelle berührte. Eva schien es immer mehr Freude zu machen. Auch Tom wurde immer erregter. Im Geiste fühlte er sich schon mit Eva vereint. Er wusste aber nicht so recht, welchen Schritt er als Nächstes machen sollte – oder konnte oder durfte –, ohne Eva zu verschrecken.

Also blieb er beim Streicheln und Massieren ihres Körpers unter dem Shirt und unter den Shorts. Immer häufiger wanderten seine Finger in ihr Lustzentrum zu ihrer Klitoris, die er streichelte, die vor Erregung auch schon etwas geschwollen war. Evas Atem wurde immer erregter. Manchmal keuchte sie auch.

Tom fragte sich dann, ob das ein Orgasmus war. „Das ist also der Punkt, wovon alle Oberprimaner schwärmen", ging es Tom durch den Kopf.

Die Wärme im Zimmer wie auch die neuen Finger-Erkundungen erhitzten beide immer mehr. Tom zog sein T-Shirt aus. Dann half er vorsichtig Eva aus dem Shirt – und erschrak. Das hatte sie ihm bisher immer verwehrt, heute ließ sie es sich gefallen.

Endlich durfte er Evas bildschönen Busen bewundern und liebkosen, der gar nicht mehr so klein war. Doch als er anfing, ihn küssen zu wollen, sprang Eva auf, lief zum Fenster und ließ den Rollladen so weit runter, bis er auf Ritze stand. Es war fast dunkel geworden im Zimmer. Tom konnte sie dennoch gut sehen, stellte er dankbar fest.

Evas Grund zu dieser Verdunkelung war natürlich ihre Scham vor Tom. Obwohl sie ihn schon ewig kennt, ist ihr diese Nähe noch nicht selbstverständlich. Sogar noch etwas unangenehm. „Voraussichtlich wird sie noch eine ganze Weile ein Tüchlein über die Nachttischlampe hängen", dachte Tom. Was übrigens viele Erwachsene ihr Leben lang tun. Zumindest so lange, wie sie zur Arterhaltung beitragen können.

Tom zeigte in Sachen Nacktheit überhaupt keine Scheu. Im Gegenteil, es machte ihm Spaß, sich Eva nackt zu zeigen. Auch mit seinem „angesteiften" besten Stück. Eva beobachtete das Teil, weil es ständig mal etwas länger und dann wieder etwas kürzer wurde, ohne etwas daran zu machen, das war für Eva neu.

Wieder auf ihrem Bett, ging der Liebessturm der beiden weiter: mit Küssen, nun überallhin. Toms Finger befanden sich nur noch in Evas Zentrum an ihrem empfindlichsten Pol der Lust. Toms hoch aufgerichtete Männlichkeit hatte sich in den Shorts schmerzlich verbogen, er passte nicht mehr hinein, schon deshalb musste er sie ausziehen.

Immer heißer wurde es ihnen. Ihre Lust, eins zu werden, wurde immer stärker. Da wanderte Evas Hand langsam zu Toms Oberschenkel. Tom erkannte die Chance und führte Evas Hand hin zu dem neuen Zielobjekt, das sie suchte. Sofort umfasste sie ihn und massierte ihn instinktiv, soweit es Evas jungfräuliche Unwissenheit erlaubte.

Nun wussten es beide …

Bis dahin hatte Mutter Natur alles zielorientiert gesteuert. Nun wussten die beiden plötzlich ganz genau und ganz von allein, was sie zu tun hatten.

Keuchend zog er ihr das Höschen aus, dann den Slip. Eva erhob keine Einsprüche mehr. Sie wollte nur noch das eine: Tom in sich fühlen, mit ihm „eins sein", das war ihr einziger Wunsch. Alle Gedanken des Zweifels und der Zurückhaltung waren verschwunden. Eva wollte ganz schnell das große Glück mit Tom empfinden. Auch Toms Gedanken eilten dem Kommenden voraus und überschlugen sich. Seine Fantasie deckte sich endlich mit der Realität: Er sah Evas schönes, strahlendes Gesicht. Er fühlte und sah, wie sich ihr Körper für ihn öffnete. Sie zog ihn zu sich und sah, wie sein Glied, man darf schon sagen sein „Prügel", hochschnellte, wenn sie ihn losließ.

Nun pressten sie, aufeinanderliegend, ihre nackten jungfräulichen Körper aneinander, was schon eine völlig neue, beseligende Kommunikation zwischen ihnen auslöste. Ihre Zungen waren verstummt, aber ihre Körper sprachen in rasender Eile von Liebe, von Sehnsucht, von Glück, von Erfüllung, von Gemeinsamkeit, von Zukunft. Ihre Körper sprachen aber auch ganz fordernd, wenn auch nonverbal, von ihren Wünschen, die Tom und Eva bitte schön schnell zu erfüllen hätten.

Tom musste den nächsten entscheidenden Schritt tun, und er zögerte keinen Moment.

Als Tom ansetzte, sich mit Eva zu vereinen, also in sie einzudringen, bemerkten beide, dass es nicht richtig voranging, obwohl sie alles richtig machten. Die erste Schwierigkeit war das schmerzhafte Durchzwängen durch das Hymen (Jungfernhäutchen).

Nach höchstens zwei Zentimetern ging es nicht weiter. Obwohl Evas Körper für das Gelingen mit Sehnsuchtströpfchen, dem natürlichen Gleitmittel, bestens vorgesorgt hatte. Evas schönes Gesicht zeigte bei jedem Versuch Toms, tiefer zu kommen, schmerzhafte Züge, sodass sich Tom fragte, ob das wohl etwas mit dem sagenumwobenen Jungfernhäutchen zu tun hatte. „Muss ich jetzt etwa mit Gewalt zustoßen?", fragte er sich weiter. Er wurde immer ängstlicher und unsicherer. Er fragte deshalb Eva ganz leise: „Soll ich zu zustoßen?" Eva nickte, Tom stieß zu, Eva schrie leise auf, die Defloration war überstanden, endlich waren sie Mann und Frau … und das Betttuch bekam seinen kleinen roten Fleck.

Doch von Vergnügen war noch lange keine Rede.

Die ersten zehn Zentimeter waren zwar geschafft, doch die restlichen zehn waren noch harte Arbeit. Auch weil Tom schon in seinen jungen Jahren sehr gut gebaut war. Wohl ein Erbe seines Vaters. Jeder Zentimeter musste, unter Wundschmerzen von Eva, erkämpft werden. Tapfer ertrug sie alles. Sie ahnte: Das groß Glück würde noch kommen.

Als Tom endlich zur normalen, vaginalen Interaktion übergehen konnte und Evas wunderschönes Gesicht anfing, selig zu leuchten, da lastete plötzlich der Erfüllungsdruck zur Arterhaltung so extrem auf Tom, dass er nur noch wenige selig machende Hübe ausführen konnte. Seine flinken Spermien drängten zu mächtig in Richtung Eva. Deshalb stoppte er abrupt seine Bewegung und zog sich zurück. „Er will noch nicht kommen." – Erstaunlich für einen jungen Mann, staunt Mutter Natur.

Eva will ihn aber weiter fühlen! Sie hebt ihr schmales Becken immer höher, bis er wieder vollkommen von ihr aufgenommen ist. Dabei deutet sich bei Eva ihr erster Orgasmus an.

Das ist für Tom zu viel, er kann seine rasend gewordene Erbmasse nicht mehr bändigen. Noch ein letzter kraftvoller Stoß – Eva umklammert Tom dabei mit beiden Armen und beiden Beinen, dabei küssen sie sich begierig – und ihr erster gemeinsamer Orgasmus überrollt sie mit einem Schrei von Eva. Lustvolles Stöhnen begleitet den stoßweisen Fluss seines Erbgutes hinüber zu Eva. So wie Mutter Natur es wollte, so ist es geschehen!

Endlich sind sie ganz im rosaroten Himmel angekommen!

Sekundenlang waren beide in ihrem Höhenrausch nicht mehr in dieser Welt.

Mutter Natur strahlte natürlich auch auf dem Foto, als sie im Fachblatt „Chronik des Homo-sapiens" ausführlich über ihre „Arbeit zur Erhaltung der Menschheit" berichtete. Wusste sie doch sehr genau, dass die Pille immer dann nicht mehr genommen wird, wenn sie es geschafft hat, den latent vorhandenen Wunsch nach einem Kind in ein brennendes Bedürfnis umzuwandeln. Daran wird sie nun weiterarbeiten.

Lange liegen sie so, eng umschlungen, ineinander fühlend, auf Evas Jugendbett. Größtes Glück durch ein einmaliges Ereignis hat sie heute überwältigt. Es wird sich so nie mehr wiederholen. Für immer wird es in ihrem Gedächtnis abrufbar sein.

Und das alles geschah in vertrauter Umgebung, in ihrem Kinderzimmer, in dem sie die letzten Jahre von genau diesem Glück träumte: den uralten Traum von dem Prinzen hoch zu Ross, der um ihre Hand anhält. Zu dem sie auf den Schimmel steigt, der sie auf sein großes Schloss bringt und sie zu seiner glücklichen Gemahlin macht. – Ende gut, alles gut!

Ja, so war es – nichts anderes haben Eva und Tom heute erlebt!

Na gut, sie hatten keinen prächtigen Schimmel, aber doch ganz ordentliche Fahrräder!

Und das mit der „glücklichen Gemahlin" hätte besser nicht klappen können. Nicht nur die Einrichtung ihres Zimmers wird sich verändern, ihre ganze Welt wird eine andere werden. Von nun an werden sie immer öfter miteinander schlafen wollen, ihre Liebe wird weiterwachsen. Doch irgendwann werden vielleicht auch sie bei den Problemen angekommen sein, die ihre Eltern heute umtreiben. Doch so weit in die Zukunft zu schauen, ist heute nicht angebracht.

Hochzeitsfeier

Tom und Eva, die lieben Kleinen, aßen wie die Scheunendrescher. Kein Wunder bei ihrem Kräfteverbrauch in den letzten Stunden.

Beim Essen saßen sie dicht aneinandergedrängt. Ihre Körper suchten den Kontakt zur Kommunikation ihrer Gefühle. Aneinandergedrückt flüsterten sie sich immer wieder Dinge ins Ohr, die nicht für Mütterohren und schon gar nicht für Vaterohren bestimmt waren. Evas Gedanken wanderten immer wieder Stunden zurück, zu dem Moment, als sie zum allerersten Mal in ihrem Leben gemeinsam mit Tom den wahnsinnigsten Höhepunkt in ihrer Liebe erlebte. Sie konnte sich so stark in das Gefühl zurückversetzen, dass sie einen neuen Gefühlsschauer, einen kleinen Orgasmus bekam. Den kleinen Schmerz vom Nachmittag hatte sie längst vergessen.

Wieder flüsterte sie Tom etwas ins Ohr: „Es brennt immer noch da unten!" Auch rote Spuren zeigten sich immer noch. Doch ihre Glücksgefühle standen über allem. Diese waren jubelnd hinaufgestiegen in den siebten Himmel und beide strebten nach mehr.

Nur eine oder zwei Stunden hielt es sie im Waldhaus, bei der Fete ihrer Eltern. Dann mussten sie ganz plötzlich noch zu einer anderen Party. So, wie sich die beiden anhimmelten, ist es nicht ganz falsch zu vermuten, dass sie flugs Evas Bettchen wieder aufsuchten, um so schnell wie möglich dem Wunder vom Nachmittag ein weiteres Wunder folgen zu lassen.

Claus zurück

Spät, erst gegen 23.00 Uhr, kam Claus aus Heidelberg zurück, froh und dankbar, dass er endlich wieder da war. Alle begrüßten ihn mit herzlichen Umarmungen und Küssen. Zu diesem besonderen Anlass zauberte René sogar Champagner in die Gläser.

Claus hatte seit Mittag nichts gegessen. Sein Hunger war ähnlich groß wie der von Tom und Eva wenige Stunden zuvor.

Beim Essen fragte er nach den beiden. Als er die Neuigkeit erfuhr, sagte er zufrieden grinsend: „Das freut mich aber sehr für unsere zwei. Nun sind sie doch tatsächlich schon Mann und Frau geworden, ohne dass sie erwachsen sind. Genau wie wir damals!" Dann fuhr er fort: „Wir können uns schon mal darauf einstellen, Großeltern zu werden."

„Einspruch", meldeten sich Carla und Cathrin sofort zu Wort, „wir wollen keine Großmütter werden! Oder wollt ihr wirklich alte, verknitterte Ehefrauen im Bett haben?"

„Nein, nein, das wollen wir ganz gewiss nicht", entgegnete René. „Aber bitte keine Panik, so schnell werden wir alle schon nicht welken. Darf ich euch erinnern: Wir sind in den besten Jahren, deshalb feiern wir doch heute eine stürmische Hochzeitsnacht – schon vergessen?" René überlegte einen Moment, dann fragte er: „Was wäre denn eigentlich anders, wenn wir Großeltern wären?"

Cathrin antwortete: „Na ja, das ist so eine Sache. Die Physis wäre zunächst die gleiche. Aber die Psyche könnte eventuell verrücktspielen, weil sich hinter dem Begriff ‚Großmutter' viel Gutes, aber auch viel Negatives verbirgt: Altersgebrechen wie Vergesslichkeit, Krankheit, kein Sex mehr, Gebiss, Hörgerät, dicke Brille, Inkontinenz und vieles mehr. Die Angst vor dieser Zukunft könnte vielleicht Auswirkungen auf unser heutiges Liebesleben haben. Oder was meint ihr?"

„Nein, mit diesen Gedanken wollen wir uns die Hochzeitsnacht nicht vermiesen", meinte René. „Lasst uns auf unser gelungenes Werk, auf das Waldhaus anstoßen! Prost – prost – prost!" Sie umarmten sich strahlend.

Man muss es so deutlich sagen: Ihre Gedanken waren jetzt nur noch hoch konzentriert auf das eine ausgerichtet: auf ihren Sex zu viert! Bei gleichzeitiger „polyamoren Familienbildung". Aber wie macht man das? Ihre Gedanken suchten Wege zur Realisierung. Wie fängt man so etwas an? Keine und keiner hatte Erfahrung damit. Jeder wusste zwar schon sehr genau von den Sex-Wüschen des anderen, mehr aber nicht.

Erst nachdem die Sprüche etwas frivoler wurden und der Champagner seine segensreiche Wirkung zu entfalten begann, legte sich auch in den Köpfen von Claus und René der genierliche Gedanke, sich nackt einem anderen Mann zeigen zu müssen. Und das mit erigiertem Glied! Sofort würde sich beiden die peinliche Frage aufdrängen: Ist meiner oder seiner dicker und länger? Wer ist also besser ausgestattet für die beiden Frauen? Noch verhüllten die ausgebeulten Hosen diese Realitäten.

In den vielen Gesprächen und Überlegungen zu ihrer Viererehe hatten sie tausend Eventualitäten besprochen, die psychisch hätten stören können, jedoch nicht die „Marginalie", dass die Herren der Schöpfung sich ihrer Nacktheit schämen könnten und auch noch kleinlich überlegen würden, ob „der eigene" oder „der andere" der größere sein würde. Aber so sind sie nun einmal, die Alphatiere, die immer unter Konkurrenzdruck stehen.

Wie sehen Sie, liebe Leserin, lieber Leser, dieses Konkurrenzdenken der Herren über Länge und Dicke ihres Heiligtums? Macht mehr Dicke oder mehr Länge auch mehr Lustgewinn für die Frau? Oder nur für ihn?

Über eine halbe Stunde der kostbaren Nacht hatte das Gockel-Gehabe und das „Sichzieren" der Herren Ehemänner gekostet. Jetzt waren sie endlich bereit, das zu tun, was sie schon immer tun wollten: ihre zwei Frauen aufs Lustvollste glücklich machen. Aber wie? Abwechselnd? Oder zugleich? Ihr Tatendrang war nicht zu übersehen. Ihre Erektionen waren urstark und von unglaublicher Härte! Ohne störende Hosen, fanden beide Frauen, sahen ihre geliebten Männer wirklich gut aus. Sie schnaubten zwar nicht wie wilde Stiere, sahen aber ein klein wenig so aus mit ihren hoch aufragenden Familienwurzeln.

Carla und Cathrin hatten sich zur Verständigung nur zugblinzelt. Mehr bedurfte es nicht, um einverstanden zu sein. Alle Türen und Fenster waren fest verschlossen. Musik zum Träumen berieselte das Hochzeitslager. Die bunten Gästebetten am Boden, wie der ganze Raum, waren in warmes Kerzenlicht getaucht. Carla und Cathrin hatten sich gegenseitig halb ausgezogen und sich kuschelnd auf das große Bett gelegt. Ihre wichtigsten Reize waren für ihre Männer gut sichtbar. Darauf achteten sie natürlich beim Hinlegen ganz genau.

Mit dem Klang ihrer Sektgläser riefen sie Claus und René zu sich auf das Bett.

Als Erstes fanden die Paare mit Trauschein zueinander. Komisch, aber es war so! Die Vertrautheit mit den eingeübten Gesten und Griffen steuerte wohl noch die Auswahl.

So lagen die angetrauten Ehepaare in leichter Umarmung nackt nebeneinander und harrten der heißen Dinge, die da kommen sollten – gemäß den flotten Sprüchen ihrer Männer!

Lange Minuten tat sich gar nichts. Es wurde lediglich unnützes Verlegenheitszeug geredet. Wie zum Beispiel (Claus): „Ich denke, wir hätten die Holzdecke noch einmal streichen sollen!"

Liebe Lesefreunde, detaillierte Schilderungen des Lustgeschehens in der Hochzeitsnacht folgen. Sie beschreiben tiefe, schöne, ehrliche Gefühle und Handlungen, derer nur Menschen fähig sind. Alle suchen danach! Nicht zu vergessen: „Es gibt nichts Wichtigeres für die Menschheit, als sich fortzupflanzen!" Dennoch wird dieser Prozess in der Literatur meist verschwiegen. Oder, was noch schlimmer ist, Einzelheiten werden als verbotene, pornografische Texte abgewertet! Fragt sich: Wer besaß die Hybris, das Verschweigen der Wahrheit als gültiges Recht zu erklären? Ein Recht zur Verdummung der Menschen! Wenn es der Klerus war, dann sei an Kindesmissbrauch und Nötigung in der Kirche erinnert! Daran sollte er arbeiten und seine verdummende Überheblichkeit endlich ablegen!

Frauenpower

Dann machten die Frauen kurzen Prozess: Flink griff Carla über Cathrin hinweg zu Claus' Prachtstück. Von Cathrin hatte sie schon viel über die wunderbaren Dimensionen von Claus gehört: dass er größer und größer wird, bei großer Erregung.

Aber was sie nun in der Hand hielt, übertraf in Größe und Härte auch ihre kühnsten Vorstellungen.

Ihren schön geschwungenen Mund mit den vollen Lippen kann man wirklich nicht klein nennen. Dennoch hatte sie Schwierigkeiten, ihn liebevoll aufzunehmen, ohne ihm mit den Zähnen wehzutun. Ihre Zähne mit den Lippen total abzudecken, zum Schutze seines gewaltigen Zepters, war wirklich schwierig. Es machte ihr Probleme!

Ob dieser Größe erschrak Carla umso mehr, als sie an Cathrins anale Vorliebe dachte!

Sie konnte sich bei diesen Abmessungen beim besten Willen nicht vorstellen, dass Cathrins Anus samt Schließmuskel, ja der ganze Beckenboden bisher keinen Schaden genommen hatte. Sie ist mit Claus schließlich fünfzehn Jahre verheiratet!

Im gleichen Moment dachte sie auch an ihre eigene, neugierige, voreilige Zusage an Claus zu Analsex. Ohne seine Größe zu kennen, hatte sie bestätigt: „Ja, ja, wir schaffen das." Und nun das! So ein Gigant! Sie hatte ihn endlich im Mund und staunte immer noch. Heiß wurde es ihr dabei. Sie hatte plötzlich große Bedenken, ihren Körper diesem Monster auszusetzen. „Hoffentlich werden wir das heute noch nicht ausprobieren", ging es ihr durch den Sinn.

Carla wollte – nein, sie musste – das Wunder von Claus erst in Cathrins Heiligtum gesehen haben. Sie würde auf dem anschaulichen Beweis bestehen, dass so ein Liebesinstrument, das üblicherweise nur bei Naturvölkern vermutet wird, auch eine ganz normal gebaute mitteleuropäische Bankerin befriedigen kann. Vor ihrem ersten Selbstversuch müsste Carla ganz genau gesehen haben, dass er wirklich durch beide Eingänge von Cathrin passte!

„Wir sind schließlich ab jetzt ein einziges großes Ehepaar, zwischen uns gibt es doch keine Geheimnisse mehr", überlegte sie laut. Sie massierte diese gewaltige Stammwurzel noch eine Weile. Er wurde immer größer und größer! Mit einer Mischung aus Staunen und Angst ließ Carla schließlich das Naturwunder von Claus ungenutzt einfach stehen.

Auch Cathrin hatte das stattliche Ergebnis durch die zärtlichen Hände von Carla wachsen sehen. Als diese ihr Werk verschmähte, schwang sich Cathrin kurzerhand freudig und behänd auf Claus, ihren Ehemann Nummer eins, der das zu schätzen wusste.

Wie in all den Jahren zuvor, fühlte sich Cathrin mit großer Zufriedenheit von ihrem Mann total ausgefüllt. Und schon nach wenigen Auf und Abs erreichte Cathrin, unter vielen Lustlauten, den ersten Höhenrausch ihrer Hochzeitsnacht. Es sollte nicht dabei bleiben. Es sollte noch eine ganze Gebirgskette folgen. Claus erfreute sich daran und tat alles, um Cathrins Lust noch zu steigern. Während er mit jedem Stoß immer tiefer drang, massierte er mit dem Mittelfinger gleichzeitig ihre Klitoris. Das reizte Cathrin allerdings so sehr, dass sie Claus bat aufzuhören, sonst würde sie schon wieder kommen.

Bei all den schönen, aber doch bekannten Gefühlen beim Sex mit ihrem Ehemann Claus vermisste Cathrin eines ganz stark: den Kitzel des Neuen, verbunden mit ihrer neuen Liebe! Heute wollte sie das endlich von ihrem anderen Mann, von René bekommen. Danach hatte sie sich doch so viele Monate gesehnt!

René war zunächst in seiner Not bei Carla, also auch bei seiner Ehefrau eingekehrt. Eigentlich wollte er natürlich sofort in Cathrins Arme sinken. Doch Claus war ihm zuvorgekommen.

Nun überlegte Cathrin, mitten im Aufstieg zu einem Gipfel, wie sie es ganz schnell schaffen könnte, mit Carla den Platz zu tauschen, um endlich René zu fühlen.

Beide Ehefrauen verstanden sich blendend, auch ohne zu reden, hatten sie doch den gleichen Wunsch: „Männer tauschen!"

Cathrin sah an Carlas ungläubigem Gesichtsausdruck, welches Problem ihr durch den Kopf ging: die Dimensionen von Claus waren es natürlich und wie damit anales Lieben überhaupt möglich sein sollte.

Was Carla gerne einmal probieren möchte, ist für Cathrin längst eine lieb gewordene Standardabwechslung. „Aber mit diesem Monstrum?", fragte sich Carla immer wieder.

Während Claus sich mit großer Ruhe in Cathrin, die auf ihm saß, weiter wohlfühlte, fühlte sich auch René in Carla wohl, die unter ihm lag, direkt neben Claus. Aber die Ruhe täuschte! Alle waren in Gedanken längst mit dem erwarteten Partnertausch beschäftigt.

René wurde etwas schneller. Carla hob ihre Hüfte bei jedem Stoß höher hinauf – René entgegen. Sie stöhnte immer lauter – jetzt!! Der Orgasmus schüttelte Carla, dabei küssten sie sich. René konnte seine Spermien gerade noch zurückhalten. Carlas Gesicht strahlte befreit. Sie konnte nun ihre Gedanken neu ordnen:

„Erst will ich bei dir sehen, dass er passt", flüsterte sie Cathrin ins Ohr. „Ja natürlich, ich zeige es dir sofort, meine Liebe", sagte Cathrin und küsste Carlas steif stehende Brustwarzen ihrer wundervoll geformten Brüste – die, obwohl sie auf dem Rücken lag, nur ganz wenig ihre halbrunde Form verloren hatten!

Beiden Ehefrauen, die mit beiden Männern verheiratet sein wollen, verstehen sich einmalig gut. Sie fühlen und sehen sich tatsächlich als ein Doppelehepaar. Sie feiern mit Genuss ihre lang ersehnte gemeinsame Hochzeitsnacht zu viert.

Nachdem beide Männer sich nicht mehr voreinander genierten und auch noch mit Erfolg den Verlust ihrer Erbmasse in der ersten Paarung verhindern konnten, waren sie mit sich selbst sehr zufrieden. „Ja nicht zu früh zu kommen", hatten ihnen ihre Frauen dringend eingeschärft. „Ansonsten wäre ja die schöne Hochzeitsfeier viel zu schnell zu Ende und wir beiden Frauen eventuell ohne jeglichen Höhepunkt gewesen. Das darf nicht sein!", drohten Cathrin und Carla.

Nun mahnte das zarte Geschlecht, dass es langsam an der Zeit sei, endlich auch den neuen Paarungen die Ehre zu erweisen und die Ehen zu vollziehen! „Cathrin und René hatten ja schon das Vergnügen. Claus und ich noch nicht, das muss sich sofort ändern!", forderte Carla mit einem kühnen Griff nach Claus' Monster.

Kurzerhand tauschten Cathrin und Carla ihre Männer. Darauf hatten Claus und André natürlich ungeduldig gewartet.

Doch als Carla sich über Claus geschwungen hatte, sich setzen wollte und dabei ganz selbstverständlich Claus aufnehmen wollte, verschlug es ihr den Atem! Cathrin beruhigte Carla! Immer wieder wich Carla automatisch dem Monster aus, indem sie hochschreckte. Sie war offenbar doch enger gebaut, als sie selbst annahm. Claus erfreute sich indes an der Prozedur. Zeigte sie ihm doch, wie einmalig er gebaut ist. Etwas Stolz erfüllte ihn. Nur zentimeterweise konnte sich Carla niedersetzen. Sie fühlte, dass sie noch nie so ausgefüllt war. Wenn Claus nach oben stoßen wollte, ging Carla mit nach oben, schrie leise auf und Claus' Monster stand schon wieder im Freien.

Das langsame Vordringen in Carlas enges Heiligtum begann von Neuem. Es dauerte schon eine ganze Weile, bis sie das Auf und Nieder vorbehaltlos genießen konnte. Ein völlig neues, pralles Gefühl hatte sie dabei. Immer am Rande eines Orgasmus. Auch Claus kämpfte bereits damit. Doch er sagte sich: „Ich darf noch nicht kommen, ich will doch mit meiner neuen Ehefrau in der Hochzeitsnacht noch so vieles erleben."

Carla schaute hinüber zu Cathrin und André, auch sie hatten die Stellung gewechselt. Cathrin kniete und er kniete hinter ihr. Ihr Stöhnen zeigte, dass sie voller Zufriedenheit ineinander aufgegangen waren. Ihre Körper tauschten Gefühle aus.

Carla ritt plötzlich der Teufel: Sie sprang vom liegenden Claus hoch, wandte sich Kathrin zu und setzte sich rittlings auf deren Po. Das Gesicht René zugewandt, bat sie diesen, zwei Minuten mit ihr Sex zu haben. Sie sei schließlich auch mit ihm verheiratet! Ob das von ihrer puren Lust ausgelöst wurde oder ob auch ein wenig Eifersucht mit dabei war? Es wird sich noch zeigen. René wechselte, ohne zu murren, ganz schnell von Cathrin ein wenig höher, durch das offene rosa Türchen hinein zu Carla. Er hatte keine Probleme, ihr rosa Türchen befand sich nur wenige Zentimeter über dem von Cathrin.

Alle fanden die Idee großartig. Alle hatten sie darauf gewartet. Nun fielen sie übereinander her. Die alte Ordnung ihrer zwei Ehen war total aufgelöst. Es galt nur noch die neue Viererkette:

jeder mit jedem ohne jede Einschränkung, was jetzt auch gut funktionierte, denn die Männer hatten ihre Scham voreinander vollkommen abgelegt. Im Abstand von Minuten tauschten die Frauen ihre Ehemänner, aber auch genauso flink die Stellungen!

So liebten sie sich wild durcheinander, eine Ewigkeit lang. Carla wie Cathrin bestiegen dabei einen Lustgipfel nach dem anderen. Claus und René erfreuten sich an den Lustlauten ihrer Frauen, mussten dabei aber hart gegen den Verlust ihres Spermas ankämpfen, was ihnen nur mit allergrößter geistiger Konzentration gelang.

Viele Männer wissen davon ein Lied zu singen, wie sie in der letzten Zehntelsekunde den Kampf doch noch aufgeben mussten und gegen ihren Willen Vater wurden. Ganz im Sinne von Mutter Natur.

Tapfer und erfolgreich kämpften die Ehemänner Claus und René im Waldhaus gegen ihren Spermaverlust an. Mutter Natur forderte immer heftiger ihren Tribut, doch sie musste noch etwas warten.

Carlas Wunsch, zu sehen, wie Claus' Monster durch das goldene Hintertürchen von Cathrin kommt, hat sich noch nicht erfüllt. Aber sie will es heute noch sehen und bei sich erleben – wenn es möglich ist. Das wünscht sie sich so sehr!

Plötzlich rief Carla nach Sekt und alle stimmten zu. Offenbar war doch eine kleine Erholungspause im emsigen Hochzeitsbett notwendig geworden. Die Musik des CD-Players war längst verstummt, ohne dass es jemand bemerkt hatte. Als Claus eine neue Flasche Hochzeitssekt geöffnet und eingeschenkt hatte, legte er eine neue CD auf. Als er wieder aus dem Bad kam, legte er sich zu den anderen aufs Hochzeitsbett. Aber nicht ordentlich daneben, sondern quer über die drei. André, der in der Mitte auf dem Rücken lag, spürte plötzlich das immer noch steife, mächtige Glied von Claus auf seinem Bauch. Ein absolut neues, ein unangenehmes Gefühl für ihn. Das Glied eines anderen Mannes an seinem Bauch zu fühlen, befremdete ihn im ersten Moment schon sehr, wenn es auch sein Mit-Ehemann Claus war.

Cathrin, die gerade Andrés Liebling mit der Zunge zärtlich aufbaute, bemerkte Andrés Befremdung. Sie reagierte sofort und nahm Claus' Penis in den Mund, damit André von Claus' Monster nichts mehr spürte.

Cathrin hatte geschickt eine aufkommende Verstimmung abgewendet! Der Vorfall zeigt aber auch deutlich, dass nackte Frauen mit anderen nackten Frauen deutlich unverkrampfter umgehen können, als das Männer mit Männern können! Hier spielen wohl doch noch das längst überwunden geglaubte Machogehabe und der „Besitzanspruch auf die Frauen im Haus" eine Rolle!

Zum zweiten Male hatten sich die Herren Ehemänner voreinander geniert. Ihre Frauen vermieden instinktiv das Aufkommen von Spannungen. Und das sehr gekonnt. Mit dem Verteilen von Glücksgefühlen stellten sie den spannungsfreien Zustand sofort wieder her. Und zwar mittels Sex, dem wirksamsten Mediationswerkzeug, das es gibt!

Doch ihre Gedanken beschäftigten sich noch eine Weile mit dem Phänomen. Cathrin will dieses Thema gelegentlich mit ihren beiden Ehemännern besprechen! Mit einem Zwinkern ermahnte sie Claus, seine „Halbstarkenallüren" mit dem Querlegen zu unterlassen. Sich pflichtbewusst und gründlich seinen zwei Ehefrauen zu widmen – schließlich sei heute Hochzeitsnacht!!

Sofort glitt der Gescholtene zu Cathrin hinüber. Sie lag auf dem Bauch, hatte ihre Schenkel gespreizt und ihren makellosen Po etwas in die Höhe gestreckt. Jeder sollte alles sehen. Sie verströmte einladend die reinste weibliche Lust. Dieser Herausforderung konnte sich Claus schon seit zwanzig Jahren nicht entziehen. Seitdem ist analer Sex ihre Lieblingsspielart.

Was folgte, wurde zur Lehrstunde für Carla. Claus fuhr langsam mit der Zunge das Rückgrat hinunter zwischen die festen Hügel, bis er zu dem goldenen Türchen kam. Zu ihrer erogensten Zone, die Cathrin noch weiter herausstreckte. Diese umspielte er nun heftig mit der Zunge und versuchte sogar einzudringen. Cathrin stöhnte auf. Sie hob ihren einmalig gebauten

Körper noch ein Stückchen mehr ihm entgegen und sagte leise: „Bitte komm!"

Claus wusste nicht so recht, ob er nun, unter den Augen der anderen Ehepartner, ihre anale Lieblingsstellung allen zeigen sollte. Er überlegte: „Was soll's, wir sind doch ein einziges großes Ehequartett, da gibt es keine Geheimnisse."

Da schaltete sich Carla ein: „Bitte nicht aufhören. Macht bitte weiter, ich will sehen, ob der große Kerl wirklich durch das kleine, enge Türchen kommt."

Carla schaute ungläubig drein, als Claus eine Creme herbeizauberte und seinen Mächtigen wie auch Cathrins Türchen eincremte. Dann mit dem Zeigefinger auch etwas in das Türchen hineinschob und dabei den Ringmuskel von innen massierte. Cathrin stöhnte vor Wonne. Er massierte so lange, bis dieser Muskel weich und nachgiebig wurde und auch noch der Mittelfinger von Claus hineinpasste.

„Jetzt komm schon endlich!", forderte Cathrin Claus auf. Dass Carla und André zuschauten, hatte für sie nichts Bremsendes. Vielmehr stachelte sie die Lust weiter an. Und zu gerne hätte sie auch noch André mit im Spiel gehabt. „Ob die zwei im Beckenboden Probleme machen könnten? Ob der vorhandene Raum ausreichen würde?", fragte sich Cathrin.

Claus tat wie geheißen, was ja auch die Natur von ihm forderte. Und tatsächlich, ganz, ganz langsam, Zentimeter für Zentimeter, verschwand der 5 Zentimeter dicke und 24 Zentimeter lange, einzigartige Lustknochen von Claus im Hintertürchen zwischen den Hügeln der strahlenden Cathrin. Die anale Interaktion nahm für geraume Zeit ihren lustgeschwängerten Fortgang. Allerdings ohne hierbei unnötig edles Erbgut zu verschleudern!

Carla musste nun nolens volens glauben, was sie mit eigenen Augen sah: Er passte rein! Sofort meldete sie ihren Wunsch an, dieses Erlebnis auch haben zu wollen. Allerdings sollte dann nicht Claus mit seiner Überzüchtung, sondern André durch ihr Hintertürchen kommen. Dessen Maße erschienen ihr dort etwas verträglicher.

Nach einer Erfrischung im Bad lagen sie wieder alle vier ineinander verknotet auf dem Bett. Sie taten das, wovon sie immer wieder geträumt hatten: Sie schmusten, küssten, tranken, redeten über ihre Zukunft und darüber, wer jetzt wen wie verwöhnen würde.

Nun wurde für Carla die Hochzeitsnacht offenbar immer mehr zu einem sportlichen Event: Sie wolle sofort ihre beiden Ehemänner fühlen. Sie forderte von Claus, er müsse auf dem Rücken liegen, zwischen ihren Beinen. Und sie über ihm knien, ein Bein rechts, ein Bein links. So, dass sie Claus dabei küssen könnte. Sein Ungetüm sollte von unten durch den Haupteingang zu ihr kommen. André sollte dann zwischen den Beinen von Claus, hinter Carla kniend, durch ihr Hintertürchen zu Carla kommen!

„Ja, so muss es gehen", meinte Carla. „Ich will meine zwei Ehemänner gleichzeitig haben! Oder ist das zu viel verlangt? Davon träume ich doch schon immer", sagte sie. Cathrin murmelte nur „Aha!" und lachte.

Alle erklärten, sie sei verrückt, vermessen! Das könne nicht gut gehen, es sei ungesund bei ihrem schmalen Körperbau. Für solche Spiele sei sie nicht geeignet usw. „Papperlapapp", sagte Carla nur. „Bereitet euch gefälligst mental auf das Ereignis vor und schwätzt nicht rum!"

Gleichwohl schwirrten in den Köpfen ihrer Ehemänner auch sehr lustvolle Gedanken herum. Beide gleichzeitig ihre geliebte Carla ganz handfest zu lieben, einer von unten, einer von hinten, erschien ihnen schon etwas pervers – aber auch neu und überaus geil!

Ihre Neugierde, ihre ständig steigende sexuelle Lust wie auch ihre knochensteifen Ungetüme ließen einen Rückzug der Herren nicht mehr zu. Sie standen wie die Zinnsoldaten für Carla bereit, wenn auch nicht gleich groß. Alle drängten zum Finale.

Carla ließ sich nicht beirren. „Gebt mir noch ein Glas Champagner und ihr werdet sehen, ich kann das auch – wie Cathrin! Wenn sich meine beiden Herren Ehemänner noch etwas erfrischen oder stärken möchten?" „Ich bin sofort bereit, wenn ich aus dem Bad zurückkomme", zwitscherte sie. Es war gut, dass sie mit Cathrin schon früher über die wichtige Hygiene vor dem Analsex gesprochen hatte.

Nach der kleinen Erholungspause mit Champagner und Häppchen war es wieder Carla, die begann, alles Besprochene in die Praxis umzusetzen. Die Freudenspender hatten nun doch ein wenig von ihrer Spannung eingebüßt. Carla nahm in jede Hand einen und führte sie abwechselnd zur Behandlung, zur Wiedergenesung in ihren Mund. In kürzester Zeit hatte sie beide zu ihrer alten, stolzen Größe aufgerichtet.

Cathrin legte schon mal unterstützend oder streichelnd ihre schönen schlanken Finger auf und in Carlas Schatzkästchen, das tropfnass dem Topereignis entgegenfieberte.

Allein der Gedanke daran, was gleich geschehen wird, wenn sie ihre Männer, die sie beide liebt, in ihrem Körper fühlen darf, macht sie wahnsinnig. Dazu noch die flinken Finger von Cathrin an ihrem Lustknöpfchen, das beschert Carla schon im Vorspiel einen Orgasmus vom Allerfeinsten. Aber es geht ja noch weiter.

Alle hielten den Atem an, als sie plötzlich draußen vor der Hütte Geräusche hörten. „Hoffentlich sind es nicht die Kinder!", war die bange Hoffnung. Sie riefen laut nach ihnen. Es meldete sich niemand.

Claus sprang in seine Hose, löschte die Lampen und ging mit der Taschenlampe hinaus. Er sah niemanden. „Es müssen wohl Waldtiere gewesen sein, die am Bach getrunken haben", rief er.

Ihre Hochzeitsfeier war nur unwesentlich gestört worden. Als das Haus wieder verriegelt war und die Musik erneut leise rieselte, rief Carla nach ihren beiden Ehemännern.

Ganz im Sinne von Mutter Natur sollte nun der Höhepunkt von Carlas Hochzeitsakt beginnen – für den sie ja ganz besondere Wünsche hatte.

In Sekundenschnelle standen ihre beiden Männer mit ihrer stolzen Männlichkeit bereit. Beide Frauen quittierten dieses Bild mit den Worten: „Wow, Jungs, die stehen euch heute aber wieder richtig gut!"

Carlas Hochzeitswunsch

Carla bat Claus, sich wie gehabt wieder auf den Rücken zu legen. Auf beiden Seiten ein Bein, kniete sie über ihm, auf ihre Hände gestützt, so konnte sie ihn immer stürmischer, herausfordernder küssen. Sein gewaltiger Freudenspender stand direkt vor ihrem vliesumwachsenen, zierlichen Eingangstürchen, wo er mit strammer Haltung Einlass begehrte. Sie fühlte ihn, schon durch seine Wärme, immer näher kommen! Sie hätte sich nur wenige Zentimeter abwärts bewegen müssen, um ihn hereinzulassen. Auch Claus wollte ganz hinein, er hob schon sein Becken an.

Doch Carla wollte erst noch mal Claus' Zunge in ihrem Schatzkästchen fühlen. Sie rutschte deshalb mit ihrem Beckenboden auf Claus' Bauch hinauf, bis sie auf seinem Mund saß. Nun konnte seine Zunge an Carlas Lustzentrum außen wie innen die herrlichsten Tätigkeiten, wozu eine Zunge nur fähig ist, verrichten.

Carla rutschte wieder zurück. Der Kopf des Giganten klopfte einige Male an ihrem schlüpfrig gewordenen Türchen, bis auch er glänzte. Dann schob sie sich das Prachtstück langsam durch ihr kleines Türchen, das immer mehr zu einem beachtlichen Tor heranwuchs, je tiefer es in seiner strahlenden Carla versank. Nicht mit einem brutalen Stoß wie ein Rammler, nein, ganz langsam und vorsichtig ging es voran. Freude- und etwas Angstschweiß waren auf ihren Gesichtern zu sehen, als es nicht mehr tiefer ging.

Die von allen vieren befürchteten Probleme ob der schieren Größe blieben total aus. Im Gegenteil, Carla empfand dieses Vollkommen-ausgefüllt-Sein ungeheuer erotisch, lustvoll, überhaupt nicht unangenehm. Sie fing langsam an, sich auf- und niederzubewegen, was ihr manchmal etwas den Atem stocken ließ, aber Glücksgefühle auslöste, die sie bisher nicht gekannt hatte.

Nicht Claus' überdimensionale Dicke störte, diese war sogar schön, es war die Länge. Er war mit seinen vierundzwanzig Zentimetern etwas zu lang geraten. Oder Carlas Schatzkästchen nicht tief genug. Er passte einfach nicht ganz rein! Fast zehn Zentimeter mussten immer draußen bleiben. Aber daran hatten sich beide ganz schnell angepasst!

Auch Claus bewegte sich jetzt langsam nach oben. Dabei hielt er Carla mit beiden Händen an ihrer schmalen Taille fest. So fühlte sie wohlig und stark seine Überlänge! Unbedacht lustvoll stieß er plötzlich zu und sie konnte nicht ausweichen ... Er konnte nur noch ein „Sorry!" hauchen. Carla flüsterte ihm ins Ohr: „Du bist so groß ... bitte nicht zu tief, sonst tut es weh!"

Nun lief die vaginale Interaktion ganz im Sinne von Mutter Natur sehr lustvoll weiter. Auch bei René und Cathrin, die danebenlagen und Hautkontakt mit Claus und Carla hatten. Ihre heißen Zungen- und Oralspiele zelebrierten sie mit allen. Damit steigerten sie auch bei Carla und Claus das Erwarten sexueller Freuden. Ihr seelischer Gleichklang stand ihnen ins Gesicht geschrieben. Sie hatten alle diesen ostasiatischen, erregten, aber zufriedenen Gesichtsausdruck, mit einem Anflug von einem Lächeln.

Es lief genau so, wie sie es Carla versprochen hatten, als diese tagelang zu kurz kam.

Alle vier waren glücklich. Sie erfüllten sich alles Schöne, was ihnen in den Sinn kam, was ihre seelische Zufriedenheit steigerte. Auch Carlas besonderer Wunsch, ihre beiden Männer gleichzeitig zu lieben – vaginal mit Claus und anal mit René –, wurde ihr heute erfüllt.

Mit Erfolg haben sie sich frei gemacht von der roten Linie des drögen Kultursexes. Mit ihrer Quadroehe und ihren Fantasien sind sie zum Wesentlichen zurückgekehrt: zu den Regeln von Mutter Natur.

Carla saß noch auf Claus, der auf dem Rücken lag. Sie küsste ihn gerade begehrlich und bewegte ihren Unterleib langsam auf und ab. Immer nahe an einem Orgasmus. René kniete sich hinter Carla und sagte leise: „Achtung, meine Liebe, hier kommt dein anderer Ehemann mit seinem Hochzeitsgeschenk!"

„Bitte nicht erschrecken, die Creme ist noch etwas kalt, ich werde vorsichtig sein."

Carla machte einfach weiter, als ihr René mit dem Mittelfinger Gleitcreme auf den Schließmuskel auftrug und zu massieren begann. Nach kurzer Zeit merkte er, dass der Muskel weich wurde. Mit etwas Creme am Finger konnte er schon ein Stückchen eindringen. Seine Frau Carla tat so, als ginge sie das alles gar nichts an, was René da machte.

René überlegte nicht lange, warum sie nichts sagte. Er kannte seine Frau und wusste, dass sie sich irgendwann erschrocken und überrascht zeigen würde. So war es dann auch. Den Mittel- und den Zeigefinger hatte er bereits eingeführt und massierte damit fleißig den Anus zu Carlas Goldstübchen. Dabei bewegte sich diese unbeirrt weiter auf und ab. Claus musste sie immer wieder stoppen, sonst wäre ihm seine Erbmasse davongeschossen, mitten hinein in Carlas Schatzkästchen.

Abgesprochen war, dass beide Ehemänner gleichzeitig kommen sollten. Und zwar dann, wenn Carla es wollte – nicht früher – nicht später – eben dann, wenn auch sie vom Orgasmus überrollt würde.

Nun war es Cathrin, die René beim Einführen behilflich war. Trotz Spezialcreme rutschte er aber nicht hinein, sondern flutschte nach vorne, vorbei an Carlas Goldtürchen, bis er an Claus' Prügel stieß, der von unten kam. Dieser lachte und kommentierte Renés Bemühungen: „Na ja, so einem Gerichtspräsidenten fehlen eben gewisse praktische Fähigkeiten." – „Nein, stimmt nicht, ich weiß es besser", konterte Cathrin, „lasst mich das Problem lösen, da kenne ich mich aus!"

Und tatsächlich – sie cremte beide Seiten nochmals tüchtig ein, den Anus auch von innen. Sie stellte den richtigen Eintauchwinkel her, indem sie Carla etwas anhob. Durch leichtes Auseinanderziehen ihrer wundervollen Hügel weitete sie den Eingang noch ein klein wenig mehr und ruck, zuck schlüpfte René wie von selbst in Carlas Goldstübchen.

Sie war glücklich, sie strahlte übers ganze Gesicht. Sie fühlte ihre beiden Männer!

Erst sehr langsam, dann immer schneller werdend folgten die beiden Ehemänner den Anweisungen ihrer gemeinsamen

Carla. Sie war zufrieden, endlich ihre beiden Liebhaber in sich zu fühlen. Nicht das kleinste Wehwehchen verspüre sie. Was erstaunlich war – so klein und eng, wie sie gebaut ist. Haben doch ihre beiden Männer extrem lange und dicke Gehänge. Dass beide überhaupt genug Platz fanden, ohne ihrer geliebten Carla in lustvoller Enge wehzutun, erstaunte ihre Männer. Sie hatte es sich so sehr gewünscht. Vielleicht hat sie ja deshalb die kleinen Schmerzen vergessen!

Trotz der aufregenden Einmaligkeit dieses Erlebnisses verhielten sich alle sehr kultiviert und zurückhaltend. Sie rammelten nicht drauflos wie die Stallhasen.

Sie habe sich noch nie so wundervoll ausgefüllt gefühlt, erzählte Carla den dreien.

Natürlich halfen Cathrins liebevolle Hände immer wieder, in Carla zurückzufinden, wenn einer ihrer Ehemänner aus Versehen aus der Spur gerutscht war. Kann ja mal passieren – wie Mann aus Erfahrung weiß. Zumal dann, wenn ein Ehemann von unten und der zweite von hinten kommend versuchen, Carla und sich selbst glücklich zu machen. Das führt zu recht wackligen Bewegungsabläufen. Sowohl statisch wie dynamisch sind sie instabil. Das will geübt sein!

Auch eine andere Stellung wollten sie ausprobieren. Ohne Erfolg. Carla war nur in dieser einen Stellung entspannt genug, ihre beiden Ehemänner aufzunehmen, was ja ihr dringender Wunsch war.

Cathrin kontrollierte das Spiel von der Seite. Mit Lippen-Zungen-Therapien päppelte sie die Freudenspender ihrer Ehemänner wieder hoch, wenn diese drohten schlappzumachen. Sie massierte Carlas Lustknöpfchen dabei und erfreute sich gleichzeitig mächtig an dem erregenden Anblick, wie die beiden knochenharten Familienwurzeln in Carlas zierlichem Unterleib verschwanden. Claus von unten, René von hinten, wobei Carla bei jeder Interaktion laut aufstöhnte. Cathrin, die Carlas Lustgefühl mitempfand, stöhnte mit ihr. Sie fühlte nicht weniger die Erregung und Lust der drei Hauptakteure. Sie glaubte zu fühlen, wie René sie ausfüllte. Sie war nicht mehr weit vom Gipfel.

Schmelzpunkt

Es näherte sich der Höhepunkt der Hochzeitsfeier. Carla, die noch gebeugt über Claus kniete und René hinter sich fühlte, richtete ihren Oberkörper etwas auf, damit auch Cathrin über Claus knien konnte – das Gesicht Carla zugewandt. Sofort küssten sich die Frauen heiß. Das Lustknöpfchen von Cathrin war nun passgenau über der Zunge von Claus platziert, der natürlich sofort anfing, bei Cathrin das Beste zu tun, was seine Zunge leisten konnte: nämlich ihren Orgasmus auf den Weg schicken! Alle konnten es deutlich hören. Zwei Zungen und zwei stramme Familienwurzeln waren nun in Carla vereint.

Carla über alle Maßen zu beglücken, das hatten ihr Claus, René wie auch Cathrin versprochen. Nur mit Mühe konnte Carla immer wieder ihren anstürmenden Orgasmus unterdrücken.

Carla war in der glücklichen Lage, gleichzeitig von unten durch Claus vaginal und von hinten durch René verwöhnt zu werden. Beide verzögerten und beschleunigten synchronisiert ihre Lustbolzen gelegentlich sehr stark, um dann noch urwüchsiger zuzustoßen. Immer knapp vor dem Höhepunkt stoppten beide abrupt für wenige Sekunden.

Nein, das war kein Blümchensex älterer Herrschaften, sondern das eifrige Bemühen zweier Jungbullen, das Anliegen von Mutter Natur willig, in großer Liebe und ohne Murren zu befolgen – so lustvoll wie nur möglich eine Einheit, eine polyamore Familie zu gründen!

Nach weiteren Minuten heftigster, allerfeinster Stimulierungen und Interaktionen konnte Carla sich nicht mehr länger zurückhalten. Ihre Lustlaute wurden immer intensiver. Sie taumelte förmlich in den rosaroten Himmel hinein. Ihre Lust übertrug sich auf alle. Alle hörten plötzlich nichts mehr, alle sahen nichts mehr! Alle fühlten nur noch „das größte aller Gefühle"!

Noch ein letztes, ungestümes, tiefes Eindringen in Carla durch René und Claus. Dann ein erlösender Aufschrei aus den Tiefen vier zitternder Körper. Er kündete von einem gewaltigen Orgasmus. Einer Monsterwelle gleich, rollte er sekundenlang über sie hinweg. Nahm ihnen den Atem, schüttelte sie, machte sie stumm und verschmolz die vier in Liebe für alle Zeiten zu einer Einheit.

Schweißgebadet, fast ohnmächtig sanken sie eng umschlungen aufs Laken. Der kleine Tod war über sie gekommen. Sie waren in einer anderen, einer schöneren Welt!

Der Tag danach

Bis in den Morgen hinein lagen sie wie Löffel eng aneinandergekuschelt und schliefen zufrieden. Cathrin lag vor René. Er versäumte nicht, spät in der Nacht doch noch einmal ganz leise, aber ganz fest ihre Hochzeit zu bekräftigen. Cathrin griff erfreut hinter sich, zog René fest an sich, tief in sich hinein. Kein Tropfen sollte verloren gehen!

Sie schliefen den Schlaf der Liebenden in himmlischer Zufriedenheit!

Keinen Gedanken verschwendeten sie an die hundert Spermaflecken im Laken, an ihren Schweiß, an das langsam trocknende Sperma an Körper und Haaren. Sie hatten alles um sich herum vergessen ... sogar ihre Kinder.

Doch nun, nach dem Aufwachen, gerade als auch Claus bei Carla nochmals einzutauchen versuchte, rief Cathrin: „Schnell, schnell nach Hause, ich muss Frühstück machen für Tom!"

In aller Eile, mit flüchtigen Küsschen, verließen die glücklichen Vier ihr Hochzeitsbett.

Ihre erste Hochzeitsnacht hatte ihnen all das gegeben, wovon sie so lange geträumt hatten: tiefste, erfüllende Liebe mit rauschhaftem Sex.

Auch Tom und Eva lernten das Waldhaus aus ganz neuer Sicht zu schätzen: Hier waren sie wirklich allein. Das wurde ihnen immer wertvoller. Immer wenn ihre Eltern zu Hause waren, sie aber allein sein wollten, nahm Tom den Ersatzschlüssel seines Vaters vom Waldhaus, so wie es mit Vater Claus besprochen worden war.

Der Alltag hatte sie wieder. Aber es war ein total veränderter Alltag. Mit größerer Zufriedenheit und Geborgenheit. Mit größeren Glücksmomenten, mit mehr Lust am Sex, mit größerer Freiheit und mit viel mehr Vertrauen in die Zukunft, was ihre stärkste Erkenntnis war.

Ihnen war bewusst geworden: Zu dieser Zufriedenheit wäre es nie gekommen, hätte die Natur etwas gegen ihre Doppelehe! Und: Wären alle diese lustvollen Dinge beim Sex von der Natur nicht so gewollt gewesen, dann wären sie auch gar nicht erst entstanden! Also konnte ihre Doppelehe nicht falsch sein! Das war ihr beruhigendes Fazit für ihre kommenden gemeinsamen Jahre. Eine Zukunft, wie sie nicht schöner sein könnte!

So lebten sie in ihrer Viererehe einige Jahre im größten Glück mit Freuden, wie im Märchen. Alle waren gesund. Auch wirtschaftlich ging es aufwärts.

Und doch ändert sich gerade wieder etwas Wichtiges in ihrer Viererkette.

Noch ein Paar?

Claus und René bemerkten schon eine ganze Weile, dass ihre Frauen Geheimnisse hatten.

Carla und Cathrin lüfteten eines Abends im Waldhaus dieses Geheimnis. Es war ein lang gehegter Wunsch, von dem sie hofften, dass ihre Männer ihn mit ihnen teilen würden! Cathrin fragte deshalb etwas drucksend, ob es auch ihre Männer gut fänden, wenn noch ein drittes Paar in ihre Ehe kommen würde. Carla wüsste da schon eins, das gern mitmachen würde: Frank und Kassia, gerade aus Bayern zugezogen. „Sie sind in unserem Alter, im Begriff zu heiraten, keine Kinder, beide Rechtsanwälte, sie würden also gut zu uns passen!"

Es ist das glückliche Paar, das am Anfang dieser Geschichte Aufmerksamkeit auslöste! Das vor einem Jahr aus Bayern kam und unbedingt heiraten wollte. Ihren Heiratstermin haben sie immer wieder verschoben, im Sommer soll es klappen. Ihre neuerliche, leichte Unzufriedenheit beim Sex wollen sie ganz schnell beheben. Sie lieben sich noch genauso innig wie vor einem Jahr! Grund genug, zusammenzubleiben! Doch die Sache mit dem Sex veranlasst beide, vorsichtig nach einem Ausweg zu suchen.

Carla und „Kassia", so heißt die Neue, saßen zufällig nebeneinander auf einer Bank in der warmen Frühlingssonne am Mainufer. Sie fanden sich sympathisch und kamen ins Gespräch. Nach einer Stunde erzählte Kassia lachend, dass sie und Frank, ihr zukünftiger Mann, aus gutem Grunde dabei wären, ihrem monogamen Leben gelegentlich etwas polygame Abwechslung zu verschaffen.

Das Schicksal nahm seinen Lauf!

Auch Carla erklärte Kassia ihre Lebenssituation. Kassia war begeistert! Nur wenige Tage später hatten sich Kassia und Frank miteinander besprochen: Sie würden gerne der Viererehe beitreten!

René und Claus waren zunächst etwas geschockt über das Ansinnen ihrer Frauen. Sie fragten vorsichtig nach dem Grund: Ob sie denn ihren Frauen nicht mehr genügen würden? Oder eine andere Verstimmung vorläge?

„Nein, nein", antwortete Carla, „ihr seid unsere allerliebsten, allerbesten Ehemänner. Ihr genügt jeder Frau! Mir genauso wie Cathrin, im Bett wie im Herzen! Das haben wir schon besprochen. Wir glauben aber, mit einem weiteren Paar in unserer Ehe, also mit Frank und Kassia, könnten wir unseren Spaß und unsere Freuden noch etwas steigern! Und das ohne jedes Risiko für unsere Viererehe!"

Liebe Leserinnen und Leser, warum diese Wandlung schon nach wenigen Jahren zufriedener Doppelehe? Warum ein drittes Paar? Können Sie sich das erklären?

Was geht in den Köpfen von Cathrin und Carla vor? Können Sie
die Frauen verstehen? Haben Frauen vielleicht doch einen größeren
Bedarf an Abwechslung beim Sex als Männer?

„Ist das eine gute und richtige Überlegung?", fragte Carla in die
Runde. „Diese zwei könnten wir doch noch in unsere Viererehe
aufnehmen. Oder?" Dabei strahlten ihre himmelblauen Augen.
Wahrscheinlich hatte sie schon neue Schmetterlinge im Bauch.

Claus fragte zögerlich zurück: „Und wie viele Paare wollen
wir noch aufnehmen? Dürfen es dann, in der nächsten Aus-
baustufe, auch mal Singles sein, wenn sie um Sex-Asyl bitten?
Dann könnte aber unser ‚Notaufnahmelager Waldhaus' etwas
zu klein werden, fürchte ich!" Etwas nachdenklich lachten alle.

Claus und René mussten zu ihrer dritten gemeinsamen Frau
nicht wirklich überredet werden, nachdem sie ein Bild von Kassia gesehen hatten: bildschön und sexy! Also stimmten sie dem
Wunsch ihrer Frauen ganz schnell zu. Sie wollten sofort weitere
Details über sie wissen. Wie aus einem Munde riefen sie breit
grinsend und mit den Händen ein Herz formend: „Wir schaffen das!"

Trotzdem blickte Claus anschließend verunsichert und fragend zu den anderen dreien, als wollte er ihnen noch etwas Wichtiges sagen! Doch er sagte nichts von seiner Angst, die ihn wieder beschlich. Er sagte nur noch: „Nächste Woche ist auch noch
Zeit, Kassia und Frank kennenzulernen."

Nun war es Zeit geworden für Claus, auf schnellstem Wege nach
Hause zu gehen, um mit Cathrin wie in guten alten Zeiten lange
zu erzählen. Alles Neue zu besprechen und stundenlang zärtlich
zu schmusen! Auch Cathrin stellte beglückt fest, dass es offenbar doch notwendig ist, wenigstens für einige Zeit wieder monogam mit ihrem geliebten Claus zu leben!

Also alle wieder zurück zum monogamen Leben?

Natürlich nicht! Auch Cathrin will damit nicht das andere,
das schöne, das polygame Leben aufgeben! Bei ihrem Claus besteht in dieser Hinsicht schon eher eine gewisse Gefahr!

Genau so empfanden auch René und Carla ihre momentane Lebenssituation. Auch sie wollen das aufregende polygame Leben auf keinen Fall aufgeben! Doch auch sie verspüren das Bedürfnis nach einer monogamen, ruhigen Zeit. Einer Auszeit.

Doch alle wissen auch: Die angestrebte ruhige Zeit wird nur wenige Wochen anhalten.

Was meinen Sie, liebe Leser? Ist es von Interesse, zu verfolgen, wie sich die Viererehe in eine Sechserehe umwandelt? Welche neuen Probleme werden entstehen?

Alle vier malen sich heute schon im Detail aus, wie sie in Zukunft ihre vergrößerte Ehe gestalten wollen. Natürlich im Waldhaus! Allein der Gedanke lässt ihre Schmetterlinge in lustvoller Erwartung hochflattern! Nur Claus hat wieder seine kleinen Bedenken!

Der polygame Sex-Druck wird wiederkommen! Ob mit oder ohne Liebe! Wie er schon immer jeden Menschen erreichte. Nicht jeder wird ihm folgen! Aber die Natur will ihn haben – sonst gäbe es ihn nicht!

Epilog

Das Universum ist voll von magischen Dingen,
die geduldig darauf warten,
dass unser Verstand schärfer wird.

Eden Phillpotts (1862–1960),
englischer Schriftsteller

Freizeit-Polygamie

Ob Priester, Hilfsarbeiter oder Monarch, alle Menschen sind polygame Wesen! Also für außereheliehen Sex empfänglich. Das zieht sich durch einen Großteil der Weltliteratur! So auch in diesem Büchlein! Es scheint Realität, dass sowohl Männer als auch Frauen nicht nur mit ihren Ehepartnern Sex haben möchten, sondern auch mit fremden Menschen! Von Zeit zu Zeit, aber immer wieder! Die Natur fordert das von ihnen. Wenige Ausnahmen soll es geben!

Folglich suchen die meisten gesunden Menschen nach Freizeit-Polygamie auf der ganzen Welt! Die allermeisten suchen heimlich, nur wenige suchen offen.

Überall im öffentlichen Raum findet das Suchen statt. Im Internet kann sich die omnipotente Frau täglich einen anderen Mann aussuchen zum Ausleben ihrer Sex-Wünsche!

Aus purer Freude am Sex, ohne jede Liebe! Es sind nicht immer Prostituierte, die im Internet suchen. Oft ganz normale, moderne, selbstbewusste Frauen und Männer aus allen Gesellschaftskreisen. Frauen, die sich mit Recht auch ihre polygamen Wünsche erfüllen möchten, die ihnen Mutter Natur gegeben hat. Wünsche nach körperlichen Freuden. Keinerlei Verpflichtungen wollen sie damit eingehen! Das sagen sie immer wieder.

Für sie hat Freizeitsex den gleichen Stellenwert wie ein edler Wein oder eine Kirschtorte! Es wird eine Lust im Munde befriedigt! Wie bei dem Sechzehnjährigen, der heimlich onaniert – er befriedigt auch seine Lust! Mehr scheint das nicht zu sein für die Menschen! Und das ist gut so! Es ist ein Teil ihres berechtigten Lebensgefühls, das ihnen die Natur gab! Es ist also nichts für die Moralkeule! Diese wird häufig nur eingesetzt, um aus Unrecht fadenscheiniges Recht zu machen!

Nur für dieses polygame Lebensgefühl, nicht für Geld, suchen Frauen gelegentlich nach anderen Männern! Es ist der gleiche zulässige polygame Grund, der auch verheiratete Männer nach anderen Frauen schauen lässt! Er befriedigt die Freude des Lebens am Körperlichen, eventuell auch am lasziv Geistigen. Wovon übrigens auch die Literatur zu 90 Prozent lebt! Er ist Teil der vergnüglichen, nicht öffentlichen Freizeitgestaltung.

Etwas ganz anderes ist es, eine Frau oder einen Mann zum Heiraten zu suchen. Zur Gründung einer Familie mit Kindern! Das betrifft den Ernst des Lebens! Man könnte auch sagen: Es betrifft eine ganz andere Freude! Dafür gelten andere Maßstäbe als für den Spaß polygamer Sexvergnügen. Der Adel hat den Unterschied offenbar frühzeitig erkannt!

Beides scheint richtig und auch notwendig zu sein! Andernfalls hätte Mutter Natur dieses besondere Gefühl, Lust auf Sex, ohne ein Kind zu zeugen, längst abgeschaltet!

Liebe Leser, sehen Sie das polygame Sexverhalten auch so differenziert wie hier beschrieben? Hätte der Staat auch für den polygamen Teil des Lebens Regeln schaffen müssen?

Die Tatsache, dass Fremdgehen schon immer – wahrscheinlich auch für immer – so beliebt ist, besagt eindeutig, dass der Mensch vom Schöpfer gar nicht als monogames Wesen geschaffen wurde, sondern dass er vielmehr polygam auf die Welt geschickt wurde, weshalb der Mensch die Monogamie, wie sie die Kirche fordert, als Zwang empfindet, die Polygamie dagegen als normale Lebensweise sieht.

Ganz so wie die allermeisten der höher entwickelten Tiere, neben dem Menschen!

Warum sollte Mutter Natur auch ausgerechnet bei dem Wesen Homo sapiens nach anderen Regeln arbeiten als beim Pferd oder beim Feldhasen?

Ein Papst oder ein neuer Einstein müsste endlich auf den Tisch hauen und klarstellen: „Der Mensch ist nicht monogam, auch wenn es Staat und Kirche noch so gerne hätten! Er ist polygam programmiert! Macht gefälligst eure Gesetze danach!"

Das würde die ganze Verwirrung um die sexuelle Untreue endlich klären, sogar entschärfen. Es ist ein Faktum, geschaffen vom Schöpfer persönlich, dass Menschen auch polygame

Gefühle haben! Dass sie sich also mit vielen Menschen paaren möchten, die das auch wollen! Wie bei fast allen Tieren üblich!

Also kann das polygame Verhalten auch nicht falsch sein!

Andernfalls würde doch bei „wirklich monogamen Menschen" überall das „Bruder-Schwester-Gefühl" herrschen! Was den Sex automatisch ausschließt, damit aber auch den Erhalt der Menschheit! Genauso wie es das Fremdgehen ausschließen würde! Denn der Mensch wäre dann monogam so geprägt, dass er nur auf einen einzigen Sexpartner fixiert wäre! Wie der Rotfuchs oder der Seeadler – und wenn dieser einmal ausfällt, was oft vorkommt, ist die Arterhaltung gefährdet! „Monogam" wäre die frühe Menschheit wahrscheinlich ausgestorben!

Ein weiteres Argument: Der Wunsch nach Paarung mit einem Fremden würde das Gehirn des Homo sapiens niemals erreichen, hätte der Schöpfer diesen Wunsch nicht als zulässige Möglichkeit einprogrammiert! Gute Gründe dafür gibt es viele: zum Beispiel, um seine eigene Art zu erhalten.

Es ist zu vermuten, dass irgendwann während des Aufkommens der Religionen so ein „Alphatier-Mensch" mit seinem Super-Homo-sapiens-Gehirn auf der Bildfläche erschien und Macht über andere ausüben wollte, so wie der Leitbulle bei anderen Tierarten. Dafür brauchte der Homo sapiens ein Druckmittel! Sein großer Vorteil: Er konnte bereits logisch denken und sogar sprechen! Also erklärte er: „Der Mensch ist kein polygames Wesen!" Deshalb sei es ihm nicht erlaubt, mit jedem beliebigen Menschen Kinder zu zeugen! Nur Tiere würden das tun! Vielmehr sei er, der Homo sapiens, ein monogames Wesen, das folglich nur mit einem Menschen Kinder zeugen dürfe! Der fadenscheinige Grund für diese Behauptung: „Wie soll sich sonst der Mensch vom Tier unterscheiden?"

Weiter sagte er wahrscheinlich: „Das gilt natürlich nicht für Könige, Soldaten, Grafen, Reiche und für mich selbst auch nicht!" Er sei schließlich der Chef der Herde, er habe das Sagen und nur er allein hätte das Recht zum Kinderzeugen! Und das mit jeder beliebigen Frau! Alle anderen dürften das nicht! Sie hätten nur zu gehorchen! Das müsse jeder Mann einsehen, ob er wolle oder nicht! Und wer dagegen verstieße, der würde bestraft! – So kann es sich zugetragen haben.

Die oft blutige Unterdrückung des Menschen wegen seiner Sexualität wurde also schon damals mit einer infamen Lüge gerechtfertigt! Und diese Lüge greift heute noch!

Seit dieser endlos langen Zeit versuchen nun die Menschen weltweit ihrem gottgegebenen, polygamen Trieb zu folgen, was ihnen aber in den meisten Ländern nur im Verborgenen möglich ist!

Trotz vielfacher/massenhafter Dokumentation in der Weltliteratur um Anerkennung der Polygamie blieb es dem einfachen Volk verwehrt/untersagt!

Anders verhielt es sich bei der Obrigkeit!

Diese hat sich das Recht auf polygames Verhalten schon immer einfach herausgenommen! Zu allen Zeiten hatten die Cliquen des Adels ständig offizielle Mätressen. Sogar Jugendliche und Kinder haben sie für ihren Sex missbraucht! Oft mit brutaler Gewalt! Tausendjährige Religionen halten heute noch daran fest! Oder man denke nur an das erzwungene „Recht der ersten Nacht für den Adel", wenn ein Bauernmädchen heiratete. Brutaleres ist kaum vorstellbar!

Und heute?

Wie verhält sich heute der ganz normale, gut erzogene, männliche Bildungsbürger?

Hauptsächlich bei den zeugungsstarken Jahrgängen ist der Drang zum polygamen Verhalten nach wie vor ungebrochen. Nahezu 80 Prozent dieser Generation gehen zeitweise fremd wie eh und je! Dazu gibt es Veröffentlichungen.

Mental tun das sogar 100 Prozent aller gesunden, erwachsenen Menschen! An anderer Stelle wird erklärt, dass weltweit 90 Prozent der Männer und 80 Prozent der Frauen fremdgehen!

So weit die Statistik. Das bestätigt einmal mehr: Menschen sind polygame Wesen! Wie Hase und Ziege.

Was tun? Alles beim unehrlichen „pseudomonogamen System" belassen? Es hat vielleicht auch Vorteile: Pseudomonogame mögen mit ihrem permanent schlechten Gewissen leichter zu regieren sein als polygame Menschen mit freiem Geist!

Oder doch eine Veränderung zum Polygamen anstreben, der Wahrheit zuliebe?

Was denken Sie, liebe Leserinnen und Leser? Ist der Prozentsatz der Fremdgehenden zu hoch oder zu niedrig wiedergegeben?

Soll alles so bleiben, wie es ist? Oder sollte es in unserer Gesellschaft auch polygame Regeln geben?

Neue politische Partei hilft

Zur Unterstützung der von Monogamie geplagten Menschen gründete sich eine neue politische Partei. Sie wird den Wählern in Europa auch in Sachen Sex Hilfe anbieten!

Ziel des Parteiprogramms: Neben den Allerweltzielen wird ein neues Ziel angestrebt: „Polygame, eingetragene Partnerschaft als zulässige Lebensform ist festzuschreiben!"

Es ist eine europäische Partei, die endlich wieder das Zeug zu einer echten Volkspartei hat! Wie früher die SPD oder die CDU, die wieder 45 Prozent Stimmenanteil bekommen kann!

Die Protagonisten dieses Buches, die EZB-Bankerin Cathrin Bernauer sowie der Gerichtspräsident Dr. René Homburg, haben die Parteiführung übernommen.

Der neuen europäischen Partei wird ein sehr großer Zuspruch vorhergesagt. Ihr Name: „Europäische Partei der Polygamen" (EPP) – die neue Volkspartei.

Sex als Politik zur Versöhnung wäre in unserer Zeit ein geniales Instrument! Die vielen Streitigkeiten im Lande, die Uneinigkeit in der Europäischen Union, die zerfallende Ordnung, die verschwundene Sicherheit in unserer Welt durch den Krieg Russlands gegen die friedliche Ukraine – alle würden profitieren!

Viele Europäer schreien förmlich nach einer starken Politik der Einigkeit und der Versöhnung in Europa!

Bonobos Geist könnte helfen

Unsere nächsten biologischen Verwandten, „die Bonobo-Primaten", pflegen schon immer ein besonderes Sozialverhalten. Ein Mediationssystem zur Schlichtung von Streit: „Sex zur Versöhnung"! Und das sehr kraftvoll! Nicht so schlapp wie beim Menschen!

Es ist eine Freude, zwei Bonobos beim Schlichten zuzuschauen. Wie sie recht flott und breit grinsend, Auge in Auge, mit Sex einen aufkommenden Streit beenden! Ob das mit dem Orgasmus auch immer hinhaut, ist nicht zu erkennen. Doch beide schauen hinterher mit großer Zufriedenheit in ihre heile Welt des Zoos! Erpicht auf neues Schlichten.

Ein Frankfurter Politiker, ein Abgeordneter des Bundestags, kommt aus dem großen Affenhaus der Bonobos im Zoo zu Frankfurt am Main und sinniert halblaut vor sich hin: „Ach, würde doch diese wunderbare Mediation der Affen über alle Politiker und alle Regierungen unserer Welt kommen! Ewiger Frieden wäre uns sicher!"

Im Weitergehen überlegt er: „So könnten doch Politiker wie Politikerinnen, die sehr oft und sehr lange enthaltsam leben müssen – was deren Arbeitsdrang durchaus schmälern kann –, bei stockenden Verhandlungen, fraktionsübergreifend, vom Zufallsgenerator ausgewählt, in kleinen Mediationsräumen, gleich neben dem Plenarsaal der Abgeordneten, mit der Bonobo-Methode flugs entkrampft und wieder arbeitsfähig gemacht werden. Ihre Wähler wären ihnen ja so dankbar!" Mit einem verklärten Lächeln, an die Vorsitzende im Sozialausschuss denkend, geht der Abgeordnete seiner Wege.

Suchende Welt

Mit dieser Bonobo-Mediation könnten blitzschnell und noch dazu lustvoll Kriege verhindert und Menschenleben geschützt werden! Kriegsleid mit Vertreibung und Tod gäbe es auch nicht mehr! Die Kriegstreiber hätten keine Chance mehr!

Diese geniale Welt funktioniert aber nur mit polygamer Weltanschauung! In unserer pseudomonogamen Welt wäre das natürlich bei Strafe verboten! Auch die Kirchenväter würden heftig protestieren, aber weiterhin unsere Kinder in der Kirche sexuell nötigen!

Beim Menschen, dem vernunftbegabten Homo sapiens, wird im Streit und im Krieg immer noch das Töten jenes Menschen bevorzugt, der eine andere Meinung hat als er! Vom Staat wird das Töten im Krieg sogar befohlen!

Nicht so bei den Bonobos: Bei Streit schaffen sie Frieden und Ausgleich, durch Liebe! Jeder Mensch sollte es einmal im Zoo miterlebt haben!

Der Geist der Bonobos könnte eventuell die Menschheit vom Ungeist des Krieges befreien! Ihr Geist scheint heute schon moralischer zu sein als der einiger Politiker und Kirchenväter.

Liebe Leserinnen und Leser, könnten Sie sich vorstellen, dass der ersehnte Weltfriede nicht durch Religion, Politik oder menschliche Vernunft realisiert wird, sondern durch den empathischen Geist der Bonobos?

Welch ein ungeheurer Fortschritt wäre das für uns Menschen! Für den Homo sapiens, den mächtigsten, denkenden Primaten dieser Welt. Gestiftet von dem 99,9-prozentigen Bruder, dem kleinen Primaten, dem Bonobo.

Sein kluger, tierischer Geist könnte unsere Welt ein klein wenig edler machen!

Der Autor

Clemens Wagner war leitender Entwicklungsingenieur. Im Ruhestand folgte er seinem lang gehegten Wunsch und zog mit seiner Frau für mehrere Jahre in die Gascogne im tiefen Südwesten Frankreichs. Dort, in der beschaulichen Ruhe und Einsamkeit, fand er die Muße und die Zeit, unter dem herrlich klaren Sternenghimmel zu träumen und zu schreiben. Seine literarischen Arbeiten sind in Form von Büchern und als Beiträge in Anthologien erschienen. Wieder zurück aus Frankreich, engagiert sich der Autor heute neben dem Schreiben ehrenamtlich, beispielsweise für „Gefahrlose Fußwege für Alte" oder für „Wohlfühlplätze in Darmstadt"; das Projekt „Barrierefreier Ostparkweg" ist sogar schon realisiert. Das vorliegende Werk „monogam, polygam?" ist nach „Schatten über der Zeit" (2013) die zweite Veröffentlichung des Autors im novum Verlag.

Der Verlag

*Wer aufhört
besser zu werden,
hat aufgehört
gut zu sein!*

Basierend auf diesem Motto ist es dem novum Verlag
ein Anliegen, neue Manuskripte aufzuspüren, zu ver-
öffentlichen und deren Autoren langfristig zu fördern.
Mittlerweile gilt der 1997 gegründete und mehrfach
prämierte Verlag als Spezialist für Neuautoren in
Deutschland, Österreich und der Schweiz.

**Für jedes neue Manuskript wird innerhalb we-
niger Wochen eine kostenfreie, unverbindliche
Lektorats-Prüfung erstellt.**

Weitere Informationen zum Verlag und
seinen Büchern finden Sie im Internet unter:

w w w . n o v u m v e r l a g . c o m